Simone Balmer
Die Resonanz der Liebe

Simone Balmer

Die Resonanz der Liebe

Erfüllende Beziehungen beginnen
im eigenen Herzen

Aquamarin Verlag

Deutsche Originalausgabe
1. Auflage 2016
© Aquamarin Verlag GmbH
Voglherd 1 • D-85567 Grafing

Umschlaggestaltung: Annette Wagner

Druck: Ebner & Spiegel • Ulm

ISBN 978-3-89427-766-6

Inhalt

Vorwort von Katarina Michel 9

1 „Liebe findet sich" 13

2 Unser Bedürfnis nach Liebe und Verbundenheit 17

3 Die Beziehung zu uns selbst als Schlüssel
   für ein liebevolles Miteinander 27
   Selbstwahrnehmung 29
   Selbstbewusstsein und Selbstwertgefühl 41
   Selbstliebe 73
   Wünsche, Sehnsüchte und Bedürfnisse 87
   Entscheidungen aus innerer Sicherheit fällen 91
   Heilung – bei sich selbst ankommen 100
   Die Hilfe der Engel annehmen 129

4 Erfüllende und liebevolle Beziehungen 143
   Neubeginn – Verliebtheit und Resonanz 143
   Wenn das Schicksal zwei Menschen zusammenführt 162
   Fundamente einer heilsamen
   und erfüllenden Partnerschaft 172
   Heilung und heilsames Verhalten 176
   Gemeinsame Werte 192
   Herzensverbundenheit und Herzensverbindlichkeit 200
   Offener und heilsamer Gedankenaustausch 210
   Berührung und Sexualität als Ausdruck
   von Nähe und Vertrauen 216
   Himmlische Hilfe und Führung in
   unseren Beziehungen annehmen 232
   Wiederholungszyklen in der Partnerwahl 234

Konfliktlösung in der Partnerschaft 236
　　Ko-Abhängigkeiten 251
　　Heilsames Beenden einer Beziehung 254
　　Seelenpartner und Seelenfamilien 266
　　Ein Exkurs in Traumdeutung...269

5　Facetten der Liebe 273

6　Schlusswort..285

7　Quellenangaben und Literaturempfehlungen......................287

8　Hinweise zur Autorin...289

In Dankbarkeit für

dieses Leben

Vorwort

Als naiver Teenager kam es mir fast immer peinlich vor, wenn beim Spazierengehen ein älteres Paar Händchen gehalten und durch kleine zärtliche Gesten miteinander kommuniziert hat. Auch das Küssen zwischen älteren Menschen war damals für mich sehr unnatürlich – und damit eigentlich ausgeschlossen. Die Liebe gehörte nur zu der jungen, frischen, schönen, spontanen, leidenschaftlichen Generation – die älteren waren, aus meiner damaligen Sicht, aus diesem Spiel komplett heraus. Wie beengt und kurzsichtig können doch die Vorstellungen von Teens und Twens sein! Der jugendliche Überschwang und mein begrenzter Glaube an die unbegrenzte, ewige Jugend bot mir natürlich nur wenig Raum, um genauer hinzuschauen, was wirklich mit LIEBE gemeint ist.

Auch heute frage ich mich noch oft, was die Liebe wirklich ist und was sie aus unserem Leben Wunderbares macht. Natürlich blicke ich heute aus einer ganz anderen Perspektive. Durch zahlreiche, ganz unterschiedliche Erfahrungen und Erlebnisse, die zu vielen Erkenntnissen geführt haben, bin ich zu der Einsicht gelangt: Die Liebe existiert überall, kennt keine Grenzen, heilt alles und besiegt alles. Sie ist nie statisch, sondern immer werdend! Mit jeder unserer Handlungen und Taten versuchen wir, ihr näher zu kommen, sie besser zu verstehen und tiefer in unser alltägliches Leben zu integrieren. Liebe kennt keine Vorurteile, solange der Mensch nicht selber welche aus Angst oder Unwissenheit heraus erfindet.

Es gibt kaum ein Gedicht oder Musikstück, kaum ein Kunstwerk oder eine philosophische Abhandlung, die sich nicht in letzter Konsequenz mit der Liebe beschäftigen. Es ist anscheinend inzwischen schon alles gesagt, geschrieben, gedruckt und wissenschaftlich gemessen worden, was das Thema Liebe betrifft. Liebe ist das am intensivsten erforschte Gebiet des Lebens, egal auf welche geschichtliche Epoche wir blicken. Im Namen der Liebe haben sich immer die dramatischsten Ereignisse abgespielt. Die Liebe hat die Menschen angetrieben, um zu wachsen und zu verstehen. Der Mensch fühlt sich nie gesättigt von ihr und ihren Darstellungen. Er will verstehen, er möchte wissen – und eigentlich doch nur LIEBEN.

Simone Balmer erklärt erfreulicherweise in ihrem neuen Buch nicht, was die Liebe nun eigentlich ist, sondern sie inspiriert und führt die LeserInnen auf feinfühligen Wegen dahin, die Liebe im alltäglichen Leben bewusst wahrzunehmen und aus ihrer unvergänglichen Kraft zu schöpfen. Liebe ist nicht etwas, was man suchen und sich verdienen muss – Liebe ist ein Zustand des Seins. Die Liebe gehört jedem Einzelnen als sein göttliches Erbe; sie gehört jedem so wie die Sterne am Nachthimmel. Für beide gibt es auch in diesen materialistischen Zeiten kein Urheberrecht. Die Liebe und die Sterne stehen für die tiefste innere FREIHEIT!

Es sind stets bestimmte Vorstellungen, Erwartungen oder Vorurteile, die eine Barriere zwischen dem innersten Selbst und der immer existierenden Liebe errichten. Diese zu erkennen, ermöglicht es dem Herzen, sich zu öffnen und vollkommen aus der Liebe heraus zu leben. Das, was beim Lesen oder Kommunizieren oft einfach und selbstverständlich erscheint, verläuft im Alltag nicht immer nur glatt und glänzend. Zu den Höhen gehören auch die Tiefen – nur so entsteht die Ganzheit, die dem einen vom anderen gespiegelt wird. Nur im göttlichen DU kann diese Ganzheit erfahren werden, wie es Martin Buber so wunderbar ausgedrückt hat. Doch nur wer sich selbst gefunden hat, kann sich auf dieses DU einlassen. Die Liebe spiegelt das LEBEN. Zu lieben und sich dem Geliebten hinzugeben, bedeutet daher in der Tiefe, sich selbst zu verstehen, sich selbst anzunehmen und sich selbst wertzuschätzen.

„Jenseits von Richtig und Falsch liegt ein Garten. Da werde ich Dir begegnen", schrieb vor fast achthundert Jahren der große Sufi-Dichter Rumi. Es ist eine Begegnung im Garten der Liebe, in der sich die Liebenden treffen, ohne an die Zeit oder eine Form der Existenz gebunden zu sein. Der Zutritt zu diesem Garten steht in jedem Moment jedem offen – dort wartet ein Eins-Sein, das sich der Beschreibung durch Worte entzieht. Nur Liebende können es in stiller Hingabe genießen.

Dieses wunderschöne Buch von Simone ist eine Einladung, die Tore jenes Gartens zu durchschreiten.

Katarina Michel

1

„Liebe findet sich"

Der Grundstein dieses Buches wurde im Herbst 2014 gelegt. Ich führte damals eine Gruppe von Menschen in die Berge der malerischen Provence. Wir verbrachten dort eine heilsame Ferienwoche mit Meditationen, Engelbotschaften, Yoga und genüsslichem Sein. Der wunderschöne und klärende Ort berührte mich auch in jenem Jahr mit seinem feinen Zauber.

Es war am letzten Morgen vor unserer Abreise, als ich im Schein des Mondlichtes meinen Tag alleine und in der Stille begann. Ich kochte mir einen Kaffee und bahnte mir mit vorsichtigen Schritten meinen Weg durch die Dunkelheit zum Seminarraum. Trauer schwang in meiner Morgenstimmung. Das Wissen um Abschied und Loslassen eines geliebten Menschen war plötzlich zu einer schmerzhaften Emotion erwacht. Überwältigt von meinen Gefühlen blieb ich auf meinem Weg stehen. Ich rang um Fassung und atmete tief durch. In einem stummen Gebet blickte ich zum Sternenhimmel und ließ meine Frage wortlos in dieser Unendlichkeit verhallen. Immer noch durchatmend und meine innere Mitte suchend, spürte ich die Botschaft der Engel so unendlich deutlich und klar und doch mit so viel Liebe und Verständnis getragen: „Liebe findet sich." Wie flüssiges Öl durchdrang mich diese jenseitige Weisheit, berührte den tiefsten Kern in mir und öffnete Erkenntnis um Erkenntnis. Dankbar betrachtete ich Tausende von Sternen über mir. In diesem Augenblick wusste ich, es gibt *keinen Grund,* irgendetwas oder irgendjemanden im Leben festhalten zu wollen. Alles, was nicht Liebe ist, ist vergänglich. So darf und wird es mich und meinen Weg früher oder später verlassen. Es gibt auch keinen Grund, irgendetwas wegzuwerfen, denn alles, was mich findet und in meinem Leben bleibt, möchte mir auch etwas über mich erzählen und wird mich noch mehr zu mir hinführen. Alles, was Liebe ist, wird auf meinem Weg vielleicht schwinden und mir doch wieder begegnen können, mich begleiten dürfen, in welcher Form auch immer; denn ich bin Liebe, und Liebe trägt auch die Kraft der Resonanz in sich, doch anders als die Angst, welche bindet und klammert. Die Form ist nicht wichtig, wenn ich vertrauen und seinlassen kann; denn dann weiß ich tief in mir, dass jede Begegnung genau die Ausdrucksweise annehmen wird, die licht- und sinnvoll für alle Beteiligten ist. Was erfasse ich in meinem begrenzten Denken schon? Wenn ich in meinem Herzen weiß, dass Liebe sich findet, dann kann ich vertrauen, sein und geschehen lassen, jeden wundervollen Tag aufs Neue, egal wer oder was. Dann kann sich mein Leben auch zu etwas Wundervollem fügen und erfüllend entfalten, nicht aus dem „ich will", sondern aus dem „ich bin" heraus. Dann kostet das Leben keine Kraft mehr und hat die Liebe in mir eine Chance, um mich zu führen und meinen Weg zu gestalten.

Diese tiefen Erkenntnisse, die noch heute keine angemessenen Worte finden, berührten mich sehr. Es war ein Moment der Gnade und Erleuchtung in meiner kleinen Welt.

Ich durfte so viel in dieser Woche lernen durch eigenes Erleben, Verstehen und Fühlen und durch die Engelbotschaften. Ich durfte erkennen, dass in all den Sehnsüchten, welche wir haben, immer auch ein Bedürfnis nach Liebe und Verbundenheit verborgen liegt. Die Sehnsucht nach Liebe in einer zwischenmenschlichen Beziehung trägt immer ein wahres Bedürfnis in sich. Doch solange wir „mehr Liebe" für andere Menschen empfinden, als wir für uns selbst spüren, so lange werden Beziehungen auf Festhalten, Kontrolle, Selbstaufgabe und Machtspiele bauen. Das kann nur zu schmerzhaften Erfahrungen und Enttäuschungen führen. Heilung bedeutet, diese

Missverständnisse aufzuarbeiten und die Liebe in sich selbst täglich als Lebensenergie zu aktivieren. Erst wenn die Selbstliebe die Basis für ein liebevolles Miteinander wird, können die Sehnsucht und das Gefühl des Getrenntseins ihre heilsame Erlösung finden. Erst wenn wir mit Vertrauen Verschmelzung und Anhaftung loslassen können, entfalten wir unsere Kraft und folgen unserem Seelenplan. Wir können nicht Vergangenes oder Menschen in unserem Leben festhalten und gleichzeitig unseren Herzenszielen entgegensegeln. Liebe lässt los, denn Liebe findet sich.

Mir wurde geschenkt, dass wundervolle Erkenntnisse an mich herangetragen wurden, sei es durch eigene Erfahrungen, Begegnungen und Entwicklungsschritte, sei es in Gesprächen mit meinen Freunden, durch Fragen meiner Klienten und Seminarteilnehmer und in vielen lichtvollen Botschaften der geistigen Welt. Ich bin von Herzen dankbar für diesen großen Segen, die Liebe und Fülle, die mich bestärkt haben und die ich mit viel Freude und Leichtigkeit in dieses Buch hineinbringen durfte.

Vielleicht war mein erstes Buch ein einfacher Wegweiser, um *glücklicher zu leben*. Möge Ihnen dieses helfen, *erfüllter zu lieben*. Ich wünsche Ihnen, liebe Leserin und lieber Leser, dass Sie heilsame und klärende Erkenntnisse sowie Vertrauen darin finden werden.

Sie werden in diesem Buch oft auf die Formulierung „der Partner" treffen. Dies ist aus praktischen Gründen so gewählt und schließt selbstverständlich „die Partnerin" genauso mit ein.

2

Unser Bedürfnis nach Liebe und Verbundenheit

Unser Bedürfnis nach Liebe und Verbundenheit ist die Grundantriebskraft all unserer Fragen, unserer Handlungen und unserer Suche nach Erfüllung, Geborgenheit und Nähe in zwischenmenschlichen Begegnungen. Getrieben von unserem Wunsch nach Liebe und all ihren Facetten bewegen wir uns tagtäglich bewusst und unbewusst in unseren Gedanken, Gefühlen, Entscheidungen und in deren Umsetzung. Liebe durch irdische Erfahrungen zu erleben und noch mehr zu verinnerlichen und auszudehnen, ist der Grund unseres Menschseins, der Grund unserer bewussten und freiwilligen Entscheidung zur Reinkarnation. Es geht um die lichtvolle Betrachtungsweise, nicht darum, Schuld und Sünde oder Prüfung durch einen urteilenden Gott als Grund für unser Dasein zu suchen. Gott ist Liebe. Deshalb werden wir diese Urpräsenz nur mit den Augen der Liebe, befreit von Urteilshaltung und Verstandeslogik, begreifen und erfahren dürfen.

Das Bedürfnis nach Verbundenheit erleben wir nicht nur mit der Quelle, sondern auch mit unseren Liebsten, den Mitmenschen, der Natur und der ganzen Schöpfung. Sie spiegelt unsere uralte Sehnsucht nach dem Eins-Sein und Frieden mit Gott. Sie ist ein Grundbedürfnis, welches unsere Seele als inneren Ruf in sich trägt. Verbundenheit schenkt uns immer Ruhe und Vertrauen. Alle Ängste, alle Emotionen und Fragen hingegen gründen im Gedanken und im Gefühl des Getrenntseins (von Gott).

Verbundenheit mit Gott ist das Gefühl und die Gewissheit, von lichten Kräften getragen, behütet und gehalten zu sein. Sie sind die Liebe und das Licht, welche zwischen Himmel und Erde fließen und einen stillen Raum von Vertrauen öffnen. Wir werden dieser himmlischen Gnade immer würdig sein. Gottes Gnade ist, dass wir nie aus der Liebe herausfallen werden. Wir dürfen dieses Gefühl und die Gewissheit immer erleben, egal wie tief wir in unserem Denken, Fühlen und Wirken fallen mögen. Je mehr wir Verbundenheit und die tiefe Liebe in uns annehmen und uns selbst darin begegnen können, desto ruhiger werden die Gedanken, desto friedvoller wird das Herz, desto strahlender kann das innere Licht sein und desto tatkräftiger können wir uns als Mensch erfahren. In der Gewissheit der Verbundenheit durchzuatmen, kann das Herz öffnen, weil es zur Ruhe kommen darf.

Durch zwischenmenschliche Begegnungen spüren wir diese Verbundenheit, denn wir erkennen uns selbst im anderen, und wir erkennen durch die Dualität die Ganzheit. Das Erleben von liebevollen Beziehungen haben wir alle in der „To do-List" unseres Seelenplans. Doch Verbindung bedeutet nicht Bindung durch Klammern und Festhalten. Dieses Missverständnis kann nur entstehen, wenn wir die Quelle in uns nicht mehr fühlen und aus dem Bedürfnis eine Bedürftigkeit wird. Heilsame Beziehungen zu unseren Mitmenschen bauen auf unsere Selbstwürde, auf Verbindlichkeit, Verbindung und liebevolle Beziehung zu uns selbst.

Der Grund unseres Daseins ist die Liebe, welche wir noch mehr verinnerlichen, erfahren und ausdehnen können. Unsere Seele erkennt und spürt sich im Jenseits in ihrer Resonanz und Liebesfähigkeit. Sie hat jedoch nur in der Grobstofflichkeit und Vergänglichkeit unseres Daseins die Möglichkeit, sich in ihrer Liebe und Weisheit zu entwickeln. Weisheit wächst durch irdische Erfahrungen, welche unsere Seele heilsam berühren können.

Wir haben noch vor unserer Inkarnation im Jenseits unseren Seelenplan gemeinsam mit dem Schutzengel festgelegt. Der Seelenplan speichert auf eine feingeistige Weise unseren lichtvollen Weg zur Liebe hin für dieses eine Leben. Darin ist auch die Wahl unserer Kultur, unserer Eltern und gewisser prägender Erfahrungen enthalten. Der Seelenplan formt somit unseren Lebenssinn der Liebe, unsere Lebensaufgaben und gewisse Meilensteine unseres Schicksalsweges. Die Lebensaufgaben sind seelenbezogen und daher weniger im Äußeren als in uns selbst zu finden: Innere Werte wie Vergebung, Mut und Vertrauen, ausgeglichene männliche und weibliche Kräfte, Talente und Gaben, die wir entfalten dürfen und durch die wir unseren Teil für das Große-Ganze beitragen und unsere Verbundenheit mit der Schöpfung erfahren. Unsere inneren Werte und Gaben sind die Brücke zur Liebe hin. In unserem Seelenplan ist auch unser Bedürfnis nach Verbundenheit, nach liebevollen zwischenmenschlichen Erfahrungen gespeichert. So manche Begegnung mag von lichtvollen Fäden bereits im Jenseits vorbereitet worden sein. Doch so manche entsteht durch vorherrschende Resonanz. Resonanz durch unseren freien Willen, durch unsere Gedanken, Gefühle und Handlungen und vor allem durch die Resonanz unseres Unterbewusstseins, die gespeicherten emotionalen Erfahrungen und Eindrücke, welche unser Denken und unser Welt- und Selbstbild steuern.

So manche prägende Erfahrung hat sich in unserer Kindheit angesammelt und beeinflusst noch heute unsere Lebensweise und unsere Beziehungsmuster. Unsere Eltern waren nicht perfekt, sonst wären sie wohl gar nicht auf der Erde, aber sie waren die richtigen für uns, sonst hätten wir sie nicht gewählt. Deshalb dürfen wir sie mit verständnisvollen Augen betrachten. Schuldzuweisung und Verurteilung wird uns nie erwachsen werden lassen, sondern nur an unsere Kinderschuhe binden. Unsere Eltern haben so viel Gutes für uns getan; und dann waren da noch ein paar unbewusste oder nicht wissende Worte und Handlungen. Selbstverständlich haben auch unsere Eltern ihren Rucksack und sind auf dem Weg, noch liebevollere Menschen zu werden. Wir dürfen ihnen Danke sagen für alles, was sie für uns getan haben, und uns nun auf uns selbst besinnen. Als Kinder hatten wir mangels geistiger Differenzierungsfähigkeit nicht die Möglichkeit, die Entscheidungen unserer Eltern nachzuvollziehen. Heute können wir das, mit Verständnis und einer höheren Sichtweise. Alle prägenden Erfahrungen, die damals vielleicht auch schmerzhaft waren, helfen uns heute, innerlich zu wachsen, in Liebe, Vertrauen und Vergebung. Es ist nicht wichtig, wie unser Start ins Leben war. Schon gar nicht im Vergleich mit anderen Menschen. Es geht darum, das Leben und unser Potenzial zu ergreifen und uns auf den Weg zu machen.

So manches Beziehungsmuster haben wir von unseren Eltern übernommen; und so manche Suche nach dem Märchenprinzen oder der Märchenprinzessin spiegelt uns die Sehnsucht unseres inneren Kindes, das immer noch nach der Liebe und Anerkennung unserer Eltern ruft. Wir dürfen all das erkennen und mit uns selbst klären. Nur so hat eine freilassende und erfüllende Beziehung – und natürlich sprechen wir hier nicht nur von unserer Partnerschaft, sondern von allen zwischenmenschlichen Begegnungen, welche zu einem liebevollen Miteinander gedeihen dürfen – eine echte Chance. Doch setzen wir uns nicht unnötig unter Druck: Wir wachsen durch zwischenmenschliche Erfahrungen, geprägt durch unsere gegenseitige Resonanz. Je liebevoller wir lernen mit uns selbst umzugehen, desto mehr wird dieser Weg ein wunderschöner sein.

Die Gesetze der Resonanz und Polarität erschaffen die Möglichkeit von irdischen Erfahrungen und öffnen damit auch das Spektrum für gemeinsames zwischenmenschliches Erwachen und heilsame Beziehungen.

Was in uns vorherrschend ist durch Gefühle, bewusste und unbewusste Gedanken und Bewertungsmuster, erzeugt ein Schwingungsfeld. Wenn außerhalb von uns ähnlich schwingende Energiefelder vorhanden sind, so besteht die Möglichkeit von Verbindung. Verbindung erleben wir nicht mit Dingen und Menschen, die uns fremd sind, sondern mit denen, die uns vertraut sind. Dabei ist es egal, ob wir das, was uns vertraut ist, als gut oder schlecht bewerten, ob es uns bewusst, unbewusst oder nicht mehr bewusst ist. *Resonanz* ist die Anziehungskraft von Gleichem.

Doch wenn es nur so einfach wäre. Was wir uns vordergründig wünschen, erfüllt sich oft nicht in unserem Leben. Hat das Gesetz der Resonanz versagt? Wieso gelangen wir immer wieder in gleiche unerfreuliche Beziehungsmuster, obwohl wir spüren, dass es uns nicht guttut und wir etwas anderes sehnlichst wünschen? Es ist die Macht unserer Gedanken- und Gefühlsmuster, welche tief in uns programmiert und aktiv sind. Sie sind maßgebend geprägt durch pränatale und frühkindliche emotionale Erfahrungen und durch Verhaltensmuster, welche wir abgeschaut, kopiert und gut eingeübt haben. Sie sind beeinflusst worden durch schmerzhafte, manchmal auch schockartige Erlebnisse, mit welchen wir nicht umzugehen und sie nicht zu verarbeiten wussten. Unsere Gedankenmuster sind Schutzprogramme, damit schmerzhafte Erfahrungen sich nicht wiederholen. Sie sind Bewertungsraster, mit welchen wir in „gut" und „nicht gut" unterscheiden, um Geschehnisse zu kontrollieren, uns zu schützen und unser bestehendes Weltbild aufrechtzuerhalten. Doch kein Muster, das auf ungesunde, unbegründete Angst basiert, lässt uns frei, sondern es blockiert uns in der Entwicklung und letzten Endes auch in der Erfüllung unseres Seelenplans und im Erleben von liebevollen Beziehungen. Wenn wir wirklich frei sein möchten, dann haben wir die tiefen emotionalen Erinnerungen zu heilen, die uns sagen, wir wären nicht richtig, nicht gut genug und nicht liebenswert. Zu heilen bedeutet, den vergangenen Erfahrungen einen lichtvollen Sinn zu geben, die Enttäuschung, das Urteilen und das Gefühl, verurteilt zu werden, loszulassen. Es bedeutet auch, uns auf die Liebe zu besinnen und uns mit Mut und Vertrauen einem neuen Verhalten zuzuwenden. Nur durch konsequentes Lenken unserer Gedanken, womit wir unsere Gefühle beeinflussen, und durch bewusstes Handeln können neue Lebens- und damit auch Beziehungsmuster geschrieben werden.

Das Gesetz der Resonanz wird uns immer zu jenen Menschen hinführen, bei welchen wir uns selbst noch besser verstehen und lieben lernen dürfen. Auch unser Seelenplan wird sich dank der Resonanz entfalten können. Je weniger unbewusste Ängste, ungesunde Gedankenprogramme, Zwänge sowie das Gefühl, Dinge und Menschen festhalten oder kontrollieren zu wollen, uns blockieren, umso mehr und umso intensiver kann sich unser lichtvoller Lebensplan erfüllen.

Polaritäten sind Gegensätze. Unser Dasein ist geprägt davon: Mann und Frau, Trauer und Freude, Anfang und Ende, Ja oder Nein, Licht und Schatten, Angst und Vertrauen. Das eine kann ohne das andere nicht bewusst erkannt und erfahren werden. Wie wüssten wir, was Freude ist, wenn wir die Trauer nicht erlebt hätten? Wie wüssten wir, wie sich Angenommen-Sein anfühlt, wenn wir nicht Ablehnung erfahren hätten? Der Weg zur Liebe führt durch polare Erfahrungen, weil wir nur so bewusst erleben können. Polarität und Resonanz stehen gemeinsam im Spielfeld. Gleichzeitig ermöglicht uns die Vergänglichkeit auf der menschlichen Realitätsebene Entwicklung, Wachstum, Weisheit und Ausdehnung von Liebe. Gerade in den intensivsten Momenten des Werdens und Vergehens, bei einer ersten Begegnung, einer Geburt, einem irdischen Tod, einem Abschied, haben wir die Chance, uns der Urkraft des Lebens, der Unendlichkeit des Seins und der Grenzenlosigkeit der Liebe und des Lichtes noch mehr bewusst zu sein.

Die Liebe ist immer mit höherem Bewusstsein verbunden. Liebe wertet nicht. Sie bewegt sich still durch die Höhen und Tiefen des Lebens und von Beziehungen. Liebe erkennt immer das Lichtvolle in allen Menschen und Situationen. Sie ist tiefe Annahme: Selbstannahme, Annahme des Lebens, der Lebensgesetze und Mitmenschen. Annehmen bedeutet auch, geschehen zu lassen und sein zu lassen, sich selbst oder den Partner nicht gegen den natürlichen Ursprung verändern zu wollen. Dafür ist tiefe Selbstliebe erforderlich; denn nur wenn wir diesen Frieden mit uns selbst spüren, uns selbst anerkennen, wertschätzen und uns selbst sein lassen, anerkennen wir unsere Vollkommenheit. Dann gibt es keine Löcher, welche wir durch die Liebe und Anerkennung unserer Mitmenschen zu füllen versuchen.

Licht wirft keine Schatten, sondern die Materie. Was schwingt tiefer als Licht und Liebe? Es sind unsere Ängste und die Unwissenheit. Bewusstwerdung führt zu Vertrauen und öffnet den Weg zur Liebe hin. Aufstieg ist das, was in uns selbst stattfindet.

Wir müssen Brücken errichten, um zur Liebe zu finden. Diese Brücken können Dankbarkeit, Freude, Vertrauen, Vergebung, geistige Verbundenheit und das Erkennen von Schönheit sein. Gleichzeitig benötigen wir Zeit, Ruhe, liebevolle Erfahrungen und zwischenmenschliche Begegnungen.

Die Verbindung von Liebe und höherem Bewusstsein bedeutet auch, dass Wissen und Weisheit uns zur Liebe leiten. Ein spirituelles Erwachen wird uns zu liebesfähigeren Seelen entwickeln lassen, und spirituelles Erwachen beginnt, wenn wir den Blick zu uns selbst hin wenden. Wenn wir uns und unser Handeln zu hinterfragen beginnen. Wie fühle ich mich? Spüre ich die Liebe? Woran halte ich fest und woran glaube ich? Wie möchte ich sein? Was lehne ich an mir ab? Wie heilsam gehe ich mit mir um?

Es ist weise, sich nichts vorzumachen im Leben; denn frei und glücklich sind wir nur, wenn wir authentisch sind, auch in unseren Beziehungen. Das bedingt, dass wir ehrlich mit uns selbst werden.

Bewusst leben zu wollen, bedeutet, ehrlich sein zu können. Das befreit uns vor Täuschungen, mit welchen wir ein Scheinbild aufrechterhalten. Doch wieso machen wir uns allzu oft etwas vor? Aus Angst, uns zu zeigen und damit beurteilt, kritisiert oder ausgegrenzt zu werden? Vielleicht weil anerzogene Schamgefühle und falsche Moralvorstellungen an uns klammern? Fürchten wir uns möglicherweise vor Veränderungen, vor dem Kontrollverlust, vor Neuem und dem Freisein und nennen deshalb die Wahrheit nicht beim Namen? Manche Menschen haben Angst, das gewonnene Glück wieder verlieren zu können und ergreifen deshalb das Glück erst gar nicht am Schopf. Sie möchten altem Schmerz nicht erneut begegnen, auch wenn das nur zeigt, dass sie ihn noch nicht annehmen und heilen konnten. Ein Scheinbild am Leben zu erhalten, kostet uns immer Kraft. Haben Sie sich schon einmal gefragt, was Sie Kraft kostet im Leben und weshalb?

Wenn unsere Absichten und Handlungen echt, ehrlich und rein sind, dann werden wir die geistige Unterstützung und Hilfe der Engel spüren und erleben. Die lichtvolle geistige Welt ist an unserem wahrhaftigen Sein, entsprechend unserem Wesenskern und der Liebe in uns, interessiert, nicht an Scheinbildern oder Unwahrheiten, seien sie bewusst oder unbewusst.

Nur wenn wir authentisch sind, können wir frei und stark sein, denn dann nehmen wir uns so an, wie wir sind. Dann spüren wir auch die Liebe in uns. Diese ist immer da, denn sonst würden wir gar nicht leben können. Sie ist göttliche Urkraft und Gnade in allem und in jeder Seele. Daher sind wir auch vollständig in unserer Liebe. Wir sind ein Ganzes, kein Halbes, und vollkommene, liebevolle Seelen. Nur wenn wir dies wieder spüren und einen bewussten Zugang dazu freilegen, dann haben wir auch die Kraft, unsere Gaben zu leben und in der Welt etwas Gutes zu bewirken.

Selbstliebe ist nicht Egoismus, denn in einer liebevollen Lebensphilosophie nehmen wir niemandem etwas weg. Liebe ist im Überfluss da, in uns selbst, aber auch im anderen Menschen. Überall, wo Schuldgefühle sich in uns melden, dürfen wir das Wesen der Liebe noch besser verstehen lernen. Selbstliebe bedeutet auch nicht, dass wir alles an uns großartig finden, sondern dass wir alles, was in uns ist, annehmen können, egal ob es schön ist oder nicht, egal ob wir darauf stolz sind oder uns vielleicht sogar schämen. Selbstliebe ist gelebtes Selbstbewusstsein. Es ist Annehmen, was ist, ohne es zu bewerten, und etwas daraus zu machen, weil wir es uns wert sind. Selbstliebe bedeutet, zuerst uns selbst das Ja zu geben, bevor wir es einem anderen Menschen oder einer Aufgabe im Äußeren schenken.

Für ein liebevolles Miteinander, für echte Nähe und Verbundenheit, ist es unabdingbar, dass wir die Liebe in uns selbst annehmen. Doch wenn wir unser Herz aus Schutz vor schmerzhaften Erfahrungen und aus selbstablehnenden Gedanken verschlossen haben, dann können wir die Liebe nicht spüren. Wir können unser Herz nicht partiell zuriegeln und betäuben. Wenn wir uns vor schmerzhaften Gefühlen und Erinnerungen verschließen, verschließen wir uns auch vor Freude, Dankbarkeit, Vertrauen und Liebe. Um heilsame und erfüllende Beziehungen zu pflegen, benötigen wir das Gefühl und das Bewusstsein der Selbstliebe; denn nur so verbinden wir uns in Freiheit, jedem seine Individualität erlaubend, anstatt aus Sehnsucht und Bedürftigkeit. Unser Bedürfnis nach Liebe, Anerkennung und Verbundenheit wird uns niemand dauerhaft schenken können. Das ist unsere Aufgabe, ein Leben lang.

Liebe und Verbundenheit will im Austausch erfahren werden und kann so noch mehr wachsen, in jedem Einzelnen, im Kollektiven und in der ganzen Schöpfung. Deshalb sucht Liebe nicht nur Harmonie und unendliches Sein, sondern auch die Resonanz, den Gegensatz, den Austausch und die Reibung. Genau da kann sie sich entwickeln. Sonst wären wir nicht hier auf dieser wundervollen Erde, in die Grobstofflichkeit und Vergänglichkeit eingebunden. Liebe erfahren wir vor allem durch unsere Taten – durch Körper-, Seelen- und Geisteskraft. Doch Liebe sucht freilassende Resonanz, kein Festhalten, kein Verbrauchen. Liebe ist ein Bedürfnis, keine Bedürftigkeit. Wir entfalten ein liebevolles Bewusstsein gemeinsam, doch nur durch uns selbst. Niemand kann uns das abnehmen und die Selbstliebe ersetzen.

Liebe will fließen und sich entfalten durch Taten, denn Liebe ist Leben – göttliche Urkraft. Um die Selbstliebe zu fühlen, haben wir unser Herz nach innen zu öffnen, um uns selbst zu vertrauen und dauerhaft Halt geben zu können. Dafür benötigen wir ein Selbstbewusstsein, das auf Selbstwertschätzung, Würde, auf dem Wissen und Spüren, wer wir sind, wie wir sein wollen und welchen Weg wir gehen möchten, basiert. Wir entwickeln diese Selbstwahrnehmung nicht an einem Tag, in einem Wochenendseminar, in einer Therapiestunde. Wir entwickeln es durch eine dauerhafte, heilsame und liebevolle Beziehung zu uns selbst.

3

Die Beziehung zu uns selbst als Schlüssel für ein liebevolles Miteinander

Erfüllende Beziehungen beginnen bei der Beziehung zu uns selbst. Diese möchte gelebt und gepflegt werden, wie jede Beziehung, die auf Herzlichkeit und Wertschätzung basiert. Sie ist unser Fundament für einen erfüllenden Weg; denn nur über das Spüren und Gewahrsein von uns selbst und unseren Bedürfnissen können wir unsere Ziele erkennen und nötige Entscheidungen aus innerer Sicherheit finden. Nur über das Bei-uns-sein lernen wir, den anderen in seinem Anderssein zu respektieren und uns nicht in dessen Wünschen und unseren eigenen Sehnsüchten zu verlieren. Jede Beziehung wächst durch die eigene Weisheit und an den gemeinsamen Erfahrungen, durch Vertrauen, Verständnis und Verbundenheit. So möchte auch die liebevolle und bewusste Beziehung zu unserer Seele erkannt und als fester und dauerhafter Bestandteil ins Leben integriert werden.

Wer hat uns beigebracht, die Beziehung zu uns selbst zu pflegen? In der Regel niemand. Wir haben es vielleicht abgeschaut bei unseren Bezugspersonen und Vorbildern. Vielleicht haben wir in einer Beratung, einer Therapie und in Seminaren einen Anfang gemacht, vielleicht in Büchern und Gesprächen das nötige Wissen erworben. Doch die Umsetzung, das Entwickeln und Festigen der Beziehung zu uns selbst findet in der Lebenspraxis statt, in alltäglichen Situationen, Begegnungen und Entscheidungen. Wir wissen es alle: Um Selbstliebe zu leben, benötigen wir eine ausreichende Dosis an Klarheit, Mut und

Vertrauen. Und genau hier werden wir gefordert. Darin zeigt sich, wie sehr wir erlangtes Wissen wirklich nutzen, uns unsere eigene authentische Meinung gebildet haben und als individuelle Persönlichkeit leben. Um uns zu zeigen und wir selbst zu sein, haben wir uns zu exponieren, Gegenwind zu riskieren, Verletzlichkeit und Veränderung zuzulassen. Selbstliebe ist eine immense Kraft, die uns allen den nötigen Rückhalt und Grund schenkt für ein Leben in Freiheit und Gesundheit, erfüllend und selbstbestimmend. Sie ist auch die Basis für erfüllende Beziehungen mit unseren Mitmenschen, für ein verbindliches Miteinander, für Vertrauen und Nähe, die den anderen wertschätzt und in seinem Anderssein leben lässt.

Selbstliebe ist ein tiefes inneres Bewusstsein des Friedens, der Selbsterkenntnis und Selbstwürde. Den individuellen Weg zu dieser inneren Herzensgüte finden wir durch eine liebevolle Selbstwahrnehmung, woraus ein Selbstwertgefühl und Selbstbewusstsein entstehen darf. Intellektuell wissen wir alle, dass wir gut und liebenswert sind. Doch fühlen und verstehen wir das wirklich? Oder umklammern uns irritierte Gedankenmuster und unverarbeitete schmerzhafte Erfahrungen? Diese zu klären und Frieden zu schließen mit der Vergangenheit bezieht den Weg zu unserem wahren Wesen und erfüllenden Beziehungen mit ein. Auf einem gesunden und geheilten Selbstwertgefühl und Selbstbewusstsein wird auf natürliche Weise ein authentisches Selbstvertrauen aufbauen, in welchem wir das Herz immer mehr nach innen öffnen und die Liebe in uns und zu uns selbst fühlen können. Daraus gedeihen verantwortungsbewusste, selbstwertschätzende Verhaltensweisen, Freimütigkeit, Offenheit und Mitgefühl zu anderen Menschen.

Selbstwahrnehmung

Selbstwahrnehmung ist nach innen gelenkte Achtsamkeit durch Interesse und Offenheit uns selbst gegenüber.

Was ist Selbstwahrnehmung und wie können wir sie entwickeln?
Selbstwahrnehmung ist nach innen gelenkte Achtsamkeit: Achtsamkeit gegenüber unseren Gedanken, Wünschen und Bedürfnissen, unseren Gefühlen und Emotionen, körperlichen Empfindungen, unseren daraus folgenden Reaktionen, Entscheidungen und Handlungen.

Es lohnt sich, Selbstwahrnehmung nicht erst dann zu entwickeln, wenn das Leben uns in eine Sackgasse lenkt. Wir selbst sind die Basis, das Wunder und das Licht für unser Leben. Doch diese immense innere Fülle nutzen wir im Alltag nur, wenn wir uns selbst täglich bewusst sind und annehmen können. Das bedingt, dass wir ein offenes Interesse für uns entwickeln und uns *gerne* selbst betrachten. Wir nehmen uns nur dann gerne wahr, wenn wir keine Angst vor Erkenntnissen und Gefühlen in uns haben. Wenn wir den Mut entwickeln, hinzuschauen und hineinzufühlen. Mut und Vertrauen sind innere Werte, welche wir vor allem durch Erleben entwickeln. Somit haben wir ein Leben lang die Möglichkeit, diese Tugenden noch mehr zu verinnerlichen und immer authentischer in unserem Sein zu strahlen.

Es ist nicht die Frage, ob wir Zeit dafür haben, uns selbst wahrzunehmen. Die Frage lautet vielmehr: Sind wir es uns wert? Wir sind es uns wert, wenn wir die Liebe zu uns selbst spüren. Wenn wir erkennen können, dass unsere Achtsamkeit uns selbst gegenüber auch tatsächlich von großem Nutzen im Leben ist.

„Wahrnehmen" enthält das Wort „Wahr" und „Nehmen". Also bedeutet es, anzunehmen, was ist, einen gütigen Blick zu entwickeln, neutral und wertfrei, ohne ein Urteil zu fällen, ohne in Richtig und Falsch zu „teilen". Im Wahrnehmen, egal ob es um uns oder um andere Menschen oder um das Leben geht, schränken Bewertungsmuster unser Sichtvermögen ein. (Ver)Urteilendes und ausgrenzendes Bewerten sind oft angelernt und basieren auf Unwissen, Unverständnis, einer ablehnenden Haltung gegenüber Neuem, bis hin zu Angst, unverarbeiteten schmerzhaften Erfahrungen und natürlich mangelndem Vertrauen. Sie geben uns in einem heilsamen Umgang mit uns selbst und anderen keinen Halt und keine Weitsicht. Die Wahrheit anzunehmen, bedeutet, innere Erkenntnisse, Empfindungen und unsere Intuition nicht zu ignorieren, nicht zu vermeiden oder schönreden zu wollen. Mutig ist: Zur eigenen Wahrheit zu stehen und diese erforschen zu wollen. Wahrhaftig ist: Was uns mit Ruhe und Frieden erfüllt und in Liebe berührt.

Wenn wir eine eigenständige Persönlichkeit sein und unseren eigenen Weg beschreiten möchten, dann haben wir uns auch eine eigene Meinung zu bilden und unser Rückgrat in uns selbst zu entwickeln. Wie wollen wir das erreichen, wenn wir uns selbst nicht wahrnehmen und bewusst sind? Der Weg zu individuellen Zielen führt über das Bewusstwerden unserer Gedanken, über das Erkennen, was uns zu dem gemacht hat, wer wir heute sind und wie wir sein möchten. So finden wir auch unsere eigene Lebensphilosophie, unsere Stärken und wahren Herzenswünsche.

Es ist wichtig, dass wir uns täglich Oasen der Ruhe schaffen, wo keine Ablenkungen wie virtuelle Welten und Kontakte, Fernsehen, oberflächliche Beziehungen oder irgendwelche Beschäftigungen stattfinden. Ablenkungen, das „Immer-beschäftigt-sein" und sich dauernd um andere kümmern zu müssen, sind Selbstsabotagen, oft unbewusst, um uns doch nicht wahrzunehmen aus Angst beziehungsweise weil wir es einfach verlernt oder nicht gelernt haben, Zeit mit uns selbst zu verbringen. Ein Moment der Ruhe für liebevolle Selbst-Achtsamkeit kann ein Spaziergang sein, eine Meditation oder ein stilles Betrachten eines Sonnenuntergangs. Wir können auch eine

Bahnfahrt nutzen, um für einen Moment uns selbst zu spüren, anstatt die nächste Nachricht an Freunde zu schreiben und die neuesten Schlagzeilen zu studieren.

Nachfolgend möchte ich Ihnen eine Übung zur Stärkung der Selbstwahrnehmung vorstellen:

Übung zur Selbstwahrnehmung
Setzen Sie sich entspannt hin.
Beginnen Sie, Ihren Atem zu beobachten:
Können Sie tief durchatmen? Wie flüssig und ruhig atmen Sie ein und aus?
Tiefe, flüssige Bauchatmung zeigt Ihnen, dass Sie zentriert in Ihrer Mitte, in Ruhe und im Vertrauen sind. Flache, stockende Brustatmung signalisiert, dass in diesem Moment eine gewisse Unruhe in Ihnen herrscht. Lassen Sie sich Zeit, spüren Sie, was für ein Gefühl in Ihnen hochsteigt, wenn Sie sich ganz auf Ihren Atem besinnen und diesem lauschen.

Beobachten Sie nun Ihren Körper:
Wie angespannt oder gelöst sind Ihre Füße, Beine, das Becken, der Bauch, die Schultern, Arme und Hände, der Nacken und die Kiefermuskulatur?
Gehen Sie mit Ihrer Wahrnehmung noch bewusster dahin, wo Ihre Aufmerksamkeit hingezogen wird. Lächeln Sie diesen Körperbereich mit Vertrauen und einem gütigen Gefühl an. Lassen sie sich Zeit, atmen sie tief und harmonisch und beobachten Sie, was nach und nach für Gefühle oder Gedanken in Ihnen hochsteigen. Lassen Sie es einfach geschehen und bewerten Sie nicht. Wenn Sie Angst oder emotionales Unwohlsein verspüren, dann lenken Sie Ihre Wahrnehmung vorübergehend zurück auf Ihren Atem. Atmen Sie gelassen durch, und lassen Sie sich Zeit, bis Sie sich beruhigen und Vertrauen fühlen.

Beobachten Sie nun Ihre Gedanken:
Wo sind Ihre Gedanken? In der Vergangenheit, Gegenwart oder Zukunft? Was beschäftigt Sie? Werden Sie zum Beobachter Ihrer Gedanken, indem Sie diese neutral, ruhig und ohne ihnen Wertung zu schenken betrachten. Nehmen Sie bewusst eine Vogelperspektive ein, atmen Sie ruhig und tief und nehmen Sie wahr, was in Ihnen vorgeht. Versuchen sie an der Stelle (noch) nicht, die Gedanken zu lenken. Sie sind neutraler Beobachter. Das Lenken der Gedanken wäre bereits ein zweiter und wertvoller Schritt.

Beobachten Sie nun Ihre Gefühle:
Wichtig ist, dass Sie sich dabei durch tiefen und harmonischen Atem Halt, Ruhe und Geborgenheit schenken können. Wenn Sie ein gutes Gefühl und eine Verbindung zu Ihrem Atem aufgebaut haben, dann wenden Sie sich Ihrem Herzensraum zu. Was für Gefühle spüren Sie? Wie fühlen Sie sich, wenn Sie an sich selbst denken? An den bevorstehenden Tag? An einen Menschen in Ihrem Leben? An eine vergangene Begegnung? Wie fühlen Sie sich, wenn Sie an die letzten Jahre denken? Die nächsten Stufen in Ihrem Leben? Fühlen Sie Freude? Dankbarkeit? Trauer? Werten Sie nicht. Nehmen Sie die Empfindungen einfach an. Es ist alles in Ordnung. Sie sind im Hier und Jetzt und in Sicherheit. Fühlen Sie stets Vertrauen und inneren Halt durch Ihren ruhigen Atem. Machen Sie sich bewusst, die Engel sind bei Ihnen. Ihre Seele ist beschützt und heil. Atmen Sie tief durch.

Spüren Sie am Ende dieser Übung, wie sehr Sie die Liebe in sich und zu sich selbst fühlen.
Besinnen Sie sich ganz auf die Gegenwart. Atmen Sie tief durch und lassen Sie sich Zeit dabei. Erinnern Sie sich an die Engel,

die jetzt bei Ihnen sind. Spüren Sie all das Lichtvolle, das Sie umgibt, Ihre Seele behütet und unterstützt Sie. Sie sind hier und jetzt in Sicherheit. Ihre Seele ist vollkommen und heil. Gleichgültig, welche Gefühle und Gedanken in Ihnen vorherrschend sein mögen, die Liebe in Ihnen ist immer da, wie ein sanftes Lächeln. Und so strahlt auch Ihr Herz, voller Güte, Wärme, in friedvollem innerem Sonnenlicht.

Kommen Sie am Ende dieser Übung mit einem liebevollen und guten Gefühl in das Tagesgeschehen zurück.

Sie können diese Übung oder eine andere Form der bewussten Selbstwahrnehmung in Ihre tägliche Meditationspraxis integrieren. Sie können sie auch vereinfacht bei Wartezeiten einbauen, zum Beispiel auf einer Bahnfahrt, wenn Sie jemanden erwarten oder im Wartezimmer einer Praxis. Sie können die Übung als ausgedehnte Meditation oder zur täglichen inneren Bewusstwerdung auch für nur wenige Minuten nutzen. Insbesondere wenn Sie spüren, dass ein Gespräch oder Impuls von außen Sie in Ihren Gedanken und Gefühlen irritiert haben sollte, dann können Sie über die Innenschau rasch und gezielt erkennen, weshalb sie auf diese Weise reagiert haben. So können Sie auch feinste Gedankenmechanismen in sich erfassen und gegensteuern, bevor Sie aus einer vielleicht unbewussten Verletzung oder alten Prägung heraus handeln.

Sie werden bald feststellen: Je weniger Sie sich selbst bewerten und je ruhiger und vertrauensvoller Sie bei sich selbst sein können, desto mehr Halt können Sie sich schenken und desto mehr dürfen Gefühle heilsam in Ihnen hervorkommen und innere Antworten Ihnen bewusst werden. Seien Sie sicher, wenn wir nicht mit Druck gegen uns arbeiten oder mit Zwang etwas erreichen wollen, dann lässt unser Unterbewusstsein, als Hüter des Verborgenen und Verdrängten, nur jene Emotionen an die Oberfläche, mit welchen wir auch umgehen können.

Überfordern Sie sich bitte nicht. Sollten in dieser Übung tiefe und heftige Emotionen aufbrechen, dann nehmen Sie diese und sich selbst in Gedanken liebevoll in den Arm und wenden Sie sich, wenn nötig, an eine Person Ihres Vertrauens, die Ihnen bei der Aufarbeitung und Neuorientierung helfen kann. Machen Sie sich immer wieder bewusst: All die vergangenen Erfahrungen sind vorbei. Sie sind in Sicherheit, von den Engeln beschützt und getragen. Sie können sich heute selbst Halt und Geborgenheit schenken und das Leben heilsam mitgestalten.

Selbstwahrnehmung führt zu Selbsterkenntnissen und damit zu wertvollen Einsichten und Antworten. Alle Hinweise für heilsame und liebevolle Entscheidungen finden wir in uns. Über die Selbstwahrnehmung, auch des Körpers, erkennen wir, was uns guttut. Bevor wir Antworten außerhalb von uns suchen, sei es bei Freunden, beim Lebenspartner, bei spirituellen Lehrern, in Karten oder in der lichtvollen geistigen Welt, sollten wir die Weisheit in uns selbst ergründen; denn nur wir können die Entscheidungen in unserem Leben fällen. Wenn wir diese an das Äußere abgeben, dann geben wir Verantwortung ab, doch es ist ja unser Leben, und andere werden nie die Konsequenzen unseres Tuns oder Unterlassens übernehmen können. Das Umfeld kann uns inspirieren und helfen, den Blickwinkel zu öffnen. Mögen wir auch Kritik zulassen, denn nur so schenken wir uns die Möglichkeit für gesunde Selbsthinterfragung und neue Sichtweisen. Engel werden uns immer mit lichtvollen Impulsen berühren wollen, die uns auf unsere Kraft und Weisheit hinweisen. Sie werden uns jedoch keine konkrete Entscheidung abnehmen. Sie lehren, den Weg nach innen, zu unserer Intuition und lichtvollen Quelle, zu finden und uns selbst zu vertrauen.

Folgende fünf Lebensfragen können uns unterstützen, Erkenntnisse und Weisheit in uns selbst zu finden:

- **Woran glaube ich?**

Diese Frage kann bedeuten: Was sind meine Glaubensmuster? Woran glaube ich bei mir selbst? Bei anderen Menschen? Glaube ich an Erfolg? Glaube ich an ein Heilsein? Glaube ich an ein Glücklichsein? Glaube ich an eine liebevolle, harmonische Partnerschaft? Glaube ich an lichtvolle, schicksalshafte Führung und Fügung? Glaube ich an die Hilfe der Engel? Unser Glaube ist eine immens starke Kraft. Darin können sich jedoch auch ungesunde Ängste und einschränkende, urteilende Gedanken und Wertbilder einnisten und entfalten. Je freier wir davon sind, desto erfüllender gestalten wir unseren Weg.

- **Wie will ich sein?**

Diese Frage kann bedeuten: Wie will ich leben? Welche inneren Werte will ich leben und vorleben? Wie und wer will ich sein in meiner Beziehung? Wie will ich meine Verbundenheit, meine Stärken, meine Gaben leben? Inwiefern möchte ich Gutes tun in diesem Erdenleben?

- **Wie sehr kann ich die Liebe in mir fühlen?**

Diese Frage kann bedeuten: Fühle ich die Liebe bei meinen Entscheidungen und Handlungen? Fühle ich die Liebe, da, wo ich stehe in meinem Leben? Fühle ich die Liebe zu mir selbst im Zusammensein mit meinem Partner, meiner Familie, meinen Freunden? Wann fühle ich mich liebenswert und weshalb? Kann ich zulassen, dass man mich liebt, so wie ich bin?

- **Wie heilsam ist mein Verhalten?**

Diese Frage kann bedeuten: Wie heilsam gehe ich mit meinen Gefühlen, meinem Herzen um? Tue ich das, was mir guttut? Wie heilsam behandele ich meinen Körper, meine Mitmenschen, meine Freunde, Kinder und Partner? Das heißt, tue ich wirklich von Herzen Gutes, freilassend, großzügig, erwartungs- und absichtsfrei?

- **Was lehne ich in mir ab?**

Diese Frage kann bedeuten: Lehne ich Stärken und Gaben in mir ab? Lehne ich meine Individualität ab? Lehne ich es ab, zu sein, wer ich wirklich bin? Wieso?

Sie können diese fünf Lebensfragen in die vorangehende Übung zur Selbstwahrnehmung einbinden. Lassen Sie sich in diesem Fall Zeit und tauchen Sie jeweils nur mit einer dieser Fragen ein. Sie möchten ja eigene tiefe Erkenntnisse für Ihr Leben und keine Pauschalantworten finden. Sie können mit einer dieser Fragen einen Spaziergang machen oder einfach in Ihrem Alltag, in einem Gespräch darüber reflektieren und sich selbst darin beobachten. Ich persönlich nutze diese fünf Fragen seit Jahren zur eigenen Geisteshygiene und möchte sie in meiner spirituellen Lebenspraxis nicht mehr missen. Sie sind nicht nur klärend im Umgang mit uns selbst, sondern auch in unseren zwischenmenschlichen Begegnungen und Beziehungen.

Selbstwahrnehmung hilft, bewusst zu werden und unser Unterbewusstsein vom Überbewusstsein zu unterscheiden.

Das *Unterbewusstsein* ist ein Teil unserer Seele und eine Ansammlung von Gefühlen, welche uns durch Lebenserfahrungen – insbesondere pränatale und Kindheitserfahrungen – und durch das Übernehmen von Lebensmustern unserer Erzieher geprägt haben. In unserem Unterbewusstsein sitzen unsere tief verborgenen Ängste, die gesunden (natürlichen) und ungesunden (unnatürlichen). Die gesunden Ängste, wie zum Bespiel ein gesundes Maß an Todesangst, hat die Aufgabe, uns in Form von Instinkten vor realen gegenwärtigen Gefahren zu schützen und dafür zu sorgen, dass wir nicht leichtfertig mit unserem Leben umgehen und uns somit um uns selbst und unseren Körper kümmern. Die ungesunden Ängste sind Ängste, die, objektiv betrachtet, nicht nötig sind, um unser Überleben im Hier und Jetzt zu sichern. Sie sind unsere Warnprogramme, entstanden durch nicht verarbeitete, oft schmerzhafte Erfahrungen und Schocks oder durch übernommene Lebenseinstellungen von Eltern und Bezugspersonen. Sie werden am Leben gehalten durch unerlöste, manchmal gar verdrängte Emotionen, unbewusste Gedankenmuster, Bewertungsraster und Kontrollverhalten. Das innere Kind, seine sanften Gefühle, aber auch seine oft noch schmerzhaften emotionalen Erinnerungen und Prägungen sind Teil dieses seelischen Imprints. Das Unterbewusstsein wirkt nun durch diese ungesunden, realitätsfremden Ängste und Gedankenprogramme wie ein Steuerungsorgan, welches Dinge in unserem Leben anzieht (weil bekannt und damit Sicherheit gebend und wünschenswert) oder abstößt (weil negativ bewertet oder unbekannt und somit angstbehaftet). So beeinflusst es unsere Entscheidungen aus Angst und aus dem Bedürfnis heraus, geliebt und versorgt zu sein und um das Leben, unsere Emotionen und andere Menschen kontrollieren zu können. Es schränkt unsere Wahrnehmung ein, weil wir uns selbst, andere und das Leben nur so sehen, wie wir es erwarten, bewerten oder eben meist unbewusst bestätigt suchen.

Es geht im Leben nicht darum, alle Prägungen im Unterbewusstsein aufzulösen – und dies ist auch nicht möglich. Wir würden darin jegliche Persönlichkeit verlieren. Vielmehr geht es darum, den Schmerz und die Irritationen zu heilen und mit Lebensmustern so umzugehen, dass sie uns weiterentwickeln lassen und gesunde Wurzeln schenken, anstatt uns zu blockieren und kleinzuhalten.

Das Überbewusstsein ist ein Bewusstseinszustand, in welchem wir ganz offen sind für feinstoffliche und feingeistige Wahrnehmungen. Das höhere Selbst sieht und spürt über das Überbewusstsein und betrachtet das Leben und Menschen neutral und ohne Bewertung. In dieser Form des Bewusstseins sind wir offen für echte und lichtvolle Impulse unseres Herzens und der geistigen Führung. Wir empfangen diese neutral und ohne den Filter von Erwartungen, Wünschen und Urteilshaltungen und können sie in Liebe stets lichtvoll und sinngebend deuten. Über wertfreie Beobachtungsgabe, über innere Ruhe und Vertrauen, verbunden mit tiefem Atem und das Sich-Erheben über die eigenen Gedanken finden wir einen Zugang dazu.

Beides, Über- und Unterbewusstsein, beeinflusst unser Tagesbewusstsein, unsere Gedanken, Gefühle, Stimmungen und daraus unsere Entscheidungen, unser Verhalten und unsere Resonanzfelder.

Es ist von zentraler Bedeutung, Ordnung und Heilung in unser Unterbewusstsein zu bringen und das Überbewusstsein als weisen Ratgeber auf täglichen Wegkreuzungen zu nutzen. Es beflügelt nicht nur die Beziehung zu uns selbst, sondern befreit uns auch für ein liebevolles und heilsames Miteinander und für erfüllende neue Begegnungen. Wenn wir unglücklich sind in unseren Beziehungen, wenn wir immer wieder in gleiche Beziehungsmuster fallen oder das, was wir sehnlichst erwarten, uns nicht findet, dann dürfen wir nach innen schauen, Vergangenes im Frieden erlösen und neue Gedanken- und Verhaltensmuster schreiben. Nur wenn wir aus alten, dominanten Erfahrungen lichtvolle Erkenntnisse und damit einen heilsamen Umgang finden, werden wir frei und bereit sein für die Erfüllung unserer wahren Bedürfnisse und Herzenswünsche. Es ist nie der andere, der sich für unser Glücklich-Sein zu ändern hat, sondern wir selbst sind die Lösung.

Den geliebten Menschen wahr-nehmen
Wenn wir uns selbst wahrnehmen können, offen, frei und ohne Wertung, dann können wir es auch bei unseren Mitmenschen, in neuen Begegnungen oder in bestehenden Beziehungen. Es geht darum, den anderen sehen, spüren und erkennen zu können, wie er wirklich ist. Nur so täuschen wir uns nicht mit Scheinbildern, die unsere Suche nach Liebe erzeugt. Wir betrachten unseren Partner oft und gerne so, wie wir ihn gerne sehen würden, damit er in uns eine Sehnsucht stillt und einen Mangel füllt. Es ist, als würde unser Unterbewusstsein einen Filter vor unsere Sinne legen, um den Menschen so zu-

rechtzubiegen, wie es ihn gerne sehen und *haben* möchte. Diese Sehnsucht kann aus einem Bedürfnis nach Geborgenheit, einem Zuhause, dem Wunsch, geliebt zu werden, oder aus dem Wunsch nach Verbundenheit entstanden sein. Doch diese Suche findet außen nie seine Erlösung, wenn wir uns Respekt, Achtung und Wertschätzung nicht selbst schenken können. Sie entsteht immer erst dann, wenn wir ein natürliches Grundbedürfnis unserer Seele nicht selbst nähren können. Erst wenn wir unseren Partner, so wie er ist, erkennen und annehmen können, hat die Beziehung eine Chance für gemeinsames Wachsen, jeder in seiner Kraft, seinem eigenen Seelenplan folgend und doch verbunden in Verständnis, Dankbarkeit, Vertrauen und Liebe. Möchten nicht auch wir gesehen und angenommen werden, so wie wir sind? Es liegt immer an uns, den ersten Schritt zu tun, wenn wir unser Leben oder unsere Beziehung verändern möchten. Es erfordert Mut, den geliebten Menschen ungefiltert in seiner wunderbaren Individualität zu betrachten und natürlich auch, uns selbst ungefiltert mit all unseren Ecken und Kanten betrachten zu lassen. Das zerstört oft auch die Illusion, einszuwerden mit dem Du, weil das nie gehen wird. Jeder wird immer eine individuelle, vollständige und vollkommene Seele sein, eigene Empfindungen, Bedürfnisse und Ziele haben. Wahrheit beseitigt Täuschung und wirft uns auf uns selbst zurück. Wahrheit ist ein gesundes und stabiles Fundament, auf welches wir bauen können. Liebe ist wahrhaftig.

Ein Scheinbild aufrechtzuerhalten, kostet uns immer Kraft. Ein Scheinbild kann ein Konstrukt davon sein, wer und was wir sind und in der Gesellschaft gerne darstellen möchten, um geliebt zu werden und Anerkennung zu finden. Oder es ist ein Bild davon, wie ein Mensch zu sein hat, damit er unserer Ideal- und Phantasievorstellung entspricht. Doch mit Wunschvorstellungen und Erwartungen verdrehen wir die Realität. Wir kreieren Märchenprinzen oder -prinzessinnen. Wir rennen einem selbstgemalten Luftschloss hinterher. Das verklärt unseren Blick und schafft nur spätere Ernüchterungen, Enttäuschungen und Konflikte. Lassen wir diese Scheinbilder los, haben wir die Sicht und Kraft, uns wirklich um uns oder unsere Beziehungen zu kümmern und somit Raum für Reales und Erfüllendes in unserem Leben.

Liebe kann wachsen, wenn wir gemeinsam lernen, uns gegenseitig so zu sehen und zu zeigen, wie wir wirklich sind. Das bedeutet keinesfalls einen Seelenstriptease, sondern es geht um gelebtes Vertrauen, Respekt und Achtung vor dem Selbst und dem Anderssein. Verständnis zu üben für den anderen heißt, ihn wirklich verstehen zu wollen, ohne zu werten, ohne verändern zu wollen oder zwar gutgemeinte, doch ungefragte Ratschläge zu verteilen. Geliebt und akzeptiert zu werden, wie man wirklich ist, kann unendlich heilsam sein. Wenn wir uns überlegen, wie wir gerne von unseren Mitmenschen betrachtet und behandelt würden, so können wir doch nur dasselbe unserem Gegenüber schenken.

Für gegenseitiges Wahrnehmen und beidseitiges Verständnis benötigen wir echte Offenheit und oft auch Zeit, die wir gemeinsam verbringen. So können wir Meinungen bilden, anstatt vorschnelle Urteile zu fällen. Wir benötigen Interesse an diesem Menschen, um gegenwärtig zu sein und unsere Aufmerksamkeit dem anderen zu schenken. Wir bedürfen der Fähigkeit, einfach zuhören zu können, um der Möglichkeit Raum für einen offenen Gedankenaustausch von Seele zu Seele zu geben. Erwarten wir nicht, dass wir gleicher Meinung sein werden. Wenn wir das wären, wie sollte der andere Mensch unseren Gedankenhorizont weiten können? Es ist doch schön, wenn sich verschiedene Meinungen gegenseitig bereichern können. Erwartungen kreieren Sinnesfilter. Offenheit und Vertrauen befreien und führen uns zu tieferen, heilsamen Erkenntnissen und Begegnungen.

Wenn wir bei uns selbst sein können und diese Verbindung zu uns stets durch bewussten Atem und durch eine nach innen gelenkte liebevolle Achtsamkeit halten können, dann vermögen wir auch eine gesunde Abgrenzung zum Mitmenschen zu wahren. Das bedeutet, uns im Du nicht zu verlieren, sondern uns stets uns selbst bewusst zu sein und uns zu spüren. Die Dualität gehört zu unserem Erdenleben dazu. Es geht nicht darum, sie aufzulösen durch ein Gegenüber, sondern wir dürfen üben, sie in Liebe zu erleben, die Balance zu halten und durch sie unsere Vollkommenheit und Ganzheit zu finden.

Selbstwahrnehmung ist somit nicht nur die Basis, um innere Themen zu klären, unverarbeitete Erinnerungen und Emotionen zu heilen oder Entscheidungen zu fällen. Sie führt auch dazu, dass wir den Menschen an unserer Seite erkennen und verstehen lernen. Unsere Offenheit und Bereitschaft, dessen Individualität zu entdecken und anzunehmen, ist Grundlage für eine liebevolle Beziehung. Diese Offenheit nach innen und nach außen bildet die Grundlage für das Wahrnehmen aller Vorgänge in unserem Leben: Die Natur, unsere lichtvolle geistige Führung, schicksalshafte Fügungen, Eingebungen und Visionen und alle zwischenmenschlichen Erfahrungen. Doch Selbstwahrnehmung ist auch der Schritt, welcher uns zu einem gesunden Selbstbewusstsein und Selbstwertgefühl führen kann.

Selbstbewusstsein und Selbstwertgefühl

> „Wir sind nicht das, was uns gesagt wurde, das wir sind. Sondern wir sind, was wir fühlen, was wir sind, wenn es still in uns wird."

Ich beobachte in meiner beratenden und heilerischen Tätigkeit und auch in vielen Begegnungen außerhalb meines Berufes einen gewissen Mangel an gesundem Selbstwertgefühl. Selbst Menschen, die auf den ersten Blick ein großes Ich zeigen, verstecken manchmal dahinter gut getarnt ein verletztes, verängstigtes inneres Kind. Ich beobachte auch, dass viele Menschen wissen, dass in einem gesunden

Selbstbewusstsein und Selbstwertgefühl ein Schlüssel für ein freieres und erfüllendes Leben und Miteinander verborgen liegt. Die elementare Frage, welche mir oft begegnet, lautet: *Wie* kommen wir dahin, selbstbewusst zu sein und uns wertvoll zu fühlen?

Unser Selbstwertgefühl hat viel mit unverarbeiteten Kindheitserinnerungen, Kindheitsschmerz, falschen Glaubensmustern und kleinen oder größeren Traumata zu tun. Anders formuliert: Je aufgeräumter unser Unterbewusstsein und unsere Sicht auf die Vergangenheit sind, je freier unsere Selbstwahrnehmung ist, desto strahlender kann unser natürliches Selbstbewusstsein sein.

Wir sind alle mit einem etwas mehr oder weniger starken und gesunden Selbstbewusstsein ins irdische Leben gestartet. Doch gewisse Erfahrungen und damit verbundene irrationale Schlussfolgerungen, dass wir nicht richtig sind oder unser Verhalten nicht richtig ist, hat uns glauben gemacht, dass wir nicht gut und liebenswert sind, so, wie wir sind. Beurteilt zu werden tut weh und hat schon so manches Kinderherz erschüttert in seinem Selbstbild und Selbstverständnis.

Doch diese Erfahrungen sind normal, denn unsere Eltern sind nicht perfekt und brauchen es auch nicht zu sein. Niemand ist auf der Erde, um perfekt zu sein. Genauso gehören ein Nein, Grenzen und damit Wegweisung zum Erwachsenwerden und Erwachsensein dazu. Wir können heute erkennen und lernen, dass Zurückweisung nicht bedeutet, dass wir der Liebe und Verbundenheit nicht würdig wären. Es wird immer Menschen geben, die auf unser Verhalten reagieren. Sie werden sich vielleicht vor uns verschließen, weil wir etwas gesagt, getan oder nicht getan haben. Das ist ihre Art, mit unserem Nein umzugehen, sich vielleicht zu schützen, weil ihr eigener Kindheitsschmerz berührt wird.

Wenn wir streiten, dann streiten immer unsere inneren Kinder in uns, also unsere Schutz- und Verhaltensmuster aus unserer frühzeitlichen Prägung. Erwachsene streiten nicht, sondern verstehen und übernehmen Verantwortung für sich und ihr Leben. Gerade in zwischenmenschlichen Beziehungen können wir nur dann wie Erwachsene miteinander umgehen, wenn wir uns dieser Muster bewusst sind, mit ihnen umzugehen wissen und auf ein gesundes, natürliches Selbstwertgefühl bauen.

Ein gesundes Selbstbewusstsein ist das innere Wissen, die innere Haltung:
„Ich weiß, wer ich bin. Ich muss mich nicht beweisen."

Mit anderen Worten: Wir wissen, wir haben uns entwickelt, und das haben wir uns selbst zu verdanken. Das darf uns mit sanftem Stolz erfüllen. Gleichzeitig anerkennen wir unsere Individualität, unseren ganz eigenen Weg (und damit auch unsere Vergangenheit), unsere Gefühle, Bedürfnisse, Stärken und Schwächen und erlauben uns zu leben, wer und was wir sind, mit gesunder Rücksicht, Mitgefühl und Güte für unser Umfeld.

Nichts ist selbstverständlich, denn wir dürfen für alle Geschenke in unserem Leben dankbar sein. Gleichzeitig schließt ein gesundes Selbstbewusstsein die Grundhaltung ein, dass all das Lichtvolle und die Liebe in uns und um uns herum selbstverständlich sein dürfen. Die Liebe und das Licht in uns und damit auch all das Gute in unserem Leben sind göttliches Geschenk und himmlische Gnade. Den Satz: „Es ist *selbstverständlich*, dass..." dürfen wir in Demut und Dankbarkeit aussprechen und können ihn zum Beispiel wie folgt beenden: „Es ist selbstverständlich, dass mich die Engel zu liebevollen Begegnungen führen, denn ich bin Liebe." Oder: „Es ist selbstverständlich, dass mich die Menschen mögen und respektieren, denn ich bin liebenswert, und ich schenke mir selbst und den anderen Respekt." Oder: „Es ist selbstverständlich, dass die Engel mich bei meiner Arbeit unterstützen, denn mein Tun ist wertvoll und kommt von Herzen."

Eine *gesunde* Selbstverständlichkeit bedeutet, sich weniger Gedanken zu machen über Dinge, die wir nicht beeinflussen können, sondern Vertrauen zu haben in das Leben, in die Mitmenschen, in die geistige Führung, in unsere Gaben und Talente. Es bedeutet auch, zu lernen, dem Glück, der Liebe und dem Erfolg zu vertrauen. Es ist die innere Sicherheit, dass für höhere, reine und lichtvolle Bedürfnisse unserer Seele stets gesorgt sein wird. Es ist ganz natürlich, dass der Himmel uns in unseren reinen Absichten und lichtvollen Zielen unterstützt und stärkt. Ein unnötiges und zu häufiges Selbsthinterfragen zeugt von mangelnder Selbstsicherheit und mangelndem Vertrauen in uns, in die Mitmenschen, in die geistige Führung und in das Leben. Eine *ungesunde* Selbstverständlichkeit führt jedoch zu Blindheit, Überheblichkeit und Rücksichtslosigkeit gegenüber den Bedürfnissen unserer Mitmenschen. Ungesund ist, was wir aus Egoismus und mangelndem Liebesbewusstsein tun. Ein gesundes Selbstbewusstsein wird geerdet und ausgeglichen durch Achtsamkeit, Dankbarkeit, Bescheidenheit und Wertschätzung des Lebens und von allem, das uns umgibt, uns hilft und liebt! Wenn wir dankbar sind für zwischenmenschliche Nähe und Vertrauen, für Gesundheit, Wohlstand und Erfolg, so bleiben wir mit beiden Füßen auf dem Boden und begegnen den Menschen mit Würde und Mitgefühl. Dankbarkeit öffnet das Herz, es führt zu mehr Freude und Liebe. Ein liebevolles Herz trägt somit beides in gesundem Maß in sich: Dankbarkeit und Selbstverständlichkeit durch Vertrauen und höheres Bewusstsein.

Eine wunderbare Übung ist es, uns täglich abends vor dem Schlafengehen zu fragen, wofür wir dankbar sein möchten. Wir können die Erkenntnisse sogar in einem Tagebuch festhalten und diese Erkenntnisse, wenn wir das Bedürfnis danach verspüren, nachschlagen. Es wird unsere Herzlichkeit festigen und uns nachhaltig Kraft und Weisheit schenken.

Das Selbstwertgefühl geht noch eine Nuance weiter.
Es bedeutet:
„Ich weiß, ich bin wertvoll, schön und liebenswert.
Ich weiß, ich bin gut genug."

Es ist die Grundhaltung: „Ich bin es mir wert, dass….". „Ich bin es mir wert, mich wahrzunehmen, ich selbst zu sein und gut für mich zu sorgen." Oder: „Ich bin es mir wert, jetzt Nein zu sagen."

Diese Grundhaltung bedeutet, dass wir es uns wert sind, uns anzunehmen, wie und wer wir sind. Wir wissen, wir sind gut und richtig, wir lieben uns und sind liebenswert, weil wir sind, wer wir sind, unabhängig von Leistung, Aussehen, Gesundheit, Lebensstandard und Erfolg. Es ist auch die innere Gewissheit, nie versagt zu haben, sondern auf der Erde zu sein, um aus Erfahrungen zu lernen und sich zu entwickeln, im Bewusstsein und Ausdruck des Lichtes und der Liebe. Dies ist eine würdevolle Haltung uns selbst und unserem Leben gegenüber. Gleichzeitig darf diese Grundhaltung keine Ausrede sein für egoistisches Handeln und Bereicherungen zu Lasten des Lebens und der Gefühle anderer. Mobbing dagegen ist der Versuch, aus mangelndem Selbstvertrauen und Selbstbewusstsein andere in ihrem Selbstwert zu entkräftigen und zu entwürdigen. Doch es gehören für solche Spiele auch immer zwei dazu. Es treffen sich hierbei meist zwei gleiche Lebensmuster, nur in anderen Verhaltensweisen: Ein scheinbares Opfer und ein scheinbarer Täter.

Es ist eine Bewusstseinsfrage, ob wir es uns wert sind, uns um uns zu kümmern und uns anzunehmen; so zu fühlen und zu leben, wie und wer wir sind. Es ist nie die Frage, ob wir Zeit dafür haben oder ob es uns andere Menschen erlauben. Wenn wir das denken, dann sabotieren wir uns selbst, um es doch nicht zu tun, machen uns zum scheinbaren Opfer anstatt Verantwortung für die eigene Entscheidung zu übernehmen.

Wir dürfen uns bewusst sein: Wir sind vollkommen, so, wie wir sind. Wir haben beziehungsweise sind eine vollkommene Seele. Wir tragen vollkommene Liebe und unendliches Licht in uns. Beides ist dauerhaft immer in uns vorhanden, nur haben wir vielleicht den Zugang verloren, es zu erkennen, zu fühlen und zu leben.

Wir sind vollkommen, weil wir ein Ganzes sind, kein Halbes. Wir bewegen uns in einem männlichen oder weiblichen Körper durch dieses Erdenleben, und Hormone prägen nicht nur unser Geschlecht und unseren Körperbau, sondern auch unsere Gefühlswelt, womit offensichtlich ist, dass Männer und Frauen unterschiedlich sind. Doch in beiden Körpern ist eine vollkommene, geschlechtsneutrale Seele vorübergehend zu Hause. Unabhängig von unseren Hormonen und unserem Geschlecht haben wir alle ein identisches angeborenes Bedürfnis nach Liebe und Verbundenheit, nach Zugehörigkeit, zwischenmenschlicher Nähe und Geborgenheit. Im Jenseits haben wir weder Geschlecht noch Hormone. Also sind wir mehr als nur männlich oder weiblich (Dual) und somit ist Liebe weit mehr als körperliche Anziehungskraft und Verliebtheit, welche gesteuert und beeinflusst werden durch Hormone, Bewertungsfilter und Resonanzmuster des Unterbewusstseins.

Sind wir uns selbst bewusst, dann übernehmen wir Verantwortung für uns selbst, für unsere Gedanken, Gefühle und Taten.

Der Mensch hat viele Freiheiten auf Erden: Gewisse sind angeboren, wie die Gedankenfreiheit, andere sind gesellschafts- und wohlstandsbedingt, zum Beispiel die Bildungsfreiheit, Berufsfreiheit oder die Möglichkeit, sich etwas zu kaufen. Freiheiten bedingen grundsätzlich immer auch ein gesundes Verantwortungsbewusstsein, nämlich die

Fähigkeit, bewusst zu wählen, zum Wohle von uns *und* der Gesellschaft.

Unsere Selbstverantwortung anzunehmen, bedeutet, unsere Freiheiten und Wahlmöglichkeiten anzuerkennen: Die Welt ist oft so, wie wir – bewusst oder unbewusst – entschieden haben, sie zu sehen. Wir ziehen jene Umstände in unser Leben, an die wir glauben und denen unser Unterbewusstsein sein Vertrauen schenkt. Zwischenmenschliche Beziehungen gestalten sich oft so, wie wir uns verhalten, wie wir reagieren – wie ein Erwachsener (selbstbewusst, verständnisvoll und mit Vertrauen) oder wie ein ängstliches, verletztes Kind (überangepasst oder aggressiv).

Im erwachenden Neuen Zeitalter geht es auch darum, innerlich erwachsen zu werden und Schuldmuster sowie das Opfer-Täter-Denken konsequent abzulegen. Der Gedanke „Das Leben ist nicht gerecht" ist ein fataler Trugschluss, denn das Leben wertet nicht, es folgt nur gewissen Gesetzmäßigkeiten, wie zum Beispiel dem Resonanz-Prinzip. Wir sind Mitgestalter unseres Lebens und Schicksals und brauchen keinen Schuldigen zu suchen für unsere Lebensumstände. Das führt nie in die Lösung, denn diese finden wir ausschließlich in der liebevollen Selbsterkenntnis, also bei uns selbst, nicht beim anderen und seinen Lebensthemen. Schuldmuster können sich auch darin äußern, dass wir mit dem Finger auf andere Menschen zeigen, um unseren Standpunkt und unsere Reaktionen zu rechtfertigen oder von uns abzulenken. Auch das führt leider nie in die gewünschte Veränderung. Gleichzeitig hat das unterschwellige Gefühl, jemandem etwas zu schulden oder jemand schulde uns etwas, immer mit mangelndem Selbstwert zu tun. Dasselbe gilt, wenn wir dauernd von anderen etwas erwarten oder das Gefühl haben, sie erwarten etwas von uns. Wenn Sie solche Gedanken bei sich beobachten, gewöhnen Sie sich diese ab. Sie bringen Ihnen nichts.

Schuldmuster sind oft anerzogen. Diese binden, anstatt uns ins Freisein, in Selbstverantwortung und Liebe zu führen. Es geht im Leben deshalb nicht um Schuldige, weil jeder Mensch stets sein Möglichstes tut und sich für das, was er im Moment nicht ändern kann, auch nicht zu rechtfertigen braucht. Das spricht selbstverständlich nicht von jeder Handlung und Grenzüberschreitung frei. Verantwortung zu übernehmen, bedeutet, die Konsequenzen für sein Denken, Fühlen und Handeln anzunehmen; und Konsequenzen sind nicht nur äußere Lebensumstände, sondern vor allem innerer Friede, Freude und Erfüllung. Ein gesundes Selbstwertgefühl und Verantwortungsbewusstsein entsprechen auch der inneren Haltung: „Ich lerne aus dem Leben. Ich beobachte, was es mir über mich erzählt und gebe mein Bestes. Ich vergebe, wo immer nötig, und entwickle mich gerne in meiner Weisheit, Kraft und Liebe." Wir gestalten unser Leben immer von innen nach außen, so wie es uns möglich ist. Die Veränderungsmöglichkeiten liegen daher auch stets in uns selbst und nicht in den Lebensumständen oder bei anderen Menschen. Wenn wir auf etwas reagieren, dann hat es immer auch etwas mit uns selbst zu tun und will uns etwas sagen. Durch das Annehmen unserer großen Mitverantwortung anerkennen wir auch die Macht, die unsere Gedanken und unsere innere Haltung auf unsere Gefühle, Taten und Lebensumstände haben. Niemand ist für unser Denken und Seelenheil verantwortlich, sondern nur wir selbst. Das ist wohl eine der größten Stärken und Freiheiten, die Gott uns schenkt.

Was kann uns helfen, unsere Selbstverantwortung zu stärken?
Indem wir bewusst eine höhere und wertfreie Sicht auf das Leben hier auf Erden einnehmen. Indem wir somit zum neutralen Beobachter werden und uns Fragen stellen wie: Worum geht es? Was ist das Ziel?

Dadurch, dass wir ehrlich sind mit uns selbst und somit das eigene Denken offen und neutral reflektieren. Womit hadere ich noch? Was verurteile ich noch (an mir, am anderen Menschen, am Schicksal)? Welche Schuldmuster sind noch als Gedankenprogramme in mir?

Wir sollten anerkennen, dass niemand schuldig ist, auch wir selbst nicht, sondern wir alle uns auf dem Weg hin zur Liebe und zur Weisheit entwickeln. Jegliches Opfer-Täter-Denken ist letzten Endes unbewusste Selbstsabotage. Wir rechtfertigen unsere bisherige Sichtweise, halten an Enttäuschung fest und weisen Verantwortung und damit innere Veränderung von uns. Dabei geht es im Leben immer weiter, wenn wir offen für einen neuen Blickwinkel und den nächsten Schritt in uns sind. Das bedingt, das wir unsere Verantwortung, also unsere Möglichkeiten und unser Mitbestimmungspotenzial, annehmen.

Selbstverantwortung wird gestärkt durch Verständnis für unser und das Verhalten anderer Menschen. Verständnis zu haben, zeigt sich darin, großzügig zu denken. Es bedeutet, verstehen zu wollen, weshalb wir uns bisher nicht anders verhalten konnten, weil wir es nämlich einfach nicht besser wussten und nicht die Kraft dazu hatten. Bewusstsein ist Licht, welches jegliches sinnloses Festhalten durch unnötige Ängste und Missverständnisse enthüllt. Je bewusster wir sind, desto weniger fixieren wir uns auf Dinge, die uns nicht guttun. Selbstverantwortung ist Selbstannahme und führt zum Loslassen dessen, was nicht wirklich Liebe ist.

Das Übernehmen von Verantwortung für den eigenen Seelenfrieden und für ein erfülltes Leben führt uns somit dahin, jegliches Urteilen fallen zu lassen, durch eine höhere Sichtweise, durch Verständnis, Vergebung und Mitgefühl. Dies ist keinesfalls eine Pflichtfrage, die auf äußerer Moral beruht, als vielmehr die tiefe innere Haltung, die besagt: „Ich bin es mir selbst wert, frei und glücklich zu sein und mein Glück mit der Welt zu teilen."

Was bedeutet diese Erkenntnis für unsere zwischenmenschlichen Beziehungen?

Sie kann bedeuten, dass wir die Verantwortung unseres Gegenübers vollständig anerkennen. Kein Helfersyndrom, kein Bemitleiden, kein Besserwissen oder Verurteilen ist nötig. Jeder darf seine eigene Meinung für sein Leben bilden und seine Entscheidungen fällen. Niemand kann eine allumfassende Lebensweisheit für alle Menschen finden, sondern wir dürfen stets der eigenen Selbsterkenntnis folgen.

Jeder hat alle Kraft, die er benötigt, um seine Weisheit und Liebe zu nutzen und zu entfalten, in seinem Tempo, auf seinem Weg durch Erkenntnisse und Erfahrungen hindurch. Dieses Ja zu sich selbst können wir niemandem aufdrücken oder für ihn übernehmen. Wenn wir mit unserer Kraft versuchen, Mitmenschen zu verändern – sei es in ihrem Denken, Fühlen oder Verhalten, dann stellt sich unser Ego über diese Seelen. Das schafft auf Dauer Abhängigkeiten, Missverständnisse und Konflikte. Im Grunde sind es ungesunde Grenzüberschreitungen, die mangels Vertrauen und Selbstliebe stattfinden. Das Therapieren von anderen kann sogar unbewusst dem Selbstzweck dienen, die eigenen Schuldgefühle aus alten Geschichten zu sühnen und sich besser zu fühlen. Das ist Missbrauch, wenn auch nicht mit Absicht. Wir können und dürfen da sein, an diesen Menschen von ganzem Herzen glauben, ehrlich, offen und großzügig sein. Manchmal ist dabei Schweigen Gold und die Haltung sinnvoll: „Ich weiß, was ich weiß, und ich muss es dir nicht zu beweisen." Takt- und respektvolle Ehrlichkeit hat unser Gegenüber jedoch stets verdient, denn die bedeutet, dass wir es ihm zutrauen, mit der Wahrheit umzugehen, egal was er daraus macht. Wahrheit kann befreien und uns für die Liebe öffnen.

Selbstwertgefühl bedeutet ein mutiges JA zu uns selbst.
Selbstannahme ist ein mutiges, offenherziges Ja zu unseren ganz eigenen Stärken. Es beinhaltet auch, die „negativen" Aspekte von uns anzunehmen. Ehrlich zu sein, Dinge beim Namen zu nennen, anstatt sie auszublenden oder schönzureden. Doch nehmen wir diese weniger schönen Aspekte nicht zu wichtig. Nehmen wir das Gute für wichtiger und machen wir aus beidem etwas Sinn- und Lichtvolles.

Mut bedeutet, sich zu zeigen, durch Offenheit, Ehrlichkeit und die Fähigkeit, zu sich selbst zu stehen und sich auch zu exponieren mit seiner eigenen Meinung, seinen Talenten und seiner Individualität. Wir haben alle mehr oder weniger Angst davor, uns zu zeigen, weil wir Angst vor Zurückweisung und Ablehnung haben. Das hat damit zu tun, dass wir irrtümlich glauben, wir seien nicht mehr liebenswert und damit auch nicht zugehörig zu unseren Mitmenschen, wenn wir unsere Masken abnehmen und unsere Makel zeigen würden. Wir machen damit unsere Liebe, Liebenswürdigkeit und Verbundenheit von der Meinung und vom Verhalten anderer Menschen, wie zum Beispiel unserem Partner, abhängig. Es ist die Angst (erneut) verletzt zu werden und Scham zu empfinden. Doch verletzt können wir nur werden, wenn wir uns nicht selber Halt und damit Liebe und „Wert" geben können. Dafür sind wir selbst zuständig, es ist unsere persönliche Verantwortung, nicht jene von unseren Nächsten, unserem Vorgesetzten oder unseren Klienten. Liebe und Verbundenheit werden wir erst dann von unseren Mitmenschen bedingungslos annehmen können, wenn wir uns wertvoll genug fühlen, geliebt und angenommen zu werden, und zwar so, wie wir wirklich sind.

Selbstwertschätzung ist würdevoll. Sie ist der gütige Blick auf uns selbst, voller Respekt, Dankbarkeit und Wertschätzung. Sie entspringt einem gesunden Ego, mit welchem wir auch würdigen, was wir bisher in uns selbst erreichen konnten. Dieser sanfte Stolz braucht sich nicht zu beweisen oder gar zu vergleichen nach dem Motto „besser, weniger gut/weit". Es geht dabei auch nie um äußere Werte und Erschaffenes, sondern ausschließlich um innere Schritte zur Liebe und zum Frieden hin. Bescheiden werden wir, wenn wir die Fülle in uns erkennen und spüren. Das befreit von Übermaß und Abhängigkeit.

Die Würde ist leise und stellt sich selbst ins Licht. Selbstannahme führt zu einer lebensbejahenden Haltung, in welcher wir uns mit Vertrauen dem Alltag stellen und Freude, Mut und Tatkraft hineinbringen. Urvertrauen ist ein wichtiger Schlüssel, welcher uns die innere Fülle und Sicherheit bewusst werden und großzügige Menschen sein lässt. Großzügig sind wir, wenn wir im Vertrauen, anstatt in der Angst leben; dann werden wir andere Menschen in ihrem Anderssein auch leben lassen. Wir werden ihnen das Beste wünschen, uns mit ihnen über ihre Erfolge und über ihr Licht freuen und selber absichtsfrei Gutes tun.

Die Würde bringt uns in einen achtsamen Umgang mit unserem Wesen und führt dazu, dass wir unsere Gefühle und Grenzen respektieren. Wir dürfen ein Nein säen, ohne ein schlechtes Gewissen zu ernten. Wir sind liebenswert, weil wir sind, wer wir sind und weil ein gütiges Herz in uns schlägt. Glück und Zufriedenheit werden wir nie außen und damit auch nicht bei anderen Menschen finden, sondern vorrangig in der liebevollen Selbstbegegnung, die authentisch gelebt wird. Es ist die tägliche Praxis, welche Schicht um Schicht das Reine und Gütige in uns offenbart. Unser wahrer Meister ist das Leben selbst.

Ein gesundes Selbstbewusstsein und die innere Würde bedingen nicht nur ein offenes Wahrnehmungsvermögen, die Bereitschaft, uns selbst zu sehen, zu spüren und zu erkennen, sondern auch Selbstvertrauen. Selbstvertrauen wiederum stärkt unser Selbstbewusstsein und Selbstwertgefühl. Es ist ein steter Kreislauf des inneren Wachstums durch Bewusstwerden und Erleben.

***Selbstvertrauen* heißt, Sicherheit und Halt in sich selbst zu finden.** Sie ist die Basis für Vertrauen in unsere Mitmenschen, in das Leben und Schicksal, in unsere himmlische Führung und in die geistige Verbundenheit. Sie ist die Gewissheit, dass wir allem gewachsen sein werden, unsere Seele stets unversehrt und heil bleiben und immer ein lichtvoller Weg entstehen wird. Im Selbstvertrauen können wir das „Ich will" loslassen, weil wir dem Leben vertrauen und es fließen lassen können. Es ist die Haltung: „Nichts muss, alles darf." Es ist die Gewissheit, dass, wenn eine Türe sich schließt, eine noch bessere aufgehen wird. Im Vertrauen lassen wir unnötige Gedanken und Zweifel los. Wir nehmen es leichter und gelassener. Auch hier können wir uns die Haltung „Es ist selbstverständlich, dass…" verinnerlichen und uns mit Dankbarkeit erden.

Im Vertrauen lassen wir jedoch nicht nur Gedanken los. Dies ist erst der erste Schritt. Wir lassen auch das Klammern an Menschen los, lassen (Vor)Urteile fallen, versöhnen uns mit uns selbst und dem Leben, verabschieden uns von einengenden Kontrollzwängen und Verhaltensmustern und ersetzen sie durch neues, liebevolleres Verhalten.

Vertrauen ist die Gewissheit: „Gut ist gut genug." Perfektionismus hingegen ist mangelndes Vertrauen und mangelnde Selbstsicherheit. Perfektionismus wird angeführt vom konträren Lebensmantra, welches heißt: „Ich bin *nicht* gut genug." Perfektionismus ist eine Schutz- und Kontrollstrategie, um unsere Verletzlichkeit vor der Außenwelt zu bewahren. Sie basiert auf mangelndem Selbstwertgefühl, auf der Angst, zu versagen und nicht geliebt zu werden, wenn wir nur wir selbst sein würden. Es erfordert unendlich viel Kraft, eine scheinhafte Perfektion in unserem Aussehen, in unserer Leistung oder in einer Rolle und beim damit verbundenen seelischen Schutz aufrechtzuerhalten. Doch wir werden die Perfektion nie erreichen. Wir definieren sie an übermenschlichen, selbstauferlegten Maßstäben. Sie basieren selten bis nie auf realen Erwartungen unserer Mitmenschen. Es sind unsere selbstkreierten Erwartungen, die wir uns aufbürden und in welchen wir uns vergessen. Perfekte Menschen gibt es nicht, das wäre individualitätslos und würde Stillstand bedeuten. Mit diesem Schutzschild verbergen wir unsere Persönlichkeit, weil wir uns in unserem Wesen und Naturell nicht für gut genug halten, und verleugnen damit uns selbst. Das führt immer in Sackgassen, nicht nur in der Arbeit, sondern auch in unseren Beziehungen, denn einerseits werden wir nie die Kraft besitzen, uns dauerhaft zu verneinen, andererseits baut nur das, was echt und individuell ist, auf gesunde Wurzeln auf und kann wachsen und gedeihen. Die Lösung und Erlösung von Perfektion ist immer im Vertrauen, im Selbstbewusstsein, im Selbstwertgefühl und schlussendlich in der Selbstliebe zu finden.

Weitere Qualitäten von Vertrauen sind Ruhe, Gelassenheit und Geduld. Entscheidungen, die auf Vertrauen und Freude basieren, führen auf einen erfüllenden und gesegneten Weg. Die innere Haltung ist dann von Ruhe, Geduld sowie Achtsamkeit geprägt und mit einem guten, liebevollen Gefühl im Herzen verbunden. Entscheidungen hingegen, die aus Ungeduld, mangelnder Ruhe, fehlender Selbstwahrnehmung und fehlendem Vertrauen in die eigene Herzensweisheit entstehen, führen oft erst auf Umwegen ans Ziel, denn dann haben uns die Ausläufer der Angst zur Entscheidung gedrängt. Doch die Angst, welche nicht auf tatsächlicher, aktueller Gefahr beruht, ist kein guter Ratgeber und auch keine weise Kraft in eine erfüllende Zukunft hinein. Diese Erkenntnis dürfen wir uns auch bei all unseren Beziehungsentscheidungen vergegenwärtigen: Sagen wir Ja zu einem Menschen, weil wir wirklich die Liebe zu uns und zu diesem Menschen spüren, oder aus Angst, irgendwann alleine zu sein? Sagt das Herz oder sagt der Verstand „ja"? Lassen wir eine neue Beziehung sich in Ruhe und Geduld entwickeln oder stürzen wir Hals über Kopf in Bindungen hinein, um den gefundenen Menschen auch ja festzuhalten? Passen wir uns an, weil wir fühlen, dass es in dieser Situation in Ordnung für uns ist oder weil wir Angst vor einer Auseinandersetzung (Angst vor der Wahrheit?), vor Zurückweisung oder Liebesentzug (Bestrafung, wo es doch nichts zu bestrafen gibt) haben? Die Liste könnte endlos erweitert werden.

Nachstehend finden Sie in Stichworten einige Anhaltspunkte, um im Leben zu mehr Selbstsicherheit und Vertrauen zu finden:

- ruhige, tiefe Atmung
- ruhige, klare Gedanken
- neutrale Sicht, Vogelperspektive, Beobachtungsgabe, Selbstreflexion
- Höheres Bewusstsein, höhere Erkenntnisse und Wissen
- Bewusstsein der geistigen Verbundenheit und Führung
- Zugang zur Intuition und inneren Herzensweisheit
- Verständnis, Urteilslosigkeit, Vergebung
- Selbstverantwortung: Wir sind weder Opfer noch Täter.
- Erfahrungen, die uns bestärken (Es tun! Herausforderungen zu meistern, hilft uns, selbstbewusster zu werden.)

- Engelbotschaften, lichtvolle Eingebungen, Visionen und Träume, welche wir verinnerlichen
- Regelmäßige Praxis zur inneren Zentrierung, Ruhefindung und Klärung (Meditation)
- Gebete und Segnungen

Wie können wir nebst diesen Punkten ein gesundes Selbstbewusstsein und Selbstwertgefühl entwickeln und leben?
Indem wir weise Sätze wie „Gut ist gut genug." oder „Ich bin wertvoll, so wie ich bin." zu unseren Lebensmantras machen und sie durch das tägliche Bewusstwerden und Umsetzen als Weisheit in uns verwurzeln.

Eine Erkenntnis führt nur dann zu tiefem, innerem Wissen, wenn sie bis ins Herz gelangt und Erfahrungen damit verbunden sind. Sie ist dann nicht nur ein Gedanke oder Auswendiggelerntes. Wenn wir wirklich etwas verstanden haben, dann werden wir in verschiedensten Lebenssituationen Orientierung und Antwort aus uns schöpfen können. Dann ist eine Erkenntnis zu lebendigem Wissen geworden, welche in jeder beliebigen Situation wieder aktiviert, angewandt und noch tiefer verstanden werden kann.

Durch ein erwachtes Selbstbewusstsein und Selbstwertgefühl schälen wir unsere Individualität, unser ganz eigenes Wesen, unsere Weisheiten und Stärken heraus. Daraus können eigenständige Meinungen, eine Lebensphilosophie, welche losgelöst und befreit von alten Prägungen ist, und individuelle Lebensziele erwachen. Diese werden verbunden und getragen sein von lichtvollen höheren Schicksalskräften, von unserer Herzensweisheit und Liebe.

Wir dürfen lernen, uns selbst und anderen Menschen zu vergeben für alles, was wir und sie getan haben (bewusst und unbewusst). Vergebung führt zu Frieden mit der Vergangenheit. Sie ist ein innerer Akt der Gnade und dann nötig, wenn wir mit dem, was war, noch nicht im Reinen sind. Gerade durch Selbstverurteilung, durch das Gefühl, versagt zu haben, nehmen wir uns die Würde und den Selbstwert.

Vergeben bedeutet, zu heilen, was geschehen ist; das Vergangene und sich selbst wieder ins Licht zu stellen.

Wir können ein gesundes Selbstbewusstsein und Selbstwertgefühl entwickeln, indem wir uns unter anderem die Fragen stellen:
- Was bedeutet es für mich, selbstbewusst zu leben?
- Was bedeutet es, mich selbst als wertvoll zu betrachten und zu behandeln?
- Was bedeutet für mich der Satz: Gut ist gut genug?

Ich war einmal ein Jahr lang „schwanger" mit diesen drei Fragen. Weil ich wusste, dass ich mir nur mit einem gesunden Selbstbewusstsein nicht mehr länger im Weg stehen würde. Ich lernte, dass es gilt, die gewonnenen Erkenntnisse umzusetzen, in kleinen, aber tatkräftigen Schritten. Wir stärken unser Selbstbewusstsein und Selbstwertgefühl nicht nur durch Erkenntnisse, sondern vor allem durch unser tägliches Verhalten, welches auf Respekt, Würde und Liebe beruht.

> **Folgendes Gebet kann uns helfen, Selbstbewusstsein, Selbstwertgefühl und Vertrauen zu entwickeln:**
> Ich nehme mich von ganzem Herzen an und stelle mich ins Licht.
> Ich lebe so, wie es meiner Seele guttut und meinem wahren Wesen entspricht.
> Ich lasse all das los, was ich nicht mehr benötige, um glücklich und frei zu sein.
> Ich bin wertvoll, liebenswert und schön, so wie ich bin. Ich habe nie versagt.
> Liebe lichtvolle Wesen der geistigen Welt, bitte unterstützt mich. Bitte zeigt mir das Licht und die Liebe in mir.
> Bitte führt mich zu meinem wahren Ich. Bitte segnet mich und meinen Weg.
> (Amen)

Sie dürfen das Gebet gerne kürzen oder Ihre eigenen Worte verwenden. Gebete sind dann kraftvoll, wenn wir sie authentisch und von Herzen sprechen und dabei jegliche entgegenwirkende Gedanken und Zweifel loslassen können. Es geht darum, das (innerlich) Gesprochene als Wahrheit zu wissen und zu fühlen.

Folgende Meditation haben mir die Engel zum Thema Selbstwert, Selbstbewusstsein und Vertrauen gezeigt:
Setzen Sie sich entspannt und aufrecht hin. Atmen Sie tief und ruhig in den Bauch und entspannen Sie Ihre Muskeln.
Lächeln Sie Ihre Gedanken an. Diese sind jetzt nicht wichtig. Lassen Sie sich vom Atem führen und bekommen Sie ein gutes Gefühl.
Lächeln Sie sich selbst von ganzem Herzen an. Spüren Sie, wie schön es ist, dass es sie gibt.

Spüren Sie Dankbarkeit, sei es für liebevolle Menschen in Ihrem Umfeld, für den himmlischen Schutz, die geistige Führung und all das Gute, das Ihnen bewusst wird. Spüren Sie auch Dankbarkeit für Ihr Leben, für Ihre Lebendigkeit und Ihr Dasein.

Blicken Sie mit diesem Gefühl der Dankbarkeit zurück auf Ihren Lebensweg. Betrachten Sie all das Gute, das Sie gestärkt hat und woran Sie gewachsen sind. Betrachten Sie, wie mutig Sie Ihrem Herzen gefolgt sind und Vertrauen in sich entwickelt haben. Bewerten Sie nichts, sondern betrachten Sie sich selbst mit Güte, Verständnis und sanftem Stolz.
Beurteilen Sie auch Abgründe in Ihrem Leben, die sich vielleicht noch einmal zeigen, nicht. Lächeln Sie sie einfach an. Auch diese gehören zum Leben dazu. Wir wachsen an ihnen. Das ist in Ordnung. Erinnern Sie sich, dass Sie immer von den Engeln beschützt und gehalten waren. Ihnen konnte nichts passieren. Sie

haben alles gut gemeistert. Sie waren tapfer, mutig und haben immer das getan, was Sie tun konnten. Sie haben nie versagt.

Atmen Sie tief und harmonisch durch, spüren Sie Ihre Füße auf der Erde und besinnen Sie sich auf die Gegenwart.
Spüren Sie: Sie sind gut, Sie sind stark und können sich selbst Halt geben.
Gehen Sie noch tiefer zu sich selbst hin und spüren Sie sich ganz nah, voller Liebe und Lebendigkeit. Fühlen Sie, wie wertvoll Sie sind, und atmen Sie dieses Gefühl, dieses unendliche Wissen, tief in Ihren Bauchraum ein und aus.
Spüren Sie: Für mich ist immer gesorgt. Es ist immer Fülle da. Der Himmel schaut gut auf mich. Auch ich sorge gut für mich. Ich bin es mir wert. Ich liebe mich.
Schenken Sie sich Zeit, spüren Sie die Wärme in Ihrem Brustraum, und atmen Sie voller Vertrauen und Würde tief ein und aus.

Richten Sie sich innerlich auf und stellen Sie sich ins Licht. Atmen Sie voller Vertrauen tief und harmonisch durch. Genießen Sie den Lichtfluss zwischen Ihnen, den Engeln und den himmlischen Welten.

Bitten Sie (Vorschlag): „Liebe lichtvolle Wesen der geistigen Welt, ich bitte um himmlischen Segen, Führung und Schutz für mich und meinen Weg. Bitte helft mir, gut für mich zu sorgen und mich selbst anzunehmen und so zu sein, wie ich bin. Ich bin von ganzem Herzen bereit, JA zu mir selbst zu sagen, mich zu fühlen und mir selbst bewusst zu sein. Ich liebe mich und bin bereit, all die Liebe anzunehmen und zuzulassen, die ich benötige."

Lassen Sie sich Zeit, das Gebet nachwirken zu lassen und die Umarmung und Liebe der Engel zu fühlen. Verbinden Sie sich

vollständig mit dieser Kraft und Weisheit, die die Engel Ihnen schenken.
Spüren und erkennen Sie auch, was Sie selbst aktiv tun können, um im Leben noch mehr zu strahlen und Sie selbst zu sein.
Atmen Sie mehrmals tief durch. Spüren Sie, dass in Ihrem Atem Ruhe, Frieden, Vertrauen und Liebe fließen.

Lächeln Sie die Vergangenheit an, wissend und weise, und verabschieden Sie sie wie einen alten Freund.
Lächeln Sie Ihre Gegenwart und Zukunft an. Begrüßen Sie die Freiheit, die frische Energie und das Licht, welches aus Ihrem Herzensraum strahlt und Ihren Weg erhellt und stärkt. Fühlen Sie die Freude auf das Leben und nähren Sie sich mit diesem guten Gefühl. Genießen Sie die Ruhe und das Vertrauen.
Atmen Sie mit Freude und Dankbarkeit dreimal tief durch und kommen Sie mit einem guten, gestärkten Gefühl ins Tagesgeschehen zurück.

Diese Meditation können Sie ja nicht einfach „auswendig" lernen, um sich selbst anzuleiten. Doch Sie können sie zum Beispiel sprechen und dabei aufzeichnen, um das Gesagte zu einem späteren Zeitpunkt wieder abzuspielen. Achten Sie dabei auf Erlebnispausen. Es geht nicht darum, dass jedes Wort genauso gesprochen wird wie es hier geschrieben steht, sondern dass Sie Ihrem Bewusstsein eine Richtung weisen und Gefühle entstehen dürfen. Sie können auch einen guten Freund oder Ihren Partner fragen, ob er/sie die Meditation für Sie anleiten möchte.

Eine weitere kurze Meditation:
Setzen Sie sich entspannt und aufrecht hin. Atmen Sie tief und ruhig in den Bauch und entspannen Sie Ihre Muskeln.
Lächeln Sie Ihre Gedanken an. Diese sind jetzt nicht wichtig. Lassen Sie sich vom Atem führen, und bekommen Sie ein gutes Gefühl.
Nehmen Sie sich bewusst eine Pause von all Ihren inneren und äußeren Herausforderungen und lächeln Sie sich selbst von ganzem Herzen an.

Sagen Sie sich dreimal folgende Sätze, ruhig, bewusst und mit Gefühl:
Es ist schön, ich selbst zu sein.
Ich bin liebenswert, gut und schön.
Ich liebe mich.

Lassen Sie sich Zeit, jeden Satz nachwirken zu lassen und zu fühlen. Atmen Sie dabei tief und harmonisch durch, so als würden Sie das innerlich Gesagte in den Bauchraum und in alle Zellen hineinatmen.

Wenn belastende Themen oder andere, vielleicht selbstverurteilende Gedanken sich dazwischenschieben möchten, dann sagen Sie sich bewusst: „Das hat jetzt Pause." Atmen Sie dabei tief und gelassen durch.

Spüren Sie, wie diese Sätze Ihnen guttun und ein warmes, sonniges Gefühl in Ihrem Brustraum entsteht. Richten Sie sich in diesem Gefühl innerlich auf. Erleben Sie, wie eine Lichtsäule in Ihnen entsteht, welche Sie mit Ihrer himmlischen Heimat verbindet.

Fühlen und stellen Sie sich vor, wie sich Ihr Licht und Ihre Liebe immer mehr ausdehnt und Ihren ganzen Energieraum erfüllt. Erkennen Sie: Das sind Sie – liebenswert und schön. Gut, liebevoll und lichtvoll.

Genießen Sie diesen Zustand, solange Sie das Bedürfnis haben, und kommen Sie anschließend ruhig und gestärkt in das Tagesgeschehen zurück.

Der Brief an uns selbst

Es kann hin und wieder helfen, einen persönlichen Brief zu schreiben, adressiert an uns selbst oder/und an die Engel. Ein solches Briefeschreiben führt dazu, dass wir persönliche Themen ausdrücken, ohne Scham oder Angst vor Zurückweisung und Verurteilung (weil den Brief ja niemand anderes liest als wir selbst). Es können so tiefe und sehr intime Gefühle ins Fließen kommen und heilen. Ich empfehle, den Brief anschließend in einem kleinen Ritual zu verbrennen.

Beginnen und beenden Sie den Brief immer positiv. Sie können dazu Sätze/Themen verwenden wie:
- Ich bin dankbar dafür, ….
- Ich vergebe….
- Ich bin bereit…. (meine Grenzen zu respektieren, mich zu fühlen, meinem Herzen zu vertrauen etc.)
- Ich weiß, ich bin…(liebenswert, schön, gut etc.)
- Liebe lichtvolle geistige Welt/liebe Engel, bitte…. (segnet meinen Weg, führt und beschützt mich, helft mir….etc.)
- Ich freue mich darauf/darüber, … (dass ich am Leben bin, es mich gibt etc.)

- Ich verspreche mir... (gut für mich zu sorgen, meinen Empfindungen zu vertrauen, meine Grenzen zu respektieren etc.)
- Ich liebe mich.

Sie können den Brief auch unterteilen in die drei Abschnitte Vergangenheit, Gegenwart und Zukunft.

Sie können darin nicht nur Ihr Selbst und die Engel, sondern auch Menschen, die in Ihrem Leben (noch) von Bedeutung sind, ansprechen. Zum Beispiel: Liebe/r .... (Name der Mutter, des Vaters, der Kinder, des Partners oder Ex-Partners). Achten Sie dabei auf eine würdevolle, erwachsene, vertrauensvolle Haltung. Es geht nie um Schuldzuweisung, sondern um Friedens- und Segensarbeit. Seien Sie deshalb großzügig im Vergeben und darin, diesen Menschen das Beste zu wünschen.

Was bedeuten all diese Erkenntnisse für unsere zwischenmenschlichen Beziehungen?

Den anderen zu lieben, bedeutet, ihn so anzunehmen, wie er ist, und ihn so, wie er ist, leben zu lassen.

Dafür haben wir den Menschen an unserer Seite zuerst in *seiner Individualität zu erkennen* und eine *liebevolle Bewusstseins- und Werthaltung für das Du* zu entwickeln. Das bedingt Ordnung und Frieden mit *Eigen- und Fremdverantwortung* und damit auch innere Freiheit, also eine erwachsene, entwickelte Persönlichkeit. Wir dürfen dabei *Vertrauen und Mut* aufbauen, um diesen Menschen in einer bewussten und liebevollen Haltung zu begegnen und wirklich *loslassen* zu können. In dieser Besinnung können wir uns von Herzen öffnen, teilen und echte *Verbundenheit und Liebe* kultivieren.

Individualität erkennen

Wir dürfen erkennen und akzeptieren, dass der Mensch an unserer Seite eine eigene Persönlichkeit in sich trägt und eine individuelle Lebensgeschichte schreibt. Seine Prägungen, Ansichten, Ziele, Wünsche, Bedürfnisse, Entwicklungsfelder, Lebensaufgaben und Heilungspotenziale sind nicht deckungsgleich mit den unseren. Betrachten wir den Menschen ehrlich, mit Interesse und offen, ohne bereits einen Wunschfilter vor unsere Sinne zu setzen. Erwartungen würden bedeuten, dass dieser Mensch in unser Schema zu passen hat, damit er gewisse Defizite in unserem Leben und in uns füllt. Doch das ist nicht seine Aufgabe.

Jeder hat seine eigene Meinung. Lernen wir damit umzugehen und offen dafür zu sein, anstatt im Kampf unser Gedankengut auf einen Nenner bringen zu wollen. Es geht um Verständnis, nicht um Überzeugungsarbeit.

Seien wir achtsam mit dem Gefühl des Getrenntseins, welches durch unerlösten Schmerz und mangelndes Bewusstsein unserer geistigen Verbundenheit mit der himmlischen Heimat ausgelöst wird. Dieses Gefühl der Sehnsucht, das Bedürfnis anzukommen, projizieren wir dann in einen Menschen und beginnen zu klammern und festzuhalten. Denken wir stets daran: Gott ist die Heimat von uns allen. Wir sind aus Gott geboren, individuelle Seelen mit einem individuellen Seelenplan und einem einzigartigen Herzensweg hier auf Erden. Wunderschön, wenn sich zwei Seelenwege wie zwei Flüsse frei fließend und doch verbindlich in die gleiche Richtung begleiten. Doch möge sich dabei keiner von seiner eigenen lichtvollen Bestimmung abwenden oder diese gar opfern für ein Miteinander.

Liebevolle Bewusstseins- und Werthaltung für das Du und Wir
Anerkennen wir die Individualität des anderen. Er ist nicht perfekt, sondern auf dem Weg zur Liebe hin. Jeder Mensch hat seine Prägungen, und die können wir ihm nicht nehmen. Das wäre ja Beraubung der Individualität. Lassen wir ihn seine Entwicklung machen, denn das bedeutet, ihm zu vertrauen. Betrachten wir auch die Eigenschaften dieses Menschen, welche unser Wertsystem als „unschön" taxiert. Auch diese Eigenschaften gehören zu diesem Menschen, genauso wie wir Dinge an uns haben, über die wir nicht stolz sind oder uns sogar schämen dafür. Seien wir uns sicher: Der andere ist auch nicht auf alles an und in sich stolz und schämt sich vielleicht für so manches. Scham bedeutet: „Ich habe Angst, für etwas an mir verurteilt und ausgegrenzt zu werden." Scham ist eng an gesellschaftliche Moral und Prägung gebunden. Unsere Seele ist frei von Scham geboren, doch sie lernt mit dem Heranwachsen von ihrem Umfeld, sich für gewisse Dinge zu schämen. Betrachten wir somit unser Gegenüber mit Verständnis. Es geht uns ja genauso. Blenden wir diese „unschönen" Dinge, welche nicht in unser Wunschbild passen, nicht aus. Geben wir uns eine Chance, den vollständigen Menschen kennenzulernen, ohne zu urteilen. Nur was wir mit Liebe betrachten, ist schön.

Anerkennen wir auch, dass wir beide gut genug sind, so wie wir sind. Knüpfen wir unser Wertgefühl, unser „Ich bin gut und liebenswert", nicht an die Resonanz, Liebe und Anerkennung unseres Partners. Selbstbewusstsein und Selbstwertgefühl entstehen und werden genährt in erster Linie von innen, nicht von außen.

Eine gleichberechtigte Beziehung entsteht in der Gemeinschaft zweier Seelen, die in ihrer Persönlichkeit gereift sind. Das beinhaltet auch, dass beide ihre Bedürfnisse und Werte kennen und in die Beziehung heilsam einbringen. Was können unsere Werte in unserer Beziehung sein? Was ist uns wichtig? Was bedeutet für uns Treue, Vertrauen oder Offenheit? Worauf möchten wir bauen? Welche inneren Werte möchten wir teilen?

Welche Bedürfnisse bringen wir in unsere Beziehung ein? Das Bedürfnis nach Familie und Kindern oder gemeinsame Erfahrungen?

Finden wir nach jedem Tag der Verbundenheit und Gemeinschaft wieder zurück zum „Ich-bin". Dies kann durch eine Meditation oder einfach durch einen Moment von innerer Besinnung und liebevoller Selbstzuwendung und -bewusstwerdung sein. Wir dürfen dabei den anderen in seinem Anderssein anlächeln, mit Vertrauen und mit Segen immer wieder aufs Neue loslassen. Loszulassen bedeutet, leben und sein zu lassen.

Ich habe mich oft in meinen Liebesbeziehungen vor und nach der Begegnung mit dem entsprechenden Menschen innerlich auf mich besonnen, mich selbst innerlich angelächelt und mich in meiner himmlischen Verbundenheit, Kraft und Liebe bewusst aufgerichtet. Sowohl in der Verliebtheitsphase als auch danach war mir das eine große Hilfe. Diese Haltung ermöglichte es mir immer wieder, auch schwierige Situationen wesentlich leichter zu meistern, mich gesund abzugrenzen und Trennungen leichter zu bewältigen. Durch eine bewusste „Ich-bin"-Haltung gleichen wir unsere Pendelschläge der Hochs und Tiefs von zwischenmenschlichen Liebesthemen aus und stabilisieren unsere innere Mitte.

Üben wir täglich unsere Dankbarkeit. Dankbar zu sein, dass unser Partner uns leben lässt und sogar gern hat: Das ganze Paket, inklusive unsere Themen und Schattenseiten, fördert nämlich unsere Wertschätzung für diesen Menschen. So fällt es auch uns leichter, selbst großzügig zu sein und gelassen mit seinen Ecken und Kanten umzugehen. Geliebt zu werden, so wie wir sind, ist das Grundbedürfnis von uns allen.

Gesunde Eigen- und Fremdverantwortung
Jedem tut es gut, sich hin und wieder anzulehnen und mithilfe des Gegenübers aufzurichten. Doch Halt und Kraft für Entwicklung und

Heilung finden wir langfristig nur in uns selbst. Dauerhaft können nur wir uns selbst geben, was wir an Liebe, Wertschätzung, Geborgenheit und Nähe benötigen. Übernehmen wir deshalb bewusst unsere Verantwortung für unser Leben, unser Glück und Seelenheil und erlauben wir unserem Partner dasselbe. Wir können ihn nicht verändern, weder seine Meinung, seine Gefühle noch sein Verhalten – und das ist auch nicht unsere Aufgabe. Das würde nur ungesunde Abhängigkeiten und Bindungen schaffen.

Verantwortung zu übernehmen, bedeutet, sich von einer Opfer-Täter-Haltung, von Machtspielen und Manipulationsversuchen zu lösen. Es bedeutet, ehrlich mit sich selbst und mit dem Gegenüber zu sein. Eine offene und wahrheitsgetreue Kommunikation liegt dann vor, wenn wir das, was wir wirklich wollen, denken und fühlen, sagen können, ohne versteckte Ansprüche zu hegen. Rein ist, was wir für einen Menschen tun, ohne daran die heimliche Erwartung einer Gegenleistung oder unausgesprochene Bedingungen zu knüpfen. Uns anzupassen, damit wir Liebe und Anerkennung erhalten, kann dauerhaft nicht funktionieren, weil es nicht ehrlich ist, auch uns selbst gegenüber nicht. Dahinter versteckten sich oft Bindungsansprüche durch mangelndes Vertrauen, und mangelnde innere Stabilität führt zu ungesunden Grenzüberschreitungen. Wenn wir Courage besitzen, nennen wir das, was wir möchten, beim Namen, sind ehrlich und respektieren Ansichten, Wünsche und Bedürfnisse des Partners. Bleiben wir daher achtsam beim Satz: „Ihm/ihr zuliebe tue ich dies oder jenes." Wir tun selten etwas, ohne dabei auch an uns selbst zu denken. Nicht selten ist eine subtile Opferhaltung ein Versuch, den Mitmenschen zu binden. Wir glauben, dieser Mensch schulde uns dafür etwas oder wir könnten etwas erwarten. Manchmal entsteht eine Aufopferung auch aus falschem Mitleid oder aus Angst vor dem Alleinsein. Die Gründe können vielfältig sein. Wir sollten nicht pauschalisieren, sondern den Irrtum erkennen und bereinigen.

Natürlich sind wir uns dieser Mechanismen nicht immer bewusst. Es geht nicht darum, dass wir etwas „Falsches" tun, sondern darum, ein heilsames, vertrauensvolles und erfüllendes Miteinander durch Bewusstwerdung zu finden. Halten wir uns stets den Grund vor Augen, welcher hinter unseren Äußerungen, Wünschen und Taten verborgen liegt. Wieso passe ich mich an? Wieso ziehe ich mich zurück und antworte nicht auf eine Nachricht? Wieso bestrafe ich mit Liebesentzug? Wieso streite ich? Wahrheit und Echtheit befreien und öffnen neue Wege und Lösungen. Wir dürfen es uns wert sein, durch ein höheres und liebevolles Bewusstsein ehrlich und wahrhaftig zu wirken. Damit gestalten wir unser Leben und damit auch unsere Beziehungen auf Dauer heilsam und erfüllender.

Lernen wir, großzügig zu sein. Auch unser Partner ist auf dem Weg zur Liebe hin und entwickelt sich Schritt um Schritt in eine reife, strahlende Persönlichkeit. Wir sind alle nicht perfekt, sondern wachsen durch Erfahrungen. Urteilen wir nicht, sondern nehmen wir eine höhere, gütige Sicht auf dieses Erdenleben wahr. In jedem Menschen steckt eine wundervolle Seele, die sich daran zurückerinnern möchte, wer sie wirklich ist: Licht und Liebe. Was wissen wir schon, welche und wie viele Erfahrungen oder gar Leben ein Mensch benötigt, um einen echten Schritt in diese Richtung zu tun. „Ich lasse ihn leben" oder „Ich lasse sie leben" ist eines meiner Lieblingsmantras, mit welchem ich schon so manches Verurteilen bei den Wurzeln ergreifen und mir abgewöhnen konnte.

Vertrauen und Mut

Vertrauen in unseren Partner zu entwickeln, kann ein zentrales Thema sein, wenn wir durch Vertrauensmissbrauch gebrandmarkt sind. Für ein erfüllendes Miteinander ist daher das Aufarbeiten und Lösen schmerzhafter Erfahrungen und Enttäuschungen zentral. Nur gesunde Wurzeln gewährleisten ein erfüllendes Miteinander. Unsere Vergangenheit soll uns Kraft und Weisheit für die Gegenwart und Zukunft schenken, anstatt uns einzuschränken oder zu blockieren. Wir sind nur dann wirklich frei, wenn wir Frieden mit unserer Geschichte und dem bisherigen Schicksal geschlossen haben. Wenn wir sagen: „Wegen dieser oder jener Erfahrung werde ich nie mehr einem Menschen wirklich vertrauen können", dann sind wir nicht befreit und erlöst von altem Schmerz. Dann kann es sogar sein, dass wir durch unsere Angst und Ablehnung entsprechende Erfahrungen erneut anziehen. Wir dürfen dies als Weckruf betrachten, um nötige Heilungsschritte anzugehen.

Vertrauen und Achtsamkeit will immer in Balance gehalten sein. Es geht im Leben und in Beziehungen nie um blindes Vertrauen, sondern um achtsames Gewahrsein, weil wir unser Leben durch eine liebevolle innere Haltung und einen wachen Geist mitgestalten.

Vertrauen ist Gelassenheit gegenüber dem Leben und all jenen Dingen, die wir doch nicht (dauerhaft) beeinflussen können. Es bedeutet, in der Gewissheit zu leben, dass sich das Schicksal immer im Guten entwickeln und immer eine lichtvolle Türe aufgehen wird. Wir brauchen nichts und niemanden festzuhalten, denn alles ist vergänglich, nur die Liebe wächst fortwährend. Liebe wird immer zu uns zurückkehren, sie wird uns immer wieder finden, in welcher Form auch immer. Nur die Angst klammert, braucht Beweise, Kontrolle, äußere Sicherheiten. Die Liebe baut auf Vertrauen, Dankbarkeit und Bewusstheit.

Folgendes Gebet mit Segnung kann uns helfen, Vertrauen in unserer Partnerschaft aufzubauen:
Liebe lichtvolle geistige Welt, ich bitte um Segen für mich, für (Name) und unsere Beziehung.
Ich bin bereit, in reiner Liebe zu wirken, der Liebe zu vertrauen und alles, das nicht Liebe ist, loszulassen.
Gerne vertraue ich (Name), seiner/ihrer Kraft und himmlischen Führung. Ich weiß, er/sie wird seinen/ihren Weg lichtvoll erfüllen und sich in seiner Liebe entfalten, so wie es für ihn/sie stimmig ist.

Mögen die Engel uns führen und uns Weisheit bei all unseren
Entscheidungen und Aufgaben schenken.
Möge sich alles heilsam, licht- und sinnvoll entwickeln.
(Amen)

Mut ist die Kraft, mit welcher wir beherzt handeln und dabei Angst durch Vertrauen ersetzen. Wir können diese innere Stärke auf vielerlei Weise in unseren Beziehungen leben.

Mut kann bedeuten, sich auf etwas Neues und Unbekanntes einzulassen. Das trifft nicht nur auf eine neue Partnerschaft, sondern auch auf eine andere Meinung und Lebensphilosophie oder auf Veränderungen innerhalb einer bestehenden Beziehung zu. Beziehungen sind lebendige Systeme, sie wandeln und entwickeln sich dauernd; denn Veränderungen sind das Beständigste im Leben.

Mut benötigen wir meistens auch, um unser Gesicht, die scheinbaren „Makel" und Verletzlichkeiten, zeigen zu können. Wir lassen dabei Schutzschilder und damit verbundene Verhaltensmuster fallen (z.B. Kontrollzwang, Perfektionismus, den Versuch „Superman", „Superwoman" zu sein). Das bedingt, dass wir zu den eigenen Grenzen und Ängsten stehen und uns selbst in Würde betrachten können.

Je mehr wir noch nicht geheilte Verletzungen in uns tragen, umso mehr benötigen wir Mut, um echte Nähe und Verbundenheit zuzulassen und zu 100 % verbindlich zu sein; denn das bedeutet, die Angst vor Wiederholung durch eine tiefe Zuversicht zu ersetzen. Das können wir nur, wenn wir unsere Individualität spüren und leben und uns selbst Halt und Vertrauen schenken können. So können wir auch mit einem Nein, mit den Grenzen des anderen und mit melancholischen Trennungsgefühlen heilsam umgehen.

Mutig zu sein, bedeutet immer auch, ehrlich zu sein, sich nichts vorzumachen, die Wahrheit zu betrachten und mitzuteilen. Es ist die Courage, unabhängig von den Erwartungen und Wünschen des Partners Ja oder Nein sagen zu dürfen, also eigene Grenzen wahren zu können.

Loslassen

Mut ist der erste Schritt für beherztes Handeln. Loslassen ist das dauerhafte Festigen neuer Gedanken und Verhaltensformen.

Solange uns etwas Kraft kostet, so lange dürfen wir noch etwas loslassen, das nicht wirklich dem Rhythmus und Sinn des Lebens und unserem lichtvollen Schicksal entspricht. Wenn uns etwas Kraft kostet, tun wir gut daran, weniger zu tun, uns zurückzunehmen und unsere innere Haltung zu prüfen: Wieso tue ich etwas? Was ist das Ziel? Welche Glaubensmuster sind vorherrschend? Wo lebe ich kein Vertrauen und weshalb nicht? Ist es wirklich mein Weg? Fühle ich die Liebe dabei? Kann ich durchatmen? Was sagen meine Intuition, die innere Stimme und die Herzensweisheit? Bin ich wirklich ehrlich mit mir? Wir finden die Antwort und Lösung immer in uns selbst.

Das Loslassen kann sich innerhalb unserer Partnerschaft auf viele mögliche Einseitigkeiten und Unausgeglichenheiten beziehen. Insbesondere auf:

Das Loslassen von einseitigen männlichen und weiblichen Aspekten:
Es braucht immer eine gesunde Balance, in uns selbst und zwischen zwei Menschen. Balance zwischen männlichen und weiblichen Aspekten, zwischen Nehmen und Geben, Sprechen und Zuhören, aktiv und passiv sein, Entscheiden und Abwarten, Tatkraft und Hingabe, Vertrauen und Achtsamkeit.

Weiter benötigen wir eine gesunde Balance zwischen Ich und Wir, dem Bei-Sich-Selbst-Sein und dem Gemeinsam-Sein.

Einseitigkeiten und Extreme ermöglichen keine Bewegungs- und Entfaltungsfreiheit, sondern blockieren unsere Lebendigkeit und Flexibilität.

Das Loslassen von Beziehungsmustern, die auf Angst und unverarbeitetem Schmerz basieren:

Wir dürfen Gedankenmuster wie „Trau keinem Mann/keiner Frau.", „Wenn ich geliebt werden will, habe ich mich anzupassen." oder „Ich bin nicht hübsch/erfolgreich genug." und Verhaltensmuster, wie Machtspiele (z. B. Nähe-Distanz, Gewissen) oder Kontrollzwänge, loslassen. Diese aufzugeben und durch ein selbstbestimmendes, bewusstes Denken und liebevolleres Handeln zu ersetzen, kann Negativspiralen einer Beziehung durchbrechen. Das kann verkeilte Beziehungen befreien und ihnen eine heilsame und erfüllende Richtung schenken. Warten wir nicht auf den ersten Schritt unseres Partners. Es ist an uns, Verantwortung zu übernehmen und etwas zum Guten hin zu verändern; denn wir tun es nicht nur für unser Miteinander, sondern für uns selbst.

Das Loslassen von einseitigen Wünschen und Erwartungen:
Seien wir achtsam damit, was wir uns wünschen. Wünsche erschaffen wir durch das lebendige Ausmalen von inneren Bildern, welche uns ein Gefühl vermitteln. Hinter jedem dieser Gefühle steckt ein tiefes, ursprüngliches Bedürfnis in uns, wie zum Beispiel das Bedürfnis nach Nähe und Verbundenheit, nach Geborgenheit, Liebe und Anerkennung, welches wir mit diesem Wunsch erfüllen möchten. Seelische Bedürfnisse haben wir uns als erwachsene Menschen jedoch zuerst selbst zu erfüllen. Erst dann können wir durch unser Selbstvertrauen und Selbstwertgefühl all das Gute vom Leben und die Liebe von unserem Gegenüber annehmen. Dann werden wir durch den inneren Reichtum auch bescheidener und freier im Wünschen, und Träume können im Äußeren in Erfüllung gehen. Ansonsten mutieren Bedürfnisse aus innerem Mangel und Hunger nach Liebe zu Sehnsüchten, die ihre Erfüllung aufgrund der inneren Leere und der selbstablehnenden Haltung nicht finden werden. Sehnsüchte kreieren dann Erwartungen, Scheinbilder und Ideale, die nie der Realität entsprechen werden. Erst aus der inneren Fülle können egofreie Wünsche entstehen, und deren Erfüllung kann uns dann auch wirklich Freude bereiten.

Egoistische Wünsche sind eine abgeschwächte Form von „Ich will". Zum Beispiel: „Ich will einen Mann/eine Frau, die so und so ist." Wünsche dürfen durchaus zu Zielen in unserem Leben werden, denn nur wo Ziele sind, kann ein Weg entstehen. Doch sollten wir an zu einseitigen, egoistischen Wünschen und Erwartungen nicht festhalten. Unsere Sicht ist immer eingeschränkt. Wir können daher nie mit Sicherheit sagen, dass das, was wir uns wünschen, auf Dauer segensreich und erfüllend sein wird. Die Haltung: „Nichts muss, doch alles darf sich zum höchsten Wohle von allen Beteiligten entwickeln." oder „Was weiß ich schon, was das Beste für mich ist.", baut auf Vertrauen in das Leben und in die himmlische Führung. Es ist die tiefe Gewissheit, vom Leben, dem Schicksal und den Engeln auf einem heilsamen und erfüllenden Weg geführt zu sein. Diese große Weisheit, Liebe und Gnade, die uns führt, beschützt und lenkt, begreifen wir erst durch das Loslassen des „Ich will" – und manchmal auch erst im Nachhinein.

Das Loslassen eines Menschen:
Dasselbe gilt für unser Festhalten an unserem Gegenüber. Das Klammern hört erst auf, wenn wir die Gewissheit spüren, dass sich alles licht- und sinnvoll entwickeln wird, weil wir von weiser himmlischer Hand geführt sind und erkennen und spüren, dass wir selbst Licht, Liebe und Gottverbundenheit in uns tragen. Dafür haben wir unser Glück und unseren Frieden von unserem Partner loszulösen und ihn stattdessen als ein wunderbares Geschenk in diesem Erdenleben zu betrachten.

Verbundenheit und Liebe

Liebevolle Verbundenheit entsteht durch Herzensverbindlichkeit, anstatt durch Bindung mittels Macht, Kontrolle und Abhängigkeiten. Herzensverbindlichkeit ist das, wozu wir uns aus Liebe bedingungslos entscheiden; und Liebe ist das, was mit Freude, Dankbarkeit, Vergebung, Vertrauen, Frieden und höherem Bewusstsein in uns selbst und zwischen zwei Menschen geschehen darf. Spüren wir immer diese treibenden Kräfte für unsere Beziehungen und Beziehungsentscheidungen, dann kann sich alles im Lichtvollen entwickeln. Alles, was mit Kampf, Festhalten und Schmerz verbunden ist, wird gehalten von der Angst und befreit durch Selbsterkenntnis und Liebe. Alles, was von Freude, Lebendigkeit, Leichtigkeit und Ruhe angeführt wird, ist beflügelt von liebevoller, segensreicher Energie.

Wir können nur dauerhaft teilen und gemeinsam entfalten, was in uns als innerer Wert, Bewusstsein und Persönlichkeit bereits verankert ist und eigenständig gelebt werden kann. Zeigen wir, wer wir wirklich sind, und folgen wir unserem individuellen Seelenplan. So entsteht Freude, Liebe und Verbundenheit in uns selbst, und wir können diese lichtvolle Energie mit dem Menschen an unserer Seite teilen. Dieses Teilen bedeutet, durch liebevolle Selbstwahrnehmung, durch innere Sicherheit und Geborgenheit unser wahres Wesen, unsere Zartheit, Lebendigkeit und unsere echten Gefühle dem Menschen zu zeigen.

Beziehungen zwischen Menschen sind ein lebendiges, sich entwickelndes Gebilde. Sie verändern sich, weil die Menschen sich verändern, durch ihre Erkenntnisse und Erfahrungen. Verbundenheit und Liebe dauerhaft zu erhalten, bedeutet, diese Lebendigkeit und Veränderungen zulassen zu können. Es bedeutet auch, in Liebe stets achtsam und bei sich selbst zu bleiben.

Selbstliebe

> **Selbstliebe ist ein tiefes Ankommen bei sich selbst, getragen von Frieden, Ruhe und Geborgenheit und oft beflügelt von einem Gefühl der Erfüllung und des Glücks.**

In diesem Zustand gibt es keine Fragen, keine Zweifel, Widerstände, Ablehnung oder Verurteilung. Es ist ein Zustand oder ein Augenblick der Selbstannahme, des Seins und der Erfüllung in sich und durch sich selbst.

In der Selbstliebe öffnen wir unser Herz nach innen und nehmen uns selbst vollständig an. Diese Selbstannahme schließt unsere Geschichte genauso mit ein wie unsere Gegenwart und Zukunft. Sie bedeutet grenzenlosen Frieden mit dem Leben, mit all unseren Entscheidungen, Gedanken und Handlungen, Frieden mit unseren Gefühlen, Emotionen, unserem Licht und Schatten. Das ist Frieden mit Gott. In diesem Zustand sind wir so heil, wie wir nur sein können. Selbstliebe bedeutet, das Leben zu lieben.

Liebe ist immer göttliche Wahrheit; und wahr ist, was uns mit Frieden, tiefem Atem und Ruhe erfüllt.

Wenn die Selbstliebe erwacht, hören wir auf, uns an andere Menschen zu klammern; denn dann lenken wir die Liebe, die wir spüren, zu uns selbst hin, so wie wir sie brauchen, und teilen aus innerer Fülle, frei, ohne Erwartungen und ohne Bedingungen. In der Selbstliebe verstummen auch Verlust- und Trennungsschmerz, denn Liebe wird gehalten von höherem Bewusstsein. In der Angst suchen wir die Bindung, in der Liebe erleben wir Verbundenheit. Bindung wird immer Schmerz, Enttäuschung und Trauer verursachen, denn Loslassen ist Teil des Lebens und Ausdruck von Vertrauen und Liebe.

Nur wir selbst können unser Herz öffnen! Wir haben erst dann keine Angst mehr, unsere Individualität zu entfalten und uns selbst und unsere Gefühle zu zeigen, wenn wir nicht mehr auf Liebe und Anerkennung von außen angewiesen sind. Erst wenn wir unseres wahren Selbst bewusst sind und uns selbst Halt geben können, dann wissen wir, dass wir nicht mehr verletzbar sind.

Die Brücke hin zur Selbstliebe wird gebildet durch unsere inneren Werte wie Vertrauen, Verständnis, Dankbarkeit, eine achtsame und offene Selbstwahrnehmung, ein erwachendes Selbstbewusstsein, Selbstverantwortung, Selbstvertrauen und Selbstwertgefühl. Diese Brücke benötigt Balance, also ausgeglichenes und wertfreies Betrachten, ein Gleichgewicht in männlichen und weiblichen Aspekten sowie das Erleben der Verbundenheit durch liebevolle zwischenmenschliche Begegnungen und lichtvolle Gotteserfahrung.

Angst ist Ablehnung – Liebe ist Annahme dessen, was ist.
In einer dualen und von Resonanz geprägten Welt ist das Balancieren zwischen Angst und Liebe ein steter Akt des Lebens und des Sich-Entwickelns. Daraus wird fortwährend Bewusstsein geboren und Liebe entfaltet. In unserer Welt benötigen wir die Angst als Gegenpol der Liebe, und doch schließt Liebe eine gesunde Angst als erdendes Element mit ein. Liebe hält die Balance von Werten und Energieflüssen aufrecht. Wir haben jederzeit die Möglichkeit, Liebe zu fühlen, auch wenn wir in der Starre, im Zweifeln und in der Unruhe sind. Liebe kennt kein Ausschließen, sondern nur ein Integrieren und Brückenbauen. In der Liebe bleiben Geben und Nehmen, Achtsamkeit und Vertrauen, ein Ja und ein Nein, weibliche und männliche Pole in steter Bewegung lebendig, und wir halten an keinen Einseitigkeiten fest. Liebe bedingt einen heilsamen Umgang mit der Angst. Selbstliebe bedeutet, Bewusstheit und Wertschätzung nach innen zu richten und daraus das Leben zu gestalten. Sie führt uns dahin, unsere Individualität, unsere Lebendigkeit, unsere göttliche Essenz und Verbundenheit zu erkennen, um aus innerer Weisheit zu wirken. Weisheit formt sich durch lichtvolle Erkenntnisse, welche wir im liebevollen Erleben verinnerlicht haben.

Der Mensch sucht nach Glück und möchte Glücksmomente gerne halten können. Dieser innere Zustand der Freude und Erfüllung ist jedoch so kurzlebig, wie unsere Gedanken und Gefühle innerlich schwanken können.

Glücksgefühle, die frei von Euphorie und Abheben sind, werden begünstigt und gehalten durch bewusste Wertschätzung, durch das Pflegen von Dankbarkeit, Ruhe, Frieden, Freude und Vertrauen. Glücksmomente können unser Herz öffnen und uns die Liebe fühlen lassen. Eine lichtvolle Erfüllung schenkt uns immer ein Gefühl des

Glücks und der inneren Lebendigkeit. Deshalb benötigen wir Ziele und sinnhafte Aufgaben in unserem Leben. Wenn wir Herzensziele erreichen und unseren Platz, unsere Aufgaben in unserer Gemeinschaft finden, dann kommen wir noch mehr bei uns selbst an und erlauben uns zu strahlen. Daraus können Selbstwert und Selbstbewusstsein in liebevoller Resonanz mit unserem Umfeld noch mehr wachsen. Wir sollten deshalb lernen, Erfolg anzunehmen und zu genießen, ohne dabei unseren Wert und unsere Liebe davon abhängig zu machen.

Selbstliebe ist weder Selbstverliebtheit noch Egoismus. Selbstverliebtheit ist *Selbst*vergessenheit. In der Regel verbirgt sich dahinter ein kleines Ego und ein verletztes inneres Kind. Wir definieren und reduzieren uns dabei auf Teilaspekte von uns, auf Erfolg, Aussehen, Rolle oder Position in der Gesellschaft, anstatt auf das, was wir wirklich sind hinter dem Schein, der Fassade und Maske. Egoistisch sind wir, wenn wir nur an uns selbst denken und uns nur um unser eigenes Wohl kümmern. Egoistisch sind wir jedoch auch, wenn wir uns im Elend und im Opfersein verkriechen, denn dann können wir mit unserer Kraft nichts in der Welt bewirken und niemandem wirklich helfen. Dann verbrauchen wir alle Kraft, die wir haben, mit Festhalten und Aufrechterhalten von Scheinwelten und erschöpfen uns darin. Das tun wir jedoch nur, wenn wir im Mangelbewusstsein und in einem Zustand ungesunder unnötiger Angst sind. In der Selbstliebe sind wir uns der Fülle, des Wertes, der Schönheit, Liebenswürdigkeit und Gottverbundenheit in uns bewusst. Auf dieser Basis können wir auch Mitgefühl (nicht Mitleid) und wahres Verständnis für uns und dann auch für andere Menschen entwickeln, denn dann haben wir nicht mehr alle Hände mit unseren Ängsten, Scheinwelten und Sehnsüchten zu tun. Aus der inneren Bewusstheit und Fülle kann achtsames und wertschätzendes Dasein für andere entstehen, ohne dass wir uns selbst dafür anzupassen oder zu verleugnen hätten. Nur wenn wir die Fülle, den Frieden und die Zufriedenheit in uns und durch uns selbst erleben, schenken wir den Mitmenschen ohne Erwartung einer Gegenleistung. Wir handeln ohne Kontroll- und Manipulationsbedürfnis und können den Menschen vertrauen, weil wir Vertrauen zu uns selbst gefunden haben. Darin bewahren wir gesunde Grenzen zwischen dem Ich, Du und Wir.

Gleichzeitig beinhaltet Vertrauen aufmerksames und auch kritisches Wahrnehmen äußerer Geschehnisse und der Mitmenschen. Vertrauen ist nicht naiv. Vertrauen ist achtsam, offen und schreitet in Ruhe und Geduld voran.

Die inneren Werte sind die Brücke zur Liebe hin.

Es fällt uns oft nicht leicht, den Satz „Ich bin Liebe" oder „Ich liebe mich" auf Anhieb zu fühlen. Weshalb? Weil wir es nicht gelernt haben und weil wir vielleicht gar nicht genau wissen, was Liebe ist, wie sie sich anfühlt. Liebe ist ein so großes Wort; und die Filmindustrie leistet ihren Beitrag, dass wir Liebe mit Verliebtheit und Sehnsucht gleichsetzen. Liebe ist weit mehr als das. Liebe wird uns durch Erkenntnis, Fühlen und Erleben bewusst. Meine Erfahrung ist, wenn Menschen die schönen Dinge in ihrem Leben erkennen, wenn sie sich bewusst machen, wofür sie dankbar sind und worüber sie sich freuen, dann finden sie einen Zugang zur Liebe hin. In der Liebe sind lichtvolle Gedanken, innere Herzenstugenden und Werte enthalten. Von welchen inneren Werten sprechen wir im Besonderen?

Erkenntnis und Verständnis

Erkenntnis ist die Fähigkeit, den Geist für eine neue Sichtweise, für ein neues Bewusstsein zu öffnen. Dies führt zu Verständnis, welches auch unser Herz erreicht. Damit kann viel Heilung in uns fließen, weil wir uns selbst mit Gnade betrachten. Verständnis stärkt auch unser Mitgefühl und Vertrauen und öffnet den Raum für Gemeinsames, für liebevolle zwischenmenschliche Erfahrungen. Verständnis zu haben auch für anders denkende und handelnde Menschen, baut eine heilsame Brücke für bereichernde Begegnungen.

Wahrhaftigkeit, Offenheit und Ehrlichkeit
Wahrhaftig ist, was uns mit Ruhe, Frieden und Geborgenheit erfüllt. Somit führt eine stimmige Entscheidung immer über die Wahrnehmung und Weisheit im Inneren. Dabei wird unsere Fähigkeit des Bewusstseins doch stets nur ein Teil des Ganzen bleiben. Weder Wahrheit noch Liebe können eingefroren und endgültig definiert werden. Der Versuch, Wahrheit über die Materie und auf Papier zu beweisen und zu erklären, schenkt uns nur beschränkte Einsicht. Wichtig ist, dass wir uns weder in der Weite der Philosophie noch in scheinhaften Beweisen verlieren. Wichtig ist vielmehr, dass wir für unsere Entscheidungen fühlen, was uns in Wahrheit und Liebe berührt. Wahr ist immer, was Liebe ist.

Vergebung und Demut
Vergebung ist demutvoller, großzügiger Umgang mit allem Leben und allen menschlichen Handlungen. Durch eine schmerzhafte Erfahrung und durch Unwissen haben wir Verurteilung, Enttäuschung und Schuldgedanken zugelassen. Wenn wir vergeben, erlösen wir uns darin. Wir klären unsere Haltung und finden ursprünglichen Frieden. Vergebung heilt somit, weil wir uns erlauben, belastende Gefühle und urteilende Gedanken loszulassen. Durch diesen Akt der Selbst- und Nächstenliebe kann Hoffnung und Mitgefühl die Welt erhellen. Vergebung tut nicht nur uns gut, sondern allen beteiligten Menschen, die mit ihren Gedanken in bewusster oder unbewusster Selbstverurteilung verharren. Vergebung ist die (unsichtbare) Hand, welche wir jenen Menschen reichen.

Verantwortung
Selbstverantwortung ist Anerkennung des eigenen Mitschöpferpotenzials. Verantwortung für unsere Gedanken, Gefühle und Taten zu übernehmen, löst die Handbremse, welche wir möglicherweise durch Schuldzuweisung und Opferhaltung angezogen haben. Verantwortungsbewusstsein bedeutet auch, stolz auf uns selbst zu sein, für alles, was wir erreicht haben in unserem Herzen und Leben.

Dankbarkeit und Wertschätzung
Dankbarkeit kann bewusst kultiviert werden, indem wir jeden Tag spüren, wofür wir dankbar sein möchten, und indem wir beginnen, bewusst auch kleine und alltägliche Dinge wertzuschätzen. Ein authentisch ausgesprochenes Dankeschön kann Herzen öffnen; und ein großzügiger Mensch wiederum wird Dankbarkeit ernten.

Mut und Vertrauen
Höheres Wissen, das bewusste Lenken der Gedanken und bestärkende Erfahrungen fördern unser Vertrauen. Auch das bedeutet Selbstverantwortung: Diese innere Sicherheit und Gelassenheit jeden Tag bewusst zu festigen. Unser Mut kann lebendig bleiben, wenn wir immer wieder über unseren Schatten springen und neue Dinge wagen. Mut ist, sich seiner Angst zu stellen, Altes loszulassen und Neues zu wagen.

Loslassen
Loslassen ist das Sein- und Zulassen, welches aus neuen Gedanken, aus Vergebung, Verantwortung, Mut und Vertrauen entsteht. Loslassen aus Frieden und Hingabe an das Leben und an alles Lichtvolle – ist reine Liebe.

Ruhe und Frieden
Ruhe finden wir durch friedvolle Gedanken, Vertrauen, Stille und tiefen Atem.
   Im Frieden sind wir dann, wenn wir uns selbst und das Leben annehmen können. Wo Frieden entsteht, fließt Heilung. Konflikte im Äußeren spiegeln uns unser Heilungspotenzial im Inneren. Ungelöste Konflikte im Leben werden uns unweigerlich im Jenseits bei unserer Reise ins Licht wiederbegegnen, um dann als Emotion in uns und durch uns erlöst zu werden. Solche Themen aufzuschieben, kostet uns auf Dauer viel mehr Kraft, als sie im Hier und Jetzt zu klären. Es lohnt sich daher nicht, Widerstände, Schuldgefühle oder gar Schocks mit sich herumzutragen oder zu verdrängen. In dieser Hinsicht dür-

fen wir uns viel mehr zutrauen und solche Irritationen und Missverständnisse tatkräftig, selbstbewusst und würdevoll angehen. Dieses Erdenleben und wir selbst sollten uns so wertvoll sein, dass für uns tägliche Friedens- und Heilarbeit selbstverständlich ist.

Begeisterungsfähigkeit und Freude
In der Begeisterung und Freude lacht unser Herz, und wir spüren unsere Lebendigkeit. Liebe ist Lebendigkeit, gehalten in tiefer Ruhe. Wenn Ruhe und Vertrauen fehlen, dann entsteht Euphorie. Freude und Begeisterung entfachen unser inneres Feuer und schenken uns Energie. Euphorie jedoch verbrennt unsere Lebensenergie, sie entlarvt vorgelagerte Unsicherheit und mangelnde Selbstwahrnehmung. Dieses innere Feuer kann gestärkt werden, indem wir uns angewöhnen, die Dinge, die wir tun, mit Freude zu tun. Dann entsteht auch Leichtigkeit im Handeln, und wir haben alle nötige Kraft, die wir brauchen, und sind erfolgreicher. Humor können wir ganz bewusst in unserem Alltag verankern, einfach indem wir uns angewöhnen, die Dinge mit einem Augenzwinkern zu tun. Wenn Menschen gemeinsam lachen, dann entstehen Leichtigkeit, Gelassenheit und Lebensfreude. Dies tut allen gut und lässt so manches heilen und erklärende Worte hinfällig werden. Gehen wir deshalb unsere Aufgaben und Abenteuer im Leben mit einem inneren Lächeln an, das auch unsere Mundwinkel erreichen und sich im Leuchten unserer Augen widerspiegeln darf.

Meditation: Dankbarkeit und Freude als Weg zur Liebe hin

Setzen Sie sich entspannt hin, und atmen Sie mehrmals tief durch.
Machen Sie Ihren Kopf frei, indem Sie alle Gedanken anlächeln und ausatmen.

Lächeln Sie die Natur an, die Bäume, Blumen, Berge, das Wasser-Element, den Himmel und die Sonne, den Wind. Betrachten Sie mit Ihren inneren Augen all das Schöne und die Lebendigkeit, welche Ihnen in der Natur begegnen. Fühlen Sie Dankbarkeit für all das Gute. Fühlen Sie, dass die Natur Sie aufnimmt, nährt und liebt. Atmen Sie in diesem Wissen tief durch.

Lächeln Sie nun all die lieben Menschen in Ihrem Umfeld an und all die wundervollen, schicksalhaften Begegnungen in Ihrer Vergangenheit. Lächeln Sie von ganzem Herzen diese wertvollen Seelen an. Machen Sie sich bewusst: Es ist schön, dass es sie gibt, dass sie sich gefunden haben und einander in Vertrauen die Hand reichen. Spüren Sie für diese Verbundenheit tiefe Dankbarkeit, und atmen Sie in diesem Gefühl tief durch.

Lächeln Sie Ihr Leben an. Lächeln Sie all die Erfahrungen, die schicksalshaften Wendungen an und den roten Faden, welcher wie eine lichtvolle Kraft durch Ihr Leben führte. Betrachten Sie für einmal nur das Gute, das Ihnen begegnet ist. Schenken Sie den anderen Dingen keine Wertung, keine Gedanken. Diese sind jetzt nicht wichtig. Erkennen Sie, wie sehr Sie himmlische Führung, Segen und Schutz erfahren durften. Machen Sie sich bewusst: Sie wurden immer von den Engeln beschützt. So groß ist diese himmlische Liebe und das Versprechen an Sie, immer bei Ihnen zu sein. Diese Verbundenheit ist grenzenlos und steht über allem. Erkennen Sie, Sie haben so vieles gemeistert und dürfen stolz auf sich sein. Lächeln Sie Ihr Leben und sich selbst von ganzem Herzen an und spüren Sie Dankbarkeit. Dankbarkeit für dieses Leben und Dankbarkeit dafür, dass es Sie gibt, dass Sie Sie selbst sein können. Atmen Sie mit diesem Gedanken und Gefühl tief durch.

Lächeln Sie all die Dinge in Ihrem Leben und in Ihrer Zukunft an, die Sie mit Freude erfüllen: Eine Reise, Begegnungen, neue Möglichkeiten, die Chance, zu wachsen und sich zu entwickeln. Lächeln Sie Menschen, die Natur, Tiere, die Engel und sich selbst mit Freude an. Möge diese Freude Ihnen das Gefühl von Leichtigkeit, Vertrauen und Liebe schenken, und atmen Sie tief und harmonisch durch.

Spüren Sie, wie diese Gedanken und Gefühle Sie innerlich wärmen und weiten. Lassen Sie die heilsame Durchlichtung Ihres Geistes, Ihrer Seele und aller Zellen in Ihrem Körper zu, und genießen Sie dieses Gefühl und auch das leichte Kribbeln, das sich vielleicht einstellen wird. Das Kribbeln zeigt, dass sich Energie- und Lichtbahnen öffnen. Ein heilsamer Moment, den Sie voll und ganz genießen dürfen.

Lächeln Sie sich selbst noch bewusster, noch tiefer an. Spüren Sie die Wärme in Ihrem Brustraum. Fühlen Sie den Frieden, die Lebendigkeit in sich selbst. Erlauben Sie sich, in diesem Gefühl die Liebe in sich zu umarmen, Liebe zu fühlen, Liebe zu sein.

Sagen Sie sich innerlich:
Da, wo ich bin, ist Liebe.
Da, wo ich bin, ist Licht.
Da, wo ich bin, ist Frieden.
Sagen Sie sich diese Sätze dreimal und atmen Sie dabei voller Vertrauen, Harmonie und Würde tief durch. Spüren Sie, wie Sie sich immer mehr im Licht und in der Liebe aufrichten und von innen heraus strahlen. Dieses Strahlen fließt tief in Sie hinein und erhellt Ihren Brustraum, Ihren Unterleib und Ihr ganzes Wesen.

Genießen Sie diesen Moment ganz bewusst und so lange, wie Sie möchten. Kommen Sie, wenn Sie bereit sind, gestärkt und mit einem guten Gefühl in Ihren Alltag zurück und freuen Sie sich auf diesen Tag.

Welche Bedeutung hat die Selbstliebe in unseren Beziehungen?
Eine zentrale Bedeutung! Dieses ganze Buch handelt davon. Wenn wir die Selbstliebe fühlen und uns bewusst werden, was dies für uns und unser Leben bedeutet, dann schenkt die Erkenntnis daraus uns Weisheit für alle zwischenmenschlichen Erfahrungen.

Selbstliebe ist die Basis von jeder liebevollen Begegnung. Liebe will immer geteilt werden und sich entfalten können. Deshalb wird das Kultivieren einer sich selbst liebenden Haltung nie Egoismus oder Narzissmus nach sich ziehen. Im Gegenteil, es befreit davon, weil die Fülle in uns erkannt und gelebt wird. Dann können wir frei und ohne Erwartung geben und lassen uns berühren von all den Geschenken von anderen Menschen und der Schöpfung.

Liebe will fließen. Somit finden wir Erfüllung und Glück durch liebevolle Resonanz und Verbundenheit. So wie wir uns selbst erkennen und begegnen können, so können wir auch den Mitmenschen betrachten und annehmen: Wenn wir uns selbst als schön und wertvoll betrachten, sehen wir auch das Schöne und Wertvolle im Gegenüber. Sind wir gütig, verständnisvoll und geduldig mit uns selbst, so können wir dies auch gegenüber anderen Menschen leben. Sind wir jedoch zornig auf uns selbst, so projizieren wir diesen Zorn nach außen.

In der Liebe begegnen wir in Würde und damit auch mit tiefem Mitgefühl dem anderen. Mitgefühl ist Verständnis von Herz zu Herz. Es entsteht und wächst durch prägende Erfahrungen, an welchen wir selbst in Liebe wachsen konnten, denn nur dann können wir „mitfühlen". Wahres Mitgefühl (und nicht Mitleid) wird durch die eigene Heilarbeit, in Liebe, Vertrauen und aus einer höheren Sicht auf alle Aspekte des Lebens erfahren.

Liebevolle Resonanz ist freilassende, vertrauensvolle Begegnung zwischen zwei Seelen, die in sich selbst ruhen und ihr Bedürfnis nach Liebe nicht in ihr Gegenüber projizieren.

Liebevolle Begegnungen finden in der Balance von Achtsamkeit und Vertrauen statt.
In **Achtsamkeit** zu sein, bedeutet, bewusst zu sein. Gesundes Vertrauen schließt nie aus, dass wir gleichzeitig wach, hinterfragend und gegenwärtig bleiben. Woran glaube ich wirklich? Was ist das Ziel? Weshalb tue ich etwas? Was ist meine wahre Absicht? Spüre ich die Liebe bei meinem Denken und Tun? Diese und weitere Schlüsselfragen bringen uns immer zu wertvollen Einsichten. Sie können unser Vertrauen auf Dauer sogar noch festigen.

Sich achtsam zu begegnen, bedeutet auch, den Menschen als Spiegel unseres Selbst zu erkennen; denn wir *gehen mit Gefühl oder Emotion im Äußeren nur auf das in Resonanz, was in uns selbst lebendig ist.* Deshalb sind Lösung und Antwort immer in der Selbsterkenntnis zu finden. Mögen wir diesen Spiegel jedoch nicht einseitig betrachten. Was der andere über uns erzählt, liegt oft in der Wahrnehmungs- und Interpretationsfähigkeit des Betrachters, also darin, wie wir uns selbst in der eigenen Beurteilung sehen oder sehen möchten und können. Darüber hinaus ist der andere nicht nur unsere Projektionsfläche und schon gar kein Selbsttherapiefeld. Das wäre ja Missbrauch der Gefühle und des Vertrauens dieses Menschen. Er ist somit nicht einfach nur ein Spiegel von uns, sondern vielmehr eine individuelle Persönlichkeit, welcher Respekt und Würde zusteht.

Durch gesundes **Vertrauen** lassen wir unnötiges Festhaltenwollen in Begegnungen los und lassen das Leben fließen. Wir erlauben lichtvolle geistige Führung und geben somit dem Schicksal die Chance, dass es sich entwickeln kann, anstatt die Zukunft durch eingeschränkte Gedanken und Wünsche planen oder erzwingen zu wollen.

Im tiefen Vertrauen spüren wir die Gewissheit, dass Liebe Lebendigkeit ist. Somit wird sich eine liebevolle Beziehung immer verändern und entwickeln dürfen. Aus innerer Freiheit und Verbindlichkeit werden wir uns immer wieder neu finden, solange wir es von Herzen tun und es dem höchsten Wohl von beiden dient.

In der Liebe halten wir den anderen und umarmen ihn mit unserem Herzen. Wir halten jedoch nicht fest. Gerne schleicht sich in einer Umarmung der menschliche Klammereffekt ein. Wir möchten *behalten* und nicht mehr verlieren, was wir in unsere Arme geschlossen haben. Doch nur wenn wir loslassen und der Beziehung und beiden Beteiligten erlauben, sich zu entwickeln, kann es noch schöner werden. Dieses Festhalten basiert auf Angst, etwas zu verlieren, und auf Unwissenheit. Aus dieser Haltung heraus lassen viele Menschen andere erst gar nicht an sich heran: Sie haben Angst vor dem Glück, weil es ihnen wieder entschwinden könnte. Das Klammern und die Angst werden erlöst im Bewusstsein der allumfassenden, transzendenten Liebe und Selbstliebe. In Liebe können wir die Arme öffnen und wissen: Liebe findet uns – immer wieder aufs Neue.

Zwischenmenschliche Begegnungen in dieser irdischen Form, innerhalb unserer Rollen und unseres Geschlechts, sind Geschenke auf Zeit. Wir können Menschen in Liebe halten, doch niemals *be*halten. Niemand gehört uns. Jede Seele ist vollkommen, hat ihren individuellen Seelenplan und schicksalshaften Lebensweg zur Liebe hin. Von Liebe erfüllte Begegnungen können uns das Gefühl und das Erkennen von Gnade aus einer höheren Sicht schenken. Durch liebevolle zwischenmenschliche Erfahrungen lernen und erleben wir, was *lieben* wirklich bedeutet.

Zusammengefasst nochmals einige Anhaltspunkte, die uns auf dem Weg zur Selbstliebe nach Hause führen:

- Ruhe
  Tiefer, harmonischer Atem
  Ruhige, klare und friedvolle Gedanken
  Wodurch auch harmonische, friedvolle Gefühle begünstigt werden.

- Selbstwahrnehmung
  Nach innen gelenkte Achtsamkeit
  Beobachten der Gedanken, Gefühle, Reaktionen und körperliche Symptome
  Echtes Interesse an sich selbst

- Selbstbewusstsein
- Selbstwertschätzung
- Selbstverantwortung / höhere Sicht auf das Leben
- Vergangenheitsbewältigung und Heilung durch die sieben Entwicklungsschritte: Erkenntnis, Verständnis, Vergebung/Verantwortung, Vertrauen, Mut, Loslassen, Lieben
- Selbstvertrauen und Mut
- Loslassen üben – ein Leben lang
- Weitere innere Werte wie Dankbarkeit, Vergebung, Freude und Begeisterung
- Balance und Beweglichkeit in allen Dingen, das „richtige Maß" und den passenden Zeitpunkt durch individuelles Wahrnehmen finden
- Liebevolle und lichtvolle Gedanken und Erfahrungen
- Meditation (innere Zentrierung und Klärung, Besinnung auf die Liebe und das Lichtvolle in uns)
- Rituale, die uns Halt und Stärke geben
- Geistige Verbundenheit

- Gebete und Segnungen (reine Herzensbitte an eine höhere lichtvolle Kraft)
- Neue und wiederholt bestärkende Erfahrungen, die alte Prägungen und Lebensmuster überschreiben.

Wünsche, Sehnsüchte und Bedürfnisse

Menschliche Grundbedürfnisse finden wir zum einen in unserem überlebensnotwendigen Bedürfnis nach Sicherheit durch Wärme, Nahrung und Zugehörigkeit. Wir finden sie aber auch in unseren seelischen Bedürfnissen nach Liebe, Verbundenheit, Selbstverwirklichung und Sinnhaftigkeit. Diese tiefen inneren Bestrebungen führen zu echten Herzenswünschen, deren Verwirklichung uns tiefe Ruhe, Frieden und Erfüllung schenken können. Unsere seelischen Bedürfnisse sind die treibende Kraft in unserem Leben, in all unseren Zielen und Wünschen. Es lohnt sich, unserer Herzensbedürfnisse bewusst zu sein und diese von egoistischen Ansprüchen und sehnsüchtigen Mustern zu entflechten. Ein erfüllendes Leben hat sehr viel damit zu tun, dass wir uns dessen bewusst sind, was wir wirklich brauchen, und lernen, damit einen liebevollen und selbstbestimmten Umgang zu finden, auch in unseren zwischenmenschlichen Beziehungen. Das *Brauchen* entspricht immer körperlichen Grundbedürfnissen oder *echten seelischen Bedürfnissen*. Deren Erfüllung bringt uns weiter auf unserem Weg und führt immer tiefer zur Liebe hin. Das *Wollen* fließt aus egoistischen, sehnsüchtigen Ambitionen verbunden mit dem Grundmuster von innerem Mangel und Angst. Deren Erfüllung schenkt uns nur kurzfristiges Glück und Ruhe. Oberflächliche Wünsche ziehen immer weitere Wünsche nach sich und lassen am Ende des Lebens oft eine Leere anstelle von Glück, Dankbarkeit und Frieden zurück.

Hinter unseren mannigfaltigen oberflächlichen Wünschen steckt stets ein tiefgreifendes Bedürfnis:

- Wünschen wir uns ein Haus, ist es vielleicht das Bedürfnis nach Geborgenheit.

- Wünschen wir uns ein Auto, ist es möglicherweise ein Bedürfnis nach Beachtung und Anerkennung.
- Wünschen wir uns einen Partner, kann es das Bedürfnis nach Nähe und Verbundenheit sein. Das Bedürfnis anzukommen und geliebt zu werden.
- Wünschen wir uns Kinder, ist es vielleicht unser Bedürfnis nach Sinnhaftigkeit.

Wünsche sind die abgeschwächte Form von „Ich will": „Ich will diesen Mann/diese Frau. Ich will Kinder." Noch fixierter kann es lauten: „Ich will diesen Mann/diese Frau jetzt, und ich will jetzt mit ihm/ihr drei Kinder."

Wünsche knüpfen wir oft bewusst oder unbewusst an innere Bilder, welche uns ein entsprechendes Gefühl vermitteln und einen inneren Mangel beseitigen sollen. Doch diese Bilder entsprechen selten der Realität. Vielmehr entstammen sie einer Phantasiewelt mit der Erwartung, das Wahrwerden dieser Vorstellung würde unser inneres Problem beseitigen. Das Erfüllen dieser Wünsche wird unseren inneren Mangel jedoch nie dauerhaft auflösen und Frieden schenken können. Materielle Dinge oder andere Menschen können uns nicht das Gefühl geben, das wir uns selbst zu geben haben. So können uns Wünsche um Wünsche oder Beziehung um Beziehung durch das Leben treiben, ohne je wirklich Ruhe und Erfüllung zu finden. Je mehr ein Wunsch zu einem „Ich will" und einem fixen Bild erstarrt und je mehr die Erwartung an die Außenwelt gerichtet wird, desto mehr führen uns die Sehnsüchte unseres Unterbewusstseins in Scheinwelten, weg von Realität und Wahrheit. So stellen wir uns zum Beispiel eine Beziehung mit einem Menschen durch die Filterbrille des Unterbewusstseins vor. Dieses Idealbild, die Wunschvorstellung und paradoxe Haltung, wir könnten von einem Menschen erwarten, wie er zu sein hat, damit er in unser Leben und in unser Herz passt, wird nie in Erfüllung gehen. Denn kein Mensch ist das, was wir uns vorstellen, und er hat auch unserer Erwartungshaltung nicht zu dienen.

Genauso wenig haben wir uns überanzupassen, um geliebt zu werden oder um Wünsche und Sehnsüchte anderer Menschen zu erfüllen. Solche Missverständnisse können uns von unserem Herzensweg und Seelenplan abbringen und zeitweilig das Wesentliche und Wahre vergessen lassen. Es lohnt sich daher stets, unser Denken, Glauben und Wollen für eine heilsame Selbsterkenntnis zu reflektieren. Indem wir eine höhere Bewusstheit und reine Absicht in unsere Ziele und Wünsche bringen, bewahren wir uns vor Enttäuschungen und unnötigen Lernprozessen. Das Gefühl von Enttäuschung entsteht oft aus einer vorgelagerten ungesunden Erwartungshaltung, und manchmal scheitern wir auch, weil wir unbewusst Angst vor Erfolg, Liebe und Glück haben.

Echte Wünsche, welche wahren Herzensbedürfnissen und einem liebevollen Selbstbewusstsein entsprechen, werden uns weiterentwickeln lassen und sind auch erreichbar. Die Grundantriebskraft ist nicht ein Mangel, sondern ein Bedürfnis des inneren Wachstums und der Erfahrung der Liebe und Lebendigkeit. Es ist ein Grundbedürfnis von uns allen, uns zu entwickeln, Ziele zu erreichen und etwas zu bewirken in unserem Leben. Dahinter verbirgt sich ein gesundes Ego, ein gesundes Selbstwertgefühl. Dies macht uns zu mutigen, tatkräftigen Menschen. Ziele schenken uns Durchhaltevermögen, ein inneres Feuer, Orientierung und Sinnhaftigkeit. Es ist wertvoll, sich die Frage im Leben zu stellen, was unser Ziel und die dahinter wirkende Kraft ist. Wieso wollen wir etwas? Welches Bild, welches Gefühl, welche Angst oder welches Bedürfnis steckt dahinter?

Ziele sind dann erreichbar und auch erstrebenswert, wenn die Kräfte des Unterbewusstseins, des Bewusstseins und des Überbewusstseins in die gleiche Richtung weisen. Seien wir deshalb achtsam mit unseren Wünschen. Nehmen wir mit Vertrauen die bewusste Haltung ein: „Nichts muss; aber alles darf sich mit Gottes Segen sinn- und lichtvoll entwickeln." Der Himmel ist an reinen, lichtvollen Zielen interessiert. Er wird uns immer unterstützen, wenn unser Bestreben auch dem

Wohl der Gemeinschaft dient. Doch manchmal nicht auf jenem Weg, wie wir es uns denken oder erhoffen.

So können wir uns bei unseren Wünschen und Zielen auch fragen: „Will ich es oder benötige ich es wirklich?"

Benötigen im Sinne von Ersatzbefriedigung, Erwartung, Angst, etwas zu verpassen, etwas festhalten zu wollen. Dies entsteht aus einem ungesunden Ego.

Brauchen im Sinne von wahren Grund- und Herzensbedürfnissen, die auf Vertrauen, Liebe, einem gesunden Ego und Selbstbewusstsein gedeihen. Das, was wir von außen wirklich benötigen, können wir uns selbst nicht geben. So können wir uns Liebe schenken, doch für liebevolle Erfahrungen brauchen wir auch ein Miteinander. Wenn zum Beispiel ein erwachsener Mensch nicht allein sein kann, so hat er das Gefühl, jemanden zu *brauchen*. Doch in erster Linie braucht er nicht einen Mitmenschen, um sich geborgen und gehalten zu fühlen, sondern er benötigt die Selbstliebe. Dieser Mensch läuft wie süchtig der Aufmerksamkeit seines Umfeldes hinterher. Doch dieses kann immer nur kurzfristige Erfüllung schenken. Was dieser Mensch von außen wirklich benötigt, ist Mitgefühl, Verständnis, Ermutigung und vor allem Weisheit, um das Beisichsein genießen zu lernen. Doch er braucht bestimmt keine Aufmerksamkeit durch Mitleid.

Wir benötigen für unsere Herzensziele oft großes Durchhaltevermögen und Umsetzungsstärke. Diese Kraft können wir dann dauerhaft in uns erleben, wenn wir den tiefen Grund hinter unserem Streben kennen und bewusst lebendig halten. So bleibt das innere Feuer wach, welches uns dauerhaft Kraft gibt, um aufzustehen, ehrlich zu sein, zu entscheiden und nach vorne zu schreiten. Das, was uns wirklich wichtig ist im Leben, das sollten wir nicht aus den Augen verlieren; denn nur so können wir uns orientieren, erkennen lichtvolle Hinweise und offene Türen. So können uns die Engel führen. Nur so werden wir diese Ziele auch erreichen können. Diese gesunde Fokussierung zeigt unsere Klarheit und schenkt Antrieb, den Weg zu verfolgen, und das Bedürfnis, unser Ziel auch wirklich erreichen zu wollen. Gleichzeitig bedeuten äußere Ziele auch innere Arbeit: Stärkung der inneren Ruhe und Ordnung der Gedanken, Vergangenheitsklärung und Friedensarbeit, Kultivierung von lebensbejahenden Denk- und Verhaltensmustern, Pflege eines liebevollen Selbstbewusstseins und gelebte Selbstwürde.

Es sind nicht Verbissenheit, Engstirnigkeit oder Egozentrik, welche uns antreiben und Ziele erreichen lassen. Es sind vielmehr die inneren Werte, die Selbstliebe, eine höhere, gelassene Sichtweise auf das Leben, achtsame Gegenwärtigkeit, Vertrauen und Offenheit für Veränderungen.

Entscheidungen aus innerer Sicherheit fällen

Sicherheit in unseren Entscheidungen zu finden, ist eines unserer großen Bedürfnisse. Mit unseren Entscheidungen stellen wir die Weichen in unserem Leben. Wir nehmen Einfluss auf unser Schicksal und tragen damit Mitverantwortung für den Verlauf unseres Weges. Wir möchten Gewissheit haben, dass das, was wir tun, stimmig ist, sich lichtvoll und erfüllend entwickeln kann sowie heilsam für uns und alle Beteiligten ist. Entscheidungen richten sich nach außen, auf die Gestaltung unseres Lebens, und nicht selten auch auf unsere zwischenmenschlichen Beziehungen. Fragen, die uns begegnen, sind alltäglich oder auch einmal besonders entscheidend. Sie betreffen nur uns oder beeinflussen ein ganzes Umfeld.

Wie können wir Sicherheit für unsere Entscheidungen gewinnen?

Es lohnt sich, wenn wir zu Beginn den Grund, Sicherheit in einer Entscheidung zu finden, prüfen. *Wieso möchten wir Gewissheit?* Ist es das Bedürfnis, das Beste aus unserem Leben und der geschenkten Zeit zu machen, einfach weil wir es uns wert sind, weil wir uns selbst und das Leben lieben? Oder ist es die Angst, zu versagen, die Angst, Fehler zu machen, oder die Ungeduld, die uns zur Entscheidung drängt?

Eine gesunde Angst gehört zu unserem Leben und zu unserem Bedürfnis nach Sicherheit dazu. Doch übertriebene Angst lähmt uns und lähmt auch die Ruhe und Klarheit, welche für weise Entscheidungen und eine gute Selbstwahrnehmung nötig sind. Lichtvolle Wege bauen auf eine liebevolle, selbstbewusste Haltung und nicht selten auf eine höhere Sicht auf das Leben und auf uns selbst.

Es lohnt sich, die *treibende Kraft* hinter unserem Bedürfnis nach Klarheit und Entscheidung zu erkennen: Sind es Vertrauen, Ruhe und Geduld? Entspringt es aus einer gewissen inneren und äußeren Reife oder sind es übertriebene Angst, Ungeduld und das Bedürfnis nach Kontrolle? Ist es *unser* Wunsch nach Klarheit und Sicherheit oder ist es das Bedürfnis unseres Partners, unseres Umfeldes?

Mögen wir uns bei der Entscheidungsfindung auch bewusst sein: Ist es unsere Weisheit, die uns die Entscheidung weist, oder ist es die Weisheit unserer Eltern, unserer spirituellen Lehrer oder die Prägung der Vergangenheit? Sind es Muster des Unterbewusstseins?

Was beeinflusst uns? Welche Meinungen, welche Gedankenmuster, unbewussten Ängste oder Erwartungen, inneren Bilder, bisherige Erfahrungen und damit Prägungen des Unterbewusstsein? Sind es Gefühle des Herzens, intuitives Wissen, Träume, Engelbotschaften, aktuelle äußere Vorgänge oder vielleicht sogar Zufälle und Synchronizitäten.

Wir tun gut daran, die treibenden Kräfte hinter den wesentlichen Entscheidungen in unserem Leben zu erkennen. Mögen wir uns dabei stets auf freilassende, liebevolle und vor allem auf Impulse stützen, welche unsere eigene Weisheit fördern.

Wir sollten uns immer spüren können, wenn wir wichtige Entscheidungen im Leben fällen. Dafür benötigen wir eine achtsame Selbstwahrnehmung und ein gesundes Selbstbewusstsein. Die Liebe zeigt uns immer den Weg. Sie spricht in Gefühlen und klaren, einfachen Sätzen zu uns. Wir haben deshalb unsere Gefühle zu spüren, damit wir sie über die Ratio deuten können.

Um lichtvolle Entscheidungen zu finden, benötigen wir auch Vertrauen in das Leben, in unsere Mitmenschen und in die lichtvolle Führung. Nur so lassen wir unnötige Kontrolle, unnötiges Planen und Im-Voraus-Entscheiden los – und die Dinge können ihren Lauf nehmen.

Wir sind gut beraten, Entscheidungen für unsere Zukunft aus heutiger Weisheit zu fällen und nicht aufgrund unverarbeiteter Erfahrungen oder dem Wissen der Vergangenheit. Vergangenes Wissen entspringt oft einem anderen Zeitgeist und ist daher kein guter Ratgeber für unser gegenwärtiges Leben. Genauso sollten vergangene Erfahrungen uns Weisheit und Vertrauen schenken, jedoch nicht einschränken in unserer Bestimmung und Freiheit.

Gespräche und Ratschläge von anderen Menschen können uns bei der inneren Klärung helfen. Doch manchmal prüfen sie uns, und manchmal verwirren sie uns; denn jeder hat seine eigene Lebensphilosophie aufgrund seiner Vergangenheit und seines Wahrnehmungsvermögens. Daher lautet der Auftrag an uns, eine gesunde Abgrenzung zu finden, Resonanzmuster zu klären und unser Selbstvertrauen zu stärken. Es lohnt sich immer, sich auf Ansichten anderer Menschen einzuschwingen und in Offenheit zu prüfen, was aus diesem Gedankengut ebenfalls stimmig für uns sein und unseren Horizont somit erweitern könnte. Je größer unser Horizont, umso klarer erkennen wir unser Ziel und den Weg dahin.

Eine ungesunde, übertriebene und nicht auf die Tatsachen bezogene Angst blockiert uns darin, weise Entscheidungen zu finden. Durch Aufklärung, nachvollziehbares Wissen, innere Erkenntnisse und Verständnis, durch ein liebevolles Selbstbewusstsein und Vertrauen in die lichtvolle Führung in unserem Leben können wir diese auf ein gesundes Maß reduzieren. Eine gesunde, sachbezogene Angst stärkt hingegen unsere Entscheidungen, denn wir bleiben achtsam im Leben verwurzelt.

Entscheidungen möchten stets auf der Basis von Ruhe, Vertrauen und klaren Gedanken getroffen werden. Nur durch bewusste Selbstwahrnehmung und ein gesundes Selbstvertrauen machen wir uns nicht von Meinungen und Erwartungen anderer oder äußeren Gegebenheiten abhängig. Es bedeutet somit, die inneren und äußeren Zeichen zu erkennen und diese für selbstbestimmtes Weichenstellen zu nutzen.

Lichtvolle innere Zeichen sind insbesondere:
- Tiefer, harmonischer Atem

Atmen wir tief und harmonisch, so ist dies ein Zeichen des Vertrauens und innerer Stimmigkeit. Wenn uns jedoch der Atem stockt bei einer Entscheidung, dann will uns etwas in uns bremsen. Dann gilt es innezuhalten, um vorrangig zu klären: Ist es eine gesunde (sinnvolle) Vorsicht, vielleicht eine höhere Eingebung oder ist es eine ungesunde (realitätsfremde) Angst, die uns stoppen will.

- Gefühle des Vertrauens, Friedens, der Freude und Liebe (ein „Herzenslächeln")

Gefühle sind Ausdruck unserer Herzensweisheit, und die Weisheit der Liebe ist grenzenlos! Es ist daher wichtig, dass wir unsere Gefühle nicht betäuben und uns nicht unnötig von uns selbst ablenken, sondern eigene Grenzen anerkennen und einen liebevollen, verständnisvollen Umgang mit der eigenen Sensibilität und Emotionalität entwickeln.

Freude, Begeisterung (jedoch nicht Euphorie), Lebendigkeit und Leichtigkeit sind zweifelsfreie Botschaften unseres Herzens, die sagen: Los geht's!

- **Ruhige, klare Gedanken**

Unruhige, wirre Gedanken sind ein Zeichen, dass unser Unterbewusstsein durch ungesunde Ängste, also durch alte Prägungen und unverarbeitete Verletzungen, seine Trümpfe ausspielt. Klären wir diese Gedanken durch Selbstreflexion. Ruhige, klare und friedvolle Gedanken laufen stets parallel mit einem Herzenslächeln und mit tiefem, harmonischem Atem.

- **Intuitives Wissen, Hellwissen**

Intuitives Wissen ist klar, schlicht und ohne Argumente: „Wir wissen einfach." Wir entwickeln es auch durch die Übung mit den „drei Herzensregeln" (siehe weiter unten).

- **Eingebungen, Visionen**

Höhere Eingebungen und Visionen sind dann am wertvollsten und kraftvollsten, wenn sie ohne unser „Ich will wissen…" entstanden sind; denn dann sind sie wirklich frei von Erwartungen und Wünschen.

- **Wenn uns etwas nicht mehr aus dem Kopf geht. Wenn es innerlich ruft.**

Unsere Seele kennt ihren Weg zur Liebe hin. Sie zeigt uns diesen auch durch den inneren Ruf, durch tiefe, unüberhörbare Bedürfnisse, durch Begeisterung für etwas und für Einfälle, die uns nicht mehr aus Kopf und Herz gehen.

- **Träume**

Träume können Wegweiser sein. Sie schenken uns manchmal wertvolle Hinweise für lichtvolle Entscheidungen bereits Monate oder Jahre im Voraus. Auch erleben wir in entscheidungsrelevanten Lebensphasen viele geistige, lichtvolle Botschaften in unseren Träumen, seien es Botschaften von unserem höheren Selbst, den Engeln oder lichtvollen Verstorbenen. Grundsätzlich können wir aus allen Träumen auf sinn- und wertvolle Hinweise schließen. Es gilt, sich mit der Sprache der Symbole vertraut zu machen. Dabei sollten wir die Dinge pragmatisch angehen. Deuten Sie mit Vertrauen und im Glauben an das Gute.

Lichtvolle äußere Zeichen sind insbesondere:
- **Chancen, die sich uns auftun, offene Türen, Gelegenheiten**

Wenn es fließt in unserem Leben, wenn Türen sich ohne Druck und Willenskraft öffnen, dann ist dies stets ein wunderbares Zeichen der Stimmigkeit der Richtung und der Reife des Zeitpunktes. Allerdings: Nicht jede offene Türe ist „unsere Türe".

- **Synchronizitäten**

Kumulierende Ereignisse, die ohne unser Dazutun geschehen. Oft scheinbare „Zufälle", insbesondere (wiederholt) „zufällige" Begegnungen.

- **Engelbotschaften**

Engelbotschaften sind eigentlich auch innere Zeichen, denn sie sind immer in Übereinstimmung mit unserer Intuition, dem Hellwissen, Hellfühlen oder Hellsehen.

Wir erkennen alle Hinweise für erfüllende Entscheidungen durch ein offenes, achtsames und wertfreies Wahrnehmungsvermögen. Dieses will nach innen und nach außen gelenkt werden, damit es uns neue Erkenntnisse und Orientierung schenkt. Es gilt, aufmerksam gegenüber äußeren Zeichen zu sein, sich jedoch nicht davon abhängig zu machen. Nicht jede offene Türe und jede Begegnung will ein Wink des Schicksals sein. Nur wenn äußere Hinweise auch mit unseren inneren Prüfstellen übereinstimmen, dann dürfen wir uns auf sie verlassen.

Innere und äußere Zeichen begegnen uns oft Hand in Hand auf unserem Weg. Es ist manchmal wertvoll, diese einfach nur zu beobachten und zu spüren, was sie mit uns machen. Versiegt die Begeisterung oder brennt das Feuer weiter? Bleibt die innere Gewissheit oder verändert sie sich aufgrund neuer Erfahrungen und Erkenntnissen? Vertrauen zu haben, bedeutet, sich Zeit zu lassen, um in Ruhe eine Entscheidung zu finden.

Die sogenannten „drei Herzensregeln" lauten:
1. Tiefer, fließender und harmonischer Atem
2. Ruhige, friedvolle und klare Gedanken
3. Ein Herzenslächeln, ein Gefühl der Liebe und inneren Harmonie durch Ruhe, Vertrauen, Frieden und Freude.

Nur wenn Atem, Geist und Seele im harmonischen Einklang schwingen, dann sprechen sie die gleiche Sprache und eine eindeutige Botschaft.

Nachstehend möchte ich Ihnen, wie bereits in meinem Buch *Gehe den Weg deines Herzens*, die Selbstüberprüfungs-Übung auf Basis der *drei Herzensregeln* vorstellen. Sie hilft, Entscheidungen aus der inneren Stimmigkeit heraus zu überprüfen und zu fällen. Sie ist einfach auszuführen und kann bei etwas Übung und der entsprechenden inneren Grundhaltung innerhalb von Minuten im Alltag durchgeführt werden.

Übung zur Selbstüberprüfung
Setzen Sie sich entspannt und bequem hin.
Schließen Sie die Augen.
Atmen Sie tief und sanft in den Unterbauch hinein.
Lassen Sie sich damit Zeit, bis Sie spüren, wie sich in Ihnen ein Gefühl von Ruhe, Gelassenheit und Freude ausbreitet.
Legen Sie Ihre Hände auf den Bauch, damit Sie Ihren sanften und tiefen Atem weiter wahrnehmen.
In dieser entspannten Haltung sind Sie nun genügend neutral und unvoreingenommen, so dass Sie an die Frage oder die Entscheidung denken können, die Sie überprüfen möchten.
Beobachten Sie, wie sich Ihr Atem anfühlt und welche Empfindungen Sie haben, wenn Sie sich eine klare Ja-/Nein-Frage stellen.
Antworten Sie mit Ja, und beobachten Sie Atem und Empfindungen weiter. Dasselbe bei Nein.
Vergleichen Sie bewusst, ob sich die Antwort im Atem (ruhiger, tiefer Atem), im Geist (ruhige, klare Gedanken) und im Herzen (Liebe, Gelassenheit, Freude) stimmig anfühlt.
Bleiben alle drei Kräfte (Atem, Geist, Seele) harmonisch und ruhig wie in der Ausgangslage, dann ist die Antwort stimmig.
Beenden Sie die Übung, indem Sie nicht mehr an die Frage denken, mehrmals erneut bewusst sanft und tief atmen, sich selbst zulächeln und sich für die Selbstliebe öffnen.
(Quelle: Jana Haas, Heilung mit der Kraft der Engel)

Bei einer nicht eindeutigen inneren Antwort hilft es oft, die Frage abzuändern. Statt „Soll ich mich auf diesen Menschen einlassen?" die Frage umformulieren in: „Soll ich mir Zeit nehmen, mich auf diesen Menschen einzulassen?" Ein „Jein" bedeutet meistens „Nein".

Erhalten Sie keine Antwort oder sind unsicher, dann lassen Sie sich Zeit. Gehen Sie allenfalls auch zu einer späteren Gelegenheit in die

Ausgangslage zurück. In diesem Fall benötigen Sie noch mehr innere Ruhe und Gelassenheit, um sich unvoreingenommen und im Vertrauen den Antworten zu öffnen.

Wenn wir die Weichen gestellt und Entscheidungen getroffen haben, dann hilft uns Folgendes, den Weg erfüllend und lichtvoll entstehen zu lassen:

- Die Bitte um Segen und himmlische Führung der Engel
- Uns immer wieder auf die Haltung besinnen: Nichts muss, alles darf.
- Den Kräften des Lebens vertrauen und ihnen Zeit schenken, damit ein Weg entstehen kann. Also indem wir das Leben fließen lassen und lichtvolle geistige Führung erlauben. Lassen wir Kontrolle und Übereifer los und achten auf Synchronizitäten, auf offene Türen und Chancen. Ergreifen wir sie, wenn sie sich uns zeigen. Besinnen wir uns darauf: Der Weg darf leicht sein. Üben wir uns somit in Geduld und Vertrauen.
- Kontinuierliche Achtsamkeit
Auch der nun eingeschlagene Weg kann eine unvorhergesehene Richtung nehmen. Überprüfen wir hin und wieder unsere getroffene Entscheidung und ebenso die innere Haltung des Vertrauens und Weitblicks. Das Leben ist in Veränderung, und auch wir selbst entwickeln uns und haben stets liebevolles Selbstbewusstsein zu wahren. Meißeln wir unsere Wege und Ziele nicht in Stein, sondern bleiben wir flexibel und offen.
- Auf unsere Balance achten
Balance ist entscheidend, um im Leben voranzukommen. Diese bezieht sich auf unsere inneren Werte, die alle ihren wertvollen Gegenpol haben: Auf das Dinge-Laufenlassen gegenüber dem Lenken, auf das Innehalten gegenüber dem Entscheiden/Tun oder auf das Vertrauen gegenüber dem kritischen Hinterfragen. Diese Eigenschaften schließen sich gegenseitig nicht aus. Vielmehr wollen sie gleichsam gestärkt und flexibel gelebt werden.

Die Kunst ist, situationsbedingt die eigene, individuelle Balance zu finden und dabei stets in Bewegung zu bleiben.

Eine Bitte um Segen für unseren Weg kann wie folgt lauten:
Liebe lichtvolle Wesen der geistigen Welt, ich bitte um Segen für meinen Lebensweg.
Möge sich alles licht- und sinnvoll für mich und alle Beteiligten entwickeln.
Bitte führt mich mit himmlischer Weisheit und Weitblick.
Zeigt mir all das, was ich in meiner Liebe und Kraft tun kann.
Ich bin bereit, aus höherem Bewusstsein zu wirken und meinen Weg zu verwirklichen.
(Amen)

Das Leben aus innerer Weisheit zu gestalten und Entscheidungen zu fällen, hilft uns auch, in zwischenmenschlichen Beziehungen selbstbestimmt und liebevoll zu wirken. Wir benötigen Nähe und Verbundenheit genauso wie Freiräume und Grenzen. Wir brauchen Zeit, um Dinge reifen zu lassen, und wir benötigen entschlossenes Vorwärtsschreiten. Wir benötigen die Treue zu uns, das „Ja, ich will mich selbst lieben, ehren und achten" und Verbindlichkeit unseren Lieben gegenüber. Dahinter stehen Entscheidungen: Entscheidungen, über die Art und Weise, wie wir leben und sein möchten. Die Wahl, wie und mit welchen Werten wir unsere Beziehung gestalten und unseren Beitrag für ein heilsames Miteinander leisten werden. Die vorangehenden Erkenntnisse und Wegweiser können uns hierfür wertvolle Orientierung schenken.

Heilung – bei sich selbst ankommen

Gesundheit ist ein Gleichgewicht von Körper, Seele und Geist, gestärkt durch geistige Anbindung und Durchlichtung, welche gehalten wird durch ruhige, friedvolle Gedanken und liebevolle Gefühle. Heilung bedeutet auch, in die Ruhe und ins Vertrauen zurückzufinden, verurteilende Gedanken und Emotionen loszulassen und das Herz für Liebe und Licht zu öffnen. Dies ist unsere natürliche, angeborene und immer vorhandene Selbstheilungskraft.

Sie bedeutet, im Frieden zu sein mit dem, was ist und was war, selbstwertschätzend, im Vertrauen, ein Grundgefühl der Liebe in sich zu tragen, ruhig und offen das Leben fließen zu lassen und gleichzeitig aktiv mitzugestalten. In dieser Haltung, durch unseren Glauben an das Gute, durch friedvolle Gefühle und liebevolle Taten lassen wir zu, dass sich unsere Zellen auf natürliche Weise durchlichten dürfen. Dies ist die ursprüngliche Basis für Gesundheit, welche von innen heraus auf unseren Körper und unser Umfeld wirkt.

Liebe ist ein Zustand tiefer und bewusster Selbstannahme. Nehmen wir uns selbst an, lassen wir durch unsere Gedanken (Geist) und Gefühle (Seele) auch die göttliche Durchlichtung unserer Zellen und damit das Heilsein geschehen. Heilung fließt, wenn ungesunde, unnatürliche Ängste durch Bewusstsein und liebevolles, ganzheitliches Erleben erlöst werden.

Ein ungesundes Ego und ein selbstsüchtiges, zerstörerisches Verhalten in jeglicher Form entstehen aus Selbstablehnung und mangels Liebe. Wie finden wir aus der Angst in ein inneres Gleichgewicht, in ein Bewusstwerden und in die Liebe zurück? Jeder ganzheitliche Heilungsprozess führt über das *Erkennen*, also das Bewusstwerden, in ein *liebevolles Erleben*, in welchem Geist (Gedanken), Seele (Gefühle) und Körper (Verhalten, Entscheidungen) in eine harmonische Einheit zurückfinden.

Wir können die Formel *Heilung = Erkennen und Erleben* auch **Heilung = Bewusstsein und Liebe** nennen und sie in sieben zentrale Entwicklungsschritte aufschlüsseln.

Die sieben Heilungs- und Entwicklungsschritte sind:
1 Erkennen
2 Verstehen
3 Vergeben (Verantwortung)
4 Vertrauen
5 Mut
6 Loslassen
7 Lieben

1 Erkennen

Erkennen bedeutet, sehen zu können, wenn etwas nicht stimmig ist in unserem Leben oder in unserer Beziehung.

Selbsterkenntnis entsteht, wenn wir unsere Gefühle, Gedanken und unseren Körper wahrnehmen und äußere Geschehnisse reflektiert zu beobachten vermögen (zum Beispiel Blockaden, verschlossene Türen oder Wiederholungsmuster im Leben). Selbstwahrnehmung, neutrale, nichtwertende Beobachtungsgabe und Achtsamkeit sind hier die zentralen Schlüssel. Folgende Fragen sind bei der Bewusstwerdung besonders wertvoll:

- Woran glaube ich wirklich? (Was sind meine Lebens- und Gedankenmuster?)
- Wie will ich sein? Wie will ich leben?
- Was ist das Ziel? Was ist die Absicht hinter meinem Tun?
- Ist mein Verhalten heilsam für mich, für mein Umfeld?
- Kann ich die Liebe in mir fühlen?
- Was lehne ich an mir/im Leben ab?

2 Verstehen

Über das Erkennen und *Bewusstwerden* finden wir in ein neues Verständnis. Verstehen bedeutet, den Blickwinkel so verändern zu können, dass wir alte Gedanken und Beurteilungen loslassen und uns für eine neue Sichtweise öffnen. Es bedeutet, echtes Verständnis für uns, unsere Geschichte, andere Menschen und die Geschehnisse in unserem Leben zu finden. Das führt von einem rein geistigen, intellektuellen Verstehen in ein emotionales Begreifen. Darin benötigen wir kein „Ja aber", keine Rechtfertigungen und Gegenargumente mehr, sondern können die Dinge „stehen lassen". Schließlich ist die Erde unsere wundervolle Lebensschule und keine richterliche Reifeprüfung. Heilung zu finden, kann bedeuten, bewusst, unterbewusst und überbewusst aus den Erfahrungen lernen zu wollen. Dies öffnet den Weg zum dritten Schritt: Vergebung und Selbstverantwortung.

3 Vergeben (Verantwortung)

Menschen, die wirklich gesund, frei und glücklich sein möchten, sind an Lösungen interessiert, nicht an Problemen. Diese Menschen gehen in die Selbstverantwortung, anstatt in die Opferhaltung. Solange wir an der Enttäuschung, am Schmerz oder am Rechthabenwollen festhalten, werden wir keine wahre Veränderung finden und vielleicht auch nicht wirklich finden wollen. Die Gründe sind vielfältig und sind immer mit einem ungesunden Ego, mangelndem Selbstwertgefühl, mit Angst und irritierten Gedanken verbunden. In der konsequenten Übernahme von Verantwortung und großzügigem Vergeben liegt ein großer Schlüssel für Heilung und Konfliktlösung.

Durch höheres Bewusstsein und Verständnis ermöglichen wir uns das Lösen von verurteilenden Gedanken und emotionalem Schmerz. Vergebung ist Heilung der Vergangenheit. Sie ist dann nötig, wenn Altes uns belastet hat. Wir können vergeben, wenn wir im Bewusstsein erwachen, wenn wir den Sinn und das Gute vergangener Erfahrungen annehmen können. Menschen brauchen Sinnhaftigkeit, ein Verstehen-können, um loszulassen. Im Frieden erlöst sind wir, wenn wir vergangene Erfahrungen und damit unsere Wurzeln ohne jegliche Einschränkung anzunehmen vermögen.

Manchmal ist bei einem Heilungsprozess kein Vergeben nötig, sondern wir können uns durch den Bewusstwerdungsprozess direkt in unserer Selbstverantwortung aufrichten; dann hat kein vorgängiges Verurteilen stattgefunden. Bei Vergebung fließt auch heilende und erlösende Kraft zu mitbetroffenen Seelen. Vergebung ist somit ein Akt der Demut und Gnade und erhellt das Licht und den Frieden in der Welt.

Nachstehend ein Vergebungsgebet, welches ich sehr empfehlen kann. Es kann auch dann ausgesprochen werden (laut oder in Gedanken), wenn wir es keiner spezifischen Person oder Geschichte zuordnen können. Die heilende Kraft der Vergebung wirkt genauso, wie es unsere Seele benötigt. Gebete sind vor allem dann wirksam, wenn wir sie bewusst, freilassend und von Herzen sprechen können.

Vergebungsgebet

Ich vergebe dir, was du getan hast, bewusst oder unbewusst.

Ich bitte dich, mir zu vergeben, was ich getan habe, bewusst oder unbewusst.

Ich bitte alle Menschen, dir zu vergeben, was du getan hast, bewusst oder unbewusst.

Ich bitte dich, allen Menschen zu vergeben, was sie getan haben, bewusst
oder unbewusst.

Ich bitte alle Menschen, mir zu vergeben, was ich getan habe, bewusst
oder unbewusst.

Ich vergebe allen Menschen, was sie getan haben, bewusst oder unbewusst.

Ich bitte Gott, dir zu vergeben, was du getan hast, bewusst oder unbewusst.

Ich bitte Gott, mir zu vergeben, was ich getan habe, bewusst oder unbewusst.

Und ich vergebe mir, was ich getan habe, bewusst oder unbewusst.

Amen

(Quelle Jana Haas, Heilen mit der Göttlichen Kraft)

Ein liebevolles Selbstbewusstsein unterstützt uns im Loslassen urteilender Gedanken und schmerzhafter Gefühle. Die kraftvollste Tugend ist es, Verantwortung für seine eigenen Gedanken und Emotionen zu übernehmen und zu lernen, diese in eine liebevolle Richtung zu lenken. Wir können Herr unserer Gedanken sein und damit maßgebenden Einfluss auf unsere Empfindungen nehmen, weil der Geist und das höhere, liebevolle Bewusstsein über allem stehen. Das hat nichts mit Kontrolle aus Angst vor Verletzung zu tun, sondern mit liebevollem Selbstwertgefühl.

4 Vertrauen

Durch das Auflösen vergangener Irritationen, durch das Erkennen und Bewusstwerden finden wir zurück in ein natürliches, ursprüngliches Vertrauen. Alles, was durch irgendwelche Erfahrungen in unserem Denken und Fühlen beirrt wurde, können wir auch wieder korrigieren und in seinen natürlichen, heilen Ursprung zurückbringen. Oft benötigen wir dafür Zeit und so manche neue Erfahrungen. Das ist normal und unser Recht, denn zahlreiche Erfahrungen haben die Prägung ja auch gefestigt.

Jede Seele trägt Gottes Kraft und damit auch Urvertrauen in sich. Darauf bauen wir unser Vertrauen in uns selbst, in das Leben, in die Mitmenschen und in die himmlische Führung. Selbst dieses Erdenleben haben wir mit Vertrauen, bewusst und aus freiem Willen gewählt. Urvertrauen ist die Gewissheit, stets des göttlichen Lichtes, der Liebe und Gnade würdig und mit Gott verbunden zu sein. Es ist das unerschütterliche Wissen und Gefühl, immer von himmlischen Kräften getragen, geführt und behütet zu sein. Somit hat alles sein Gutes und wird sich licht- und sinnvoll entwickeln. Nur mit Vertrauen können wir uns neuen Gedanken, neuen Gefühlen, Erfahrungen und Begegnungen öffnen. Vertrauen löst die Starre der Angst und lässt Veränderung zu. Selbstvertrauen ermöglicht das Annehmen von Glück, Erfolg, Erfüllung und Liebe. Durch Vertrauen entwickeln wir Geduld, Mut sowie Kraft zum Handeln, Loslassen und Annehmen. Wir können unser Vertrauen stärken durch:

- Bewusste Ruhe, tiefen Atem und Meditation
- Klare Gedanken, Erkenntnisse, Verständnis und höheres Bewusstsein
- Positive Erfahrungen
- Geistige Verbundenheit, Segnungen und Gebete
- Ein bestärkendes, vertrauensbegünstigendes Umfeld
- Durch das Beobachten von Menschen, die es uns vorleben (Vorbilder)

5 Mut

Vertrauen ist die innere Bereitschaft, einen neuen Schritt zu tun. Mut ist, die eigene Schwellenangst zu überwinden und diesen Schritt im Inneren und Äußeren umzusetzen. Mut kann bedeuten, offen hinzuschauen, sich das Bewusstwerden zu erlauben, ehrlich zu sein, sich zu zeigen, zu sich selbst zu stehen und sich bedingungslos anzunehmen, einen neuen Gedanken zuzulassen und neues Verhalten zu wagen. Altgewohntes gibt uns oft scheinbare Sicherheit. Mut bedeutet, sich seiner Angst vor dem Versagen, vor dem Nicht-Geliebt-Werden, vor dem Licht, der Freiheit und dem Unbekannten zu stellen und sich auf etwas Neues einzulassen. Es gilt, Kontrolle loszulassen, neue Verhaltensweisen zu entwickeln und dazu einen ersten Schritt zu tun. Der erste Schritt ist immer der mutigste. Achtsamkeit und bewusstes Wahrnehmen der eigenen Intuition halten uns dabei von Übermut und Leichtsinn ab.

Wir benötigen eine Ausgewogenheit im Denken und Umsetzen, um Ziele zu erreichen. „Denke weniger, tue es!", ist ein Mantra, welches an alle Übervorsichtigen unter uns gerichtet ist. Es hilft, zu handeln, nicht unnötig zu denken; denn das Denken löst nicht berechtigte Angstmechanismen und Blockaden in der Umsetzung aus. Lernen wir, einen bewussten und gesunden Umgang mit unseren Gedanken zu finden.

Mut verbunden mit Vertrauen ist die innere Stärke, der eigenen Herzensstimme zuzuhören, Entscheidungen darauf aufzubauen und die-

ser Stimme zu folgen. Wir entwickeln Mut und damit auch Willensstärke durch:
- Ziele und Sinnhaftigkeit (Die Klärung der Frage: Was ist das Ziel, der tiefe Grund? Worum geht es in meinem Leben, auf diesem Weg, in dieser Beziehung? Wo will ich hin?)
- Bewusste Selbstwahrnehmung (Das Erkennen und Verstehen, welche Ängste und Zweifel wir haben, woher sie kommen und wie sinnvoll oder unsinnig sie sind.)
- Das Fühlen des inneren Rufes
- Das Festigen des Selbstwertes („Ich bin es mir wert, dass…")
- Geistige Verbundenheit, Segnungen und Meditationen
- Stetes Tun (Mut ist trainierbar)
- Durch das Beobachten von Menschen, die es uns vorleben

6 Loslassen

Loslassen bedeutet nicht, Altes wegzuwerfen, zu flüchten, davonzurennen, ins andere Extrem zu verfallen oder Mauern mit Willenskraft zu durchbrechen. Loslassen findet nie mit Druck statt. Loslassen ist ein Zurückfließen ins Gleichgewicht, in die göttliche Ordnung und Harmonie. Loslassen ist die passive Folge, wenn wir etwas Altes sein- und uns aktiv und mit Vertrauen auf etwas Neues einlassen.

Loslassen entsteht:
- Aus tiefem Verständnis, höherer Einsicht und Bewusstheit
- Aus dem Annehmen, weil wir nicht mehr verurteilen, sondern im Frieden sind.
- In der Kraft der Gegenwart und Orientierung auf die Zukunft
- Durch Selbstverantwortungsbewusstsein, Selbstwertgefühl und Selbstvertrauen
- In Dankbarkeit und im tiefen Gottvertrauen
- In der Gewissheit, dass alles seinen Sinn hat.
- Im tiefen Vertrauen, dass, wenn eine Türe sich schließt, eine noch bessere sich uns öffnen wird.
- Durch Tun, wenn Gedanken, Gefühle und Handlungen miteinander im Reinen sind.

- Durch die Besinnung auf die Liebe, wenn wir die Liebe in unser Denken, Fühlen und Handeln einbringen.

7 Lieben

Liebe als letzter Schritt im Entwicklungs- und Heilungsprozess ist ein Zurückfinden in ein natürliches Gleichgewicht, in welchem Körper (Handlungen und Entscheidungen), Seele (Gefühle, Herzensstimme) und Geist (Gedanken, inneres Wissen) im harmonischen Dreiklang verbunden und durchlichtet sind. In diesem Bewusstsein und Erleben blockieren uns keine unnötigen Ängste und ablehnende Gedanken davor, die Weisheit des Herzens zu leben. Selbstliebe ist ein Gefühl und Bewusstsein, mit sich selbst im Frieden, im Reinen zu sein, offen und im Vertrauen, nicht auf die Anerkennung im Äußeren angewiesen zu sein, sondern sich über den Mitmenschen zu freuen als Resonanz unserer eigenen Selbstwertschätzung. Durch die Selbstliebe erwacht die Liebe zum Leben, zur Schöpfung, zu den Mitmenschen, zur Natur und allem Dasein. In der Liebe lassen wir alles los, was in Angst und urteilenden Gedanken gehalten wird, und finden zu einem natürlichen, göttlichen *Bewusst-Sein* zurück. Unsere Fähigkeit zu lieben, erkennen wir daran, wie wir denken (über uns selbst), fühlen und vor allem wie wir leben und die Menschen leben lassen.

Ich beobachte in meiner Praxis, dass viele Menschen Mühe bei den Schritten Vertrauen, Mut und Loslassen bekunden. Die Frage „*Wie kann ich es loslassen oder verändern?*" begegnet mir häufig. Es ist wichtig zu begreifen, dass wir an Glück, Gesundheit und an die Liebe bedingungslos glauben sollten, um diese auch zulassen zu können. Gleichzeitig sollten wir die Angst vor dem Glücklichsein abbauen. Viele Menschen zweifeln am Glück und ergreifen es nicht, weil sie unterschwellig Angst davor haben, es wieder zu verlieren. Gebete, Segnungen, das Stärken des Urvertrauens und des Selbstwertes sowie ein unerschütterlicher Glaube an das Gute und Lichtvolle unseres Lebens können dabei helfen, diese inneren Blockaden zu lösen.

Schwellenängste sind für unser Unterbewusstsein normal, weil es Angst vor allem Neuen und Unkontrollierbarem hat. Wenn wir das Unterbewusstsein nicht an die Hand nehmen, nach dem Motto „So, jetzt tun wir es einfach, anstatt zu diskutieren", dann wird es keinen Schritt freiwillig machen. Stattdessen wird es versuchen, uns mit jeglichen Strategien zu sabotieren und zu manipulieren. Gleichzeitig hat jeder Mensch eine naturbedingte Trägheit in sich. Diese hält ihn davon ab, unnötig Energie zu verschwenden. Wir haben dieses innere Phlegma zu überwinden, wenn wir bewusster werden und uns heilsam entwickeln möchten. Somit benötigen wir für Veränderungen nicht nur Vertrauen und Mut, sondern auch Durchsetzungskraft und Willensstärke.

Heilung und Gesundheit in ganzheitlicher Betrachtungsweise sind eine Frage der Durchlichtung. Durchlichtung entsteht, wenn wir das emotionale Herz öffnen und bereit sind, Liebe und Licht anzunehmen. Wir durchlichten durch Bewusstsein und Liebe – Erkenntnis und Erlebnis; denn (ungesunde, übertriebene) Angst entsteht durch mangelndes Bewusstsein, durch irritierte Gedanken und Glaubensmuster. Seelischen Schmerz empfinden wir, wenn wir uns selbst ablehnen und damit die Liebe im Herzen nicht spüren. Aus Selbstablehnung und mangelnder Liebesfähigkeit werden eine bewertende und abwertende Haltung, ein ungesundes Ego, Sehnsüchte und übertriebene Erwartungshaltungen geboren. So kann zum Beispiel Frust entstehen, als ein Zeichen, dass wir uns selbst nicht ernst nehmen, oder Aggression sowie Krankheit, als letzte Überlebensstrategie der Seele. Ein ungesundes Ego kann nur durch Selbstablehnung entstehen, mangels gelebter Selbstliebe und Selbstachtung und durch ein wertendes Denken von „gut" und „schlecht". Annahme ist ein friedvolles, bewusstes „Ja, gerne" oder „Nein, danke". Sich zu entscheiden, ohne zu bewerten, ist eine der Künste des Lebens.

Beides – Liebe und Angst – findet seinen Ausdruck in unserem Körper und unserem Verhalten gegenüber uns selbst und unseren Mitmenschen. Wir haben zu erkennen und zu erleben, dass Gottes Licht und Liebe überall sind. Möchten wir eine heilere, friedvollere Welt? Dann beginnen wir bei uns selbst und gestalten daraus ein liebevolles Miteinander.

Die sieben Entwicklungs- und Heilungsschritte in der Praxis

Ich möchte Ihnen an dieser Stelle eine persönliche Erfahrung schildern, in welcher ich durch die sieben Heilungsschritte bewusst und rasch zurück in meine Kraft und Liebe fand. Ich hoffe, dass dieses Beispiel Ihnen zeigt, wie groß unsere Selbstheilungskraft durch eine achtsame und liebevolle Haltung ist.

Ich führte vor einigen Jahren eine zwar kurze, jedoch schöne und herzliche Beziehung zu einem Mann. Beidseitig waren Ängste und Blockaden da, Angst vor Verletzung, Zurückweisung, nicht Geliebt-Sein. Doch ich folgte meinem Gefühl und meiner Intuition und glaubte an die Beziehung. Eines Tages durfte ich jedoch auf unsanfte Weise feststellen, dass eine andere Frau mit im Spiel war. Ich wurde von dieser Entdeckung völlig überrascht, war fassungslos und zutiefst verletzt. Ich war schwer erschüttert, fühlte mich wertlos, nicht liebenswürdig, nicht gut genug. Wie konnte er mir das nur antun? Wie konnte das ausgerechnet *mir* passieren? Ich war in meinem Schmerz, in der Fassungslosigkeit und im Gefühl, Opfer zu sein, blockiert und gefangen. Dabei beschuldigte ich diesen Mann für meinen immensen Schmerz und zweifelte in meinem Leid sogar an den Engeln. Wieso hatten sie mich nicht gewarnt und mich ins offene Messer laufen lassen? Wieso war dies passiert, obwohl meine innere Stimme mir eindeutig das Gefühl gegeben hatte, dass unsere Beziehung von Herzen war und sich lichtvoll entwickeln würde? Ich ging so weit, dass ich meine Fähigkeiten des Hellsehens, Hellwissens und Hellfühlens und für einen Moment sogar meinen eingeschlagenen Herzensweg, die Berufung und das Licht der Engel infrage stellte und ablehnte. Seit ich meinen spirituellen Pfad bewusst und mit meinem ganzen Ja eingeschlagen hatte, war es nun das erste Mal, dass ich mich mit einer solchen Schockstarre, mit seelischem Schmerz und Selbstzurückweisung konfrontiert sah.

Soweit die Ausgangslage. Nun die Heilungsschritte:

Trotz all dieser zutiefst selbstablehnenden Gedanken und zerstörerischen Gefühle besann ich mich auf meine Kraft und Liebe. Dank meiner Fähigkeit, das Leben, die Emotionen und mich selbst zu hinterfragen, hielt ich am zweiten Tag nach diesen Geschehnissen in meiner Starre einen Gedanken lang inne. Ich stellte mich und mein Bewusstsein über die Gedanken hinaus ins Licht. Diese Besinnung fühlte sich an, als wenn ein Lichtstrahl höheren Bewusstseins durch meinen dunklen Himmel dringen würde (*Erkenntnis*). Ich nahm all meine Willenskraft zusammen, um mich in ruhigen, klaren Gedanken aufzurichten und zu zentrieren. Das tat ich, indem ich begann, die Beziehung zu segnen und um Segen zu bitten, damit sich alles lichtvoll und sinnvoll für alle Beteiligten entwickeln würde. Ich zündete eine Kerze an und sprach innerlich: „Liebe lichtvolle geistige Welt, ich bitte um Segen und himmlische Führung für mich und diese Situation. Bitte hilf mir, es in Liebe und Weisheit zu verstehen und es zum höchsten Wohl von mir und allen Beteiligten zu meistern." Daraufhin beruhigte sich mein Gefühls- und Gedankensturm. Ich schaute innerlich ins Licht und bat die Engel um Hilfe. Ich erhielt eine heilsame Schwingung der Ruhe und des Vertrauens und die Botschaft, diesem Menschen die Hand zu reichen und die Situation zu lösen.

Ich wiederholte mein Gebet an den kommenden zwei Tagen, wann immer ich es nötig hatte, um mich bewusst wiederaufzurichten, meine innere Haltung zu klären und Selbstannahme zu üben. Auch wenn ich noch nicht den Sinn und Grund dieses Geschehens verstehen konnte, spürte ich, ich würde es eines Tages verstehen können. Ich wusste, jeder Mensch hat einen Grund, weshalb er tut, was er tut. Dies ist keine Entschuldigung, sondern Verantwortung, die jeder Mensch selbst zu übernehmen hat. Ich wusste und glaubte zutiefst daran, dass mein Weg lichtvoll war, egal wie er sich entwickeln würde. Aus dieser Sichtweise und mit diesem *Verständnis* konnte ich bereits am vierten Tag mein *Vergebungs*gebet von Herzen sprechen und wählte den Weg, welchen mir die Engel zeigten, auch wenn mein Ego gerne das Opferdasein zelebriert, sich gerächt und diesen Menschen in Schuldgefühlen hätte ertrinken sehen wollen. Dank liebevoller Gespräche mit Freunden, welche mir einfach den Raum gaben, auszusprechen, was in mir vorging, ohne mir ihre eigene Meinung und Erfahrung aufzudrücken, und dank bewusster Selbstreflexion, Meditation, Engelbotschaften, Gebeten und Segnungen fand ich innerhalb weniger Tage zurück zu meinem *Vertrauen*. Ich konnte mit klarem Kopf und offenem Herzen erkennen, was wichtig war in meinem Leben. Ich entschloss mich, dass diese Erfahrung mich nie so prägen sollte, dass die erlebten Emotion und die Angst, es könnte wieder passieren, mich in meinen zukünftigen Entscheidungen einschränkend beeinflussen sollten. Das Erlebte war es nicht wert, ins Urteilen zu fallen und dadurch lichtvolle Wege zu verschließen. Im Gegenteil, ich wusste, es geht im Leben um eine höhere Sichtweise, um Vergeben und Vertrauen – und das war ich mir selber wert. Ich wollte diesem Menschen und auch mir selbst vergeben und wieder genauso vertrauen können wie zuvor. Ich wollte frei sein und war nicht gewillt, ihn für seine Taten ein Leben lang zu verurteilen, um diese unverarbeiteten Emotionen ins Jenseits mitzuschleppen, um dann dort doch noch Vergeben zu lernen. So reichte ich ihm die Hand zur Versöhnung, aus reiner Absicht und Liebe – vor allem für mich selbst und damit auch für ihn (*Mut*). Ich hatte in den ersten Begegnungen äußerst achtsam zu sein in meinen Gedanken, Worten und Taten. Vor unserem Treffen zündete ich erneut eine Kerze an und sprach folgendes Gebet: „Liebe lichtvolle geistige Welt, ich bitte um himmlischen Segen für mich und diese Person. Bitte segne und unterstütze uns mit Weisheit bei unserem Treffen. Ich bin von ganzem Herzen bereit, aus höherer Weisheit zu wirken und in meiner Liebe bei mir selbst und mit dem Licht verbunden zu sein." Natürlich hätte ein Teil in mir diesem Menschen sehr gerne ein Schuldgefühl zugeschoben und ein wenig Schmerz zurückgegeben. Doch ich tat es nicht, sondern behielt ganz bewusst den Zugang zum Höheren in mir. Unser Gespräch war sehr heilsam, und ich konnte ihn als Menschen umarmen, mir selbst dabei Halt und Vertrauen gebend und ihm seine Themen lassend. All die dunklen Gedanken und Gefühle lösten sich durch meine innere Arbeit und konsequente Haltung innerhalb von zwei Wochen vollständig auf (*Loslassen*). Diese Erfahrung war für mich eine tiefe, heilsame Bewusstwerdung alter Ängste und Blockaden. Sie zeigte mir die Kraft der inneren Werte und geistigen Führung auf dem Weg in eine gesunde und erfüllte Partnerschaft. Ich lernte, wie wichtig Achtsamkeit und Vertrauen gleichermaßen sind. Die Engel hatten mich nicht gewarnt, aber liebevoll und weise darauf vorbereitet, um noch mehr zu vertrauen und um in meiner Kraft und *Liebe* zu wachsen. Und das war auch geschehen.

Dieses Beispiel zeigt, dass es möglich ist, **sich selbst umzuprogrammieren**, seine Gedanken nachhaltig zu verändern. Einfacher gesagt als getan, werden Sie vielleicht denken? Hier ein paar Anregungen:

- Alte Gedanken und Gewohnheiten wollen zuerst verstanden werden, bevor wir sie verändern können. So können wir in Weisheit reifen. Wiederholungen geschehen nur, wenn wir etwas noch tiefer verstehen und verinnerlichen dürfen.
- Es gilt dann, den alten Gedanken keine Beachtung, keine Energie mehr zu schenken. Wenn sie aufkreuzen, sollten wir sie bewusst und vollständig durchstreichen und mit neuen Gedanken ersetzen. Wir haben dabei beharrlich und konsequent zu sein, denn wir wollen in unserem Gehirn alte Synapsen ganz lösen und neue bilden.
- Neue Gedanken wollen gefühlt werden, damit sie zu einer Wahrheit werden. Verbinden Sie mit den Gedanken ein Bild, das entsprechende Gefühle in Ihnen wachruft. Erinnerungen, entsprechende Glaubensmuster und Gefühle sind in unserem Unterbewusstsein immer mit Bildern abgespeichert.
- Nichts geht über das Tun! Schieben Sie nicht Dinge auf, die Sie jetzt angehen können. Argumente, innere „Ja, aber…" sind

Selbstsabotage, um es doch nicht zu tun. Sie entstehen immer im Kopf, verbunden mit Angst und mangelnder Bereitschaft, aktiv zu werden. Das Herz argumentiert nicht, es weiß, was zu tun ist. Angst lösen wir nur durch eine höhere Sichtweise und neue Erfahrungen auf. Das Motto darf ruhig lauten: Wenn nicht jetzt, wann dann?

- Solange uns ein altes Gedanken- und Verhaltensmuster wichtiger ist als wir uns selbst, weil es uns Halt und Sicherheit schenkt, so lange werden wir es sinnvollerweise auch nicht loslassen wollen. Wir verändern uns erst, wenn das Alte uns langweilt, wenn es für uns nicht mehr von Nutzen ist oder wenn wir einen guten Grund zur Veränderung haben. Dieser Grund ist manchmal das Bedürfnis nach Gesundheit, Frieden, Liebe, Glück und Erfüllung oder auch der nackte Überlebenswille. Wir verändern uns dann, wenn wir es uns wert sind!

Selbstbewusstsein und Selbstwertgefühl haben eine tiefe Verbindung zu Heilung und sind bedeutend, um bei sich selbst anzukommen. Erst wenn wir uns selbst Halt geben können, können wir unser Herz auch wirklich öffnen und unser Inneres preisgeben. Dies gilt für jede unserer Beziehungen, die Liebesbeziehungen im Besonderen, da wir in diesen nochmals tiefer an alte Verletzungen gelangen und diese spüren.

Um unser Herz öffnen zu können, haben wir zu lernen, uns und unsere Gefühle wieder zu fühlen, sie zuzulassen, anstatt sie zu betäuben. Dafür benötigen wir einen achtsamen Umgang mit uns selbst und unseren Betäubungs- und Ablenkungsmustern. Das können Alkoholkonsum, übermäßiges Fernsehen, Essen oder anderes sein. Alles im Leben kann Ablenkung oder bewusster Genuss sein. Die innere Haltung und der Grund, weshalb wir es tun, machen den Unterschied aus. Wenn wir diese Betäubungsmuster erkennen und sie auflösen möchten, dann müssen wir lernen, unsere individuellen Grenzen wahrzunehmen und diese zu respektieren. Grenzen sind ein Nein gegenüber

Wünschen und Bedürfnissen unserer Mitmenschen und gegenüber unseren Gedankenmechanismen, die etwa sagen: „Du bist nur dann liebenswert und gut, wenn du dich anpasst, brav bist, gut aussiehst oder perfekte Arbeit leistest." Grenzen sind die tiefe, selbstwertschätzende Erkenntnis: „Bis hierher und nicht weiter, weil es mich sonst Kraft kostet, die ich nicht habe und nicht zu haben brauche."

Je mehr wir uns selbst als wertvoll betrachten, desto leichter fällt es uns, Grenzen zu setzen und diese zu respektieren. Das bedeutet, dass wir unsere Gefühle anerkennen, würdigen und achten. Wenn wir die für unsere Seele notwendigen Grenzen setzen, dann benötigen wir keine Betäubungsmittel mehr, um Gefühle zu kontrollieren oder zum Schweigen zu bringen; denn unsere Gefühle sagen uns immer, in welche Richtung und über welche Entscheidungen der Weg der Liebe uns führen will. Je mehr wir uns selbst vertrauen, weil wir uns Halt und Achtung schenken, desto mehr können wir Gefühle zulassen.

Im Alltag kann dies bedeuten, dass wir erkennen, dass wir unsere Arbeit nur deshalb so verrichten können, weil wir uns mit Kaffee, Schokolade und Schmerzmitteln am Funktionieren erhalten; oder dass wir Alkohol benötigen, um uns körperlich auf einen Menschen einlassen zu können (und das nicht nur, weil uns der Mut fehlt). Es braucht Courage (*cour* = Herz!), diese Verhaltensmechanismen fallen zu lassen, weil es bedeutet, im Leben etwas zu verändern. Doch genau da beginnt Heilung.

Überlebensstrategien sind anerzogene, von uns selbst angeeignete, einprogrammierte Lebensmuster, die den Zweck erfüllen, uns vor etwas zu schützen. Es sind einseitige, dominante Verhaltensweisen und können zum Beispiel sein: Wiederholtes aggressives Verhalten wie Jähzorn oder Zynismus, sozialer Rückzug, Süchte (Alkohol, Zigaretten, Medikamente, Drogen, Sport) Essstörungen, Arbeits- und Leistungsflucht, Perfektionismus, Kontrollzwang, übermäßiges Anpassen oder notorisches „Ja, aber…", das Nachjagen eines Schönheitsideals oder das Festklammern an andere Menschen. Sogar körperliche Beschwerden wie zum Beispiel Migräne-Anfälle können sich als Überlebensstrategie zu einem unbewussten Muster festigen.

Diese Überlebensstrategien sind Schutzmauern. Unser Unterbewusstsein würde sie nie freiwillig aufgeben. So manche davon sichern uns nämlich ein seelisches Überleben. Sie ermöglichen uns jedoch nie ein emotionales *Erleben*. Alle diese oft unbewussten Strategien schützen uns vor der Außenwelt und vor uns selbst, weil wir uns vor erneutem Schmerz bewahren wollen oder alten verdrängt haben und diese Verletzung nicht berühren oder ein weiteres Mal erleben möchten. Dieser Schutz führt jedoch auch dazu, dass wir unsere Gefühle zumauern. Mit einer isolierten Gefühlswelt können wir aber keine authentische Verbindung mit den Mitmenschen aufbauen. Verbundenheit und Liebe beginnen damit, dass wir Gefühle empfinden und ausdrücken, uns zeigen und Nähe zulassen können.

Wir sollten es uns daher wert sein, würdevoll und heilsam mit unseren Gefühlen umzugehen und unsere Grenzen zu respektieren; denn nur dann können wir Schutzmauern und Überlebensstrategien fallen lassen. Unsere Grenzen sind unsere aktuelle Konditionierung, unsere gegenwärtige Fähigkeit, Vertrauen und Halt in uns zu finden. Sie basieren auf unseren angeborenen und ins Leben mitgebrachten Stärken und Schwächen, unseren Glaubenssätzen, noch unverarbeiteten traumatisierenden Erfahrungen und der Fähigkeit, wie wir mit dem Leben, der Vergangenheit und neuen Situationen umzugehen imstande sind. Wir sollten uns liebevoll diese Grenzen eingestehen. Das bedeutet, die Ängste, die dahinterstehen, anzuerkennen und einen heilsamen Umgang mit ihnen zu finden.

Manchmal haben wir im Leben eine Entscheidung zu treffen, doch die Angst blockiert unsere Klarheit und Erkenntnisfähigkeit. Was können wir tun? Wir können die sieben Entwicklungsschritte als Leitfaden anwenden, um Klärung zu finden.

Dabei wird es vielleicht nur um das Verstehen gehen, und ein Gespräch schenkt uns den Durchbruch.

Ich erlebe es oft so, dass diese sieben Schritte wie ein nacheinander geschaltetes Ampelsystem auf einer Straße sind. Manchmal ist nur eine Ampel rot, manchmal sind es mehrere und manchmal immer wieder dieselbe.

Klarheit für eine Entscheidung finden wir nur in der Haltung von Ruhe und Vertrauen. Es lohnt sich daher, hin und wieder die Frage zu stellen: Was beunruhigt mich? Worin will mein Vertrauen wachsen (z. B. in die Zukunft, in einen Menschen, in die eigene Herzensweisheit)?

Wir können so manches in uns heilen:
- *Prägungen, ungesunde Ängste und jegliche Programmierungen, welche durch das Vorleben unserer Eltern, Erzieher und Bezugspersonen und durch schmerzhafte Erfahrungen und eigene Urteilshaltung in unserer Vergangenheit entstanden sind.*

So zum Beispiel unseren Umgang mit eigenen Bedürfnissen und Gefühlen, übernommenen Glaubens- und Gedankenmustern, die Art und Weise, wie wir Gottverbundenheit und Urvertrauen erleben, den Umgang mit den inneren Werten, mit weiblichen und männlichen Aspekten, unseren Beziehungsmustern, Schutzverhaltensmustern, die Form, wie wir kommunizieren und mit Konflikten umgehen und vieles mehr.

Mögen wir uns bewusst sein: Erfahrungen, welche wir bewerten, werden zu Gedanken-/Glaubensmustern. Diese wiederum erschaffen unsere Gefühls- und Verhaltensstrukturen und bewirken entsprechende Resonanz (Anziehungskraft im Äußeren). Somit weist uns der Spiegel im Äußeren, mit welchem wir in Resonanz gehen, darauf hin, wo wir in Liebe und Verständnis noch mehr reifen können. Alles, was wir einmal gelernt haben zu denken, können wir uns auch wieder aberziehen. Gedankenprogramme können wir immer neu programmieren, egal wie lange sie schon aktiv sind und unabhängig davon, wie lange es dauern wird, um neues Verhalten vollständig ins Leben zu integrieren.

- *Körperliche Symptome und Disharmonien*
  Der Körper ist Ausdruck unserer seelischen und geistigen Ausgeglichenheit. Deshalb lohnt es sich stets, Gedanken und Gefühle bei Schmerzen und Krankheitsbildern zu hinterfragen. Doch nicht jedes Symptom ist Ausdruck seelischer Irritation. Auch Schwermetalle, Wasseradern unter unserer Schlafstelle, übermäßige Belastung durch Elektrosmog, einseitige und ungesunde Ernährung, einseitige oder mangelnde Bewegung oder fehlendes Sonnenlicht können unsere körperliche Vitalität beeinträchtigen und beeinflussen. Wir sollten uns daher auf allen Ebenen um Gesundheit bemühen. Wertvoll sind ein ausgewogenes Selbsthinterfragen und die Offenheit, sich immer wieder neu zu reflektieren.

- *Karma*
  Mit Karma verstehe ich nicht losgelassene Emotionen vergangener Leben. Die damalige Geschichte und die einst involvierten Seelen spielen bei der Aufarbeitung und Heilung in den seltensten Fällen eine tragende Rolle. Alle Erkenntnisse, welche wir für Heilung benötigen, finden wir in unserem gegenwärtigen Leben. Alles andere kann Flucht oder Ablenkung vor dem Hier und Jetzt sein und uns nur noch mehr verwirren. Es ist sinnvoll, der Weisheit der geistigen Führung und dem Vergessenheitsschleier im Diesseits zu vertrauen. In demutvoller Haltung wird uns alles gezeigt werden, was wir aus vergangenen Inkarnationen benötigen, um unser Verständnis zu befreien. Ein karmisches Bild wird uns geschenkt, weil wir es *brauchen*, nicht weil wir es *wollen*. Es ist himmlische Gnade, in der Regel frei von blumiger Romantik oder theatralischer Sensation.

Es gibt auch *gesunde* Prägungen. Wie zum Beispiel schöne Erfahrungen, die uns ein gutes Gefühl für zukünftige ähnliche Situationen schenken; oder das Vorleben unserer Eltern von bejahenden Aspekten, wie Naturverbundenheit und Dankbarkeit, oder innere Werte wie Vertrauen, Mut und Offenheit. Diese Prägungen sind selbstverständlich wünschenswert, denn sie geben uns Kraft, eine vorwärts gerichtete und positive Grundhaltung zum Leben. Mein Lebensmotto lautet, dass keine *blockierenden* Erfahrungen und übernommene Muster es wert sind, meine Sicht zum Leben einzuschränken. Sie sind es schlicht nicht wert, dass ich sie mit mir herumtrage und mit ihnen durchs Leben gehe.

In der bedingungslosen Treue zu den Eltern sind Kinder oft nur so glücklich, wie es ihre Eltern sich selbst erlaubten zu sein. Dies ist ein ungesundes Verhaltensmuster, welches sich noch verstärkt, wenn die Eltern sich für ihre Kinder aufopferten oder ihr Glück vom gewünschten Benehmen der Kinder abhängig machten. Diese Haltung wird oft ins Erwachsenensein hineingetragen und festigt sich dort zu einem Lebensmuster. In diesem halten wir die Treue zu anderen Menschen und deren Glück für wichtiger als das unsere. Doch in der Treue zu anderen Menschen laufen wir Gefahr, uns selbst zu verraten und ein inneres Mangelbewusstsein nur noch mehr zu festigen. Wir dürfen lernen, uns das Glücklichsein zu erlauben, und das Herz sagt uns immer, was es dazu benötigt. Treue zu sich selbst beruht auf Selbstbeachtung und Wertschätzung sowie Zuneigung zur eigenen Seele, zum eigenen Ich-bin. Echte und reine Treue zu einem anderen Menschen wird gehalten durch Herzensverbundenheit, Vertrauen und damit freilassender Liebe, Respekt und Würde. Diese Treue wird nie das Ja zu uns selbst einschränken, sondern basiert auf der Liebe, welche wir uns schenken, um authentisch zu sein.

Männliche und weibliche Eigenschaften

Männliche und weibliche Eigenschaften begegnen uns in der gesamten Schöpfung: Erschaffen und Zerstören, Werden und Vergehen, Hinwendung und Rückzug, Schweigen und Reden, Achtsamkeit und Vertrauen, Mut und Vorsicht, Lebendigkeit und Ruhe, Hingabe und Abwehr, Harmonie und Spannung, Freude und Trauer. Es ist die Dualität, das Yin und Yang, welches Erkenntnis, Bewegung und Entwicklung schafft. Das eine könnte ohne das andere nicht existieren, weil sie aus der gleichen Kraft geschaffen sind. In meinem Verständnis geht es im Diesseits nicht darum, Gegensätze zu vereinen und damit aufzuheben. Darin würde das Erkennen, Erleben und Wachsen zum Stillstand (immerwährendes Sein) gelangen. Ohne gesunde Angst würden wir uns nicht auf den Weg zur Liebe hin entfalten wollen, sondern wir würden nur noch *sein*. Doch im Sein gibt es keine Fragen, keine Ziele, keine Bedürfnisse und damit auch keine Entwicklung. Auch wenn das Sein unser Ziel und göttliches Zentrum ist, auf Erden würde darin kein neues Schöpfen stattfinden können. Ich denke, es geht vielmehr darum, zu lernen, beide Aspekte in sich und im Leben zu integrieren, mit beiden im Frieden zu sein und zu erkennen, wann welcher gegensätzliche Aspekt nötig ist. Es gibt keine starre Grundregel, denn das Leben und unser Herz zeigt uns, wann es gilt zu schweigen, wann zu sprechen, wann zu entscheiden und vorwärts zu schreiten und wann geduldig abzuwarten. Wir balancieren wie Seiltänzer durch unser Leben. Je mehr wir dabei in unserer Mitte ruhen und Flexibilität und Beweglichkeit bewahren, desto sanfter werden die Pendelbewegungen und das wilde Rudern um Balance sein.

Männliche und weibliche Aspekte tragen wir alle in uns, unabhängig mit welchem Geschlecht wir geboren sind. Unsere Eltern haben uns diese Aspekte vorgelebt, und beide waren gleichzeitig Sinnbild davon: Der Vater war Sinnbild von männlichen Kräften, die Mutter von weiblichen. Durch die Art und Weise, wie sie dieses Yin und Yang in ihrer Beziehung lebten, haben wir so manche Beziehungsmuster mitgenommen. Sie waren Vorbild von uns und damit prägende Kräfte für unser Selbstbild, für die Beziehung zu uns selbst und für alle unsere zwischenmenschlichen Begegnungen.

Ob als Junge oder als Mädchen, wir haben zugeschaut, wie unsere Mutter mit ihrer Weiblichkeit umging und ihre männlichen Charakterzüge lebte. Sie hat uns Frauen gezeigt, wie man sich in der Partnerschaft zu verhalten hat und wie sehr wir unser Frausein annehmen dürfen oder zu schützen oder gar zu verurteilen haben. Den Männern zeigte sie, wie eine Frau ist oder sein kann, wie sehr man ihr vertrauen darf oder Angst zu empfinden vermag.

Ob als Junge oder als Mädchen, wir haben auch unseren Vater beobachtet, wie er seine Männlichkeit gelebt und gleichzeitig weibliche Aspekte in seiner Persönlichkeit integriert oder verdrängt hat. Den jungen Männern zeigte er, was ein Mann ist oder wie ein Mann zu sein und wie er mit seinen Wesenszügen umzugehen hat. Die heranwachsenden Frauen sahen, wie ein Mann sich verhält, wie er mit seinen männlichen Werten und Kräften umging. Sie lernten, einem Mann zu vertrauen, weil er da war und ihnen Schutz bot, oder Angst vor ihm zu haben, weil er keinen Halt schenkte oder seine Wut und Aggression zu fürchten waren.

Wir beobachteten oder spürten intuitiv auch, wie unsere Eltern in der Beziehung lebten, Konflikte lösten, Themen besprachen oder totschwiegen, wer sich anpasste und wer führte und natürlich auch wie sie mit dem Bedürfnis nach Nähe, Geborgenheit, Verbundenheit und Sexualität umgingen.

Das Vorleben (oder das fehlende Vorleben) unserer zentralen Bezugspersonen in der Kindheit hat unseren Umgang mit männlichen und weiblichen Aspekten in uns und damit auch unsere Beziehungsmuster geprägt. Oft ertappen wir uns in gleichen Beziehungen und Partnerschaften wieder, die unsere Eltern uns vorlebten. Wir sagen zwar „So nicht!" und doch ahmen wir es nach, weil wir nichts anderes kennen, und was wir kennen, schenkt uns Sicherheit. Für das Unterbewusstsein ist das Altbekannte anziehend, und gleichzeitig fühlt es eine unterschwellige Sehnsucht nach dem Vater oder der Mutter, die in ihrer Liebe nicht so da waren, wie es sie gebraucht hätte. So geht dann im Erwachsensein die Suche weiter, und die körperliche Anziehungskraft, das sogenannte „Knistern", findet innerhalb dieser Sehnsucht und den Prägungen statt. So erklärt es sich zum Beispiel, weshalb Frauen sich in der surrealen Situation wiederfinden, sich in einen cholerischen Mann zu verlieben, weil ihr Vater damals vielleicht ein Schläger war. Auch wenn sie mit der Zeit merken, dass ihnen die Beziehung schadet, 'irgendwie' können sie einfach nicht anders und erlauben sich nicht zu gehen. Der Grund liegt in den Mustern, in den Prägungen und in der unerlösten Sehnsucht des Unterbewusstseins. Es ist der nicht geheilte Schmerz, der immer noch sagt: „Vater hab mich lieb."

Ich erinnere mich an eine Frau, welche in einer sehr konfliktbeladenen Familie aufgewachsen war. Die Eltern waren im Dauerstreit und die Kinder standen dazwischen. Die Mutter war die dominantere insofern, dass sie die Kinder überbemutterte und auch in der Gemeinschaft den entscheidenden Ton angab. Es entwickelte sich eine Beziehung zur Mutter, welche von einer großen Bindung, aber auch von einer unterschwelligen Angst von deren Vereinnahmung geprägt war. Diese heranwachsende Frau lernte auch, dass zwar der Vater (und somit der Mann) da ist, aber doch nichts zu sagen hat und keinen seelischen Schutz bieten kann. Von diesen Erfahrungen geprägt, gestaltete sie ihre Liebesbeziehungen. Zum einen verliebte sie sich vor allem in Männer, die ihr nicht zu nahe kommen konnten, da sie ja Angst vor zu viel Nähe entwickelt hatte. Ihre Männer waren somit verheiratete, in der Ferne wohnende, auf sich selbst bezogene oder freiheitsliebende Seelen. Auch suchte sie stets Streit und Konflikte mit ihren Partnern, denn darin spürte sie eine unterschwellige Sicherheit. Harmonie war sie nicht gewohnt, empfand sie als unangenehm und nicht aushaltbar. Durch den Streit spürte sie darüber hinaus den Partner und wusste: „Er ist noch da, er hat mich noch gern, er lässt mich nicht im Stich, wie es der Vater tat." Gleichzeitig hatte sie aber durch Angst vor zu viel Nähe und Vereinnahmung (mütterlicherseits) den irrationalen Glaubenssatz entwickelt: Verbindung mit einem Menschen bedeutet Bindung und damit ein Nicht-Respektieren meiner eigenen Grenzen und meiner Individualität.

Diese Frau hatte somit auf ihrem Weg in eine erfüllende und harmonische Beziehung zuerst ihre Prägungen zu erkennen und mit Verständnis und Vergebung Frieden mit ihrer Herkunft zu schließen. Sie hatte zu lernen, dass Harmonie etwas Schönes und Erstrebenswertes und Streit nicht nötig ist, um sich selbst und den anderen zu spüren. Sie lernte Nähe zuzulassen, im Vertrauen in sich selbst und in den anderen und durch das Respektieren der eigenen Gefühle und Bedürfnisse sowie durch das Würdigen von Individualität. Sie lernte, für sich einzustehen, Grenzen zu definieren und sich selbst Halt zu geben. Durch die Selbstliebe und das wachsende Vertrauen konnte sie sich so immer mehr zu einer erwachsenen Persönlichkeit entwickeln, und ihre Resonanzmuster wandelten sich. Durch Selbstreflexion und ein bewusstes Ja zur Liebe hörte sie auf, aus alten Verletzungen und Prägungen heraus zu agieren und zu reagieren. Sie entwickelte eine klare, respektvolle, offene und würdevolle Kommunikations- und Beziehungskultur. Durch das Selbstvertrauen und im Frieden mit sich selbst öffnete sie sich so mehr und mehr im Vertrauen zu einem freilassenden, erfüllenden Miteinander.

Sind die männlichen und weiblichen Eigenschaften unausgeglichen in uns vorhanden, so führt dies auch zu einer unausgeglichenen Persönlichkeit und zeigt sich in mangelnder Sozialkompetenz. Wenn wir daher diese Aspekte und Mann-Frau-Muster betrachten, so können wir ein besseres Selbstbild entdecken, inneres Gleichgewicht aufbauen und so den Weg in heilsame Beziehungsmuster (auch mit uns selbst!) finden.

Die Prägungen der Eltern durch deren Vorleben sind keinesfalls Entschuldigungen, sondern rein psychologische Hintergründe, die es gilt zu verstehen, um sich in der Persönlichkeit entwickeln zu können. Doch verlieren wir uns nicht im Analysieren. Mit dem Blick zurück in die Vergangenheit werden wir nicht in die Zukunft schreiten. Das sinnvolle Ziel ist es, durch das Selbstverständnis, die Vergebung und die bewusste Entscheidung zur Selbstverantwortung uns eigene Verhaltens- und Beziehungsmuster anzueignen. Es sollte uns ein Bedürfnis sein, eine gesunde Ausgeglichenheit aller Aspekte in uns – egal ob wir Mann oder Frau sind – zu leben, anstatt den Ausgleich über den Partner zu suchen. Indem wir mit uns selbst klarkommen und uns annehmen und zeigen können, leisten wir einen heilsamen Beitrag für alle unsere Beziehungen. Wir dürfen auch die Angst vor der Andersartigkeit des Partners und generell unserer Mitmenschen verlieren. So bewahren wir gesunde Grenzen, anerkennen und wertschätzen sogar die Individualität des Gegenübers, anstatt zu sehr eine Einheit und gleich sein zu wollen. Im Vertrauen können wir gelassen, flexibel und kreativ mit dem Leben und unseren Mitmenschen umgehen. Ausgeglichenheit in unseren Liebesbeziehungen, in welchen jeder seinem Geschlecht und seinen natürlichen und physiologischen Gegebenheiten entsprechend sein Wesen – und damit auch seine männlichen und weiblichen Aspekte – zeigen darf, kann so zu einer Selbstverständlichkeit in unserem Leben werden.

Die drei Lebensgrundsätze

Ich habe im Buch *Gehe den Weg deines Herzens* die drei Lebensgrundsätze ausführlich vorgestellt. Die drei Lebensgrundsätze lauten:
1. Reinheit der Absicht
2. Glaube an die Liebe, an das Gute und Lichtvolle
3. Urteilslosigkeit

Die drei Lebensgrundsätze sind Anhaltspunkte, die uns das *Wie*, die innere Haltung, zeigen möchten: *Wie* wir Menschen und neuen Lebenssituationen begegnen dürfen. *In welcher Haltung* wir Entscheidungen von anderen Menschen und eine gewisse „Fremdbestimmung" annehmen können. *Wie* wir in ein Gespräch hineingehen, einen Menschen kennenlernen, eine bestehende Beziehung pflegen und erhalten oder eben beenden möchten. Wir finden großen geistigen Schutz in diesen drei Lebensgrundsätzen, denn sie sind der Kern der Liebe und helfen uns, unser Leben in eine segensreiche, heilsame und erfüllende Richtung zu lenken.

Am Beispiel einer zwischenmenschlichen Beziehung können diese drei Lebensgrundsätze folgendes bedeuten:

1. **In reiner Absicht**
- Kommunizieren wir offen und ehrlich und nennen die Dinge beim Namen. Das, was wir sagen, steht somit in Übereinstimmung mit unserem Denken und Fühlen. Wir kommunizieren nicht auf manipulierende Weise (und wir können bekanntlich auch wortlos kommunizieren) oder mit unterschwelligem Unterton und Zusatzbotschaft.
- Verheimlichen wir nichts, was elementar für unser Gegenüber sein könnte.
- Tun wir Dinge aus Liebe (= Dankbarkeit, Freude oder Wertschätzung) und nicht aus Angst (= Hass, Rachsucht, Neid oder Schuldgefühlen).
- Schenken wir uns und dem anderen Größe und Würde, anstatt uns oder den anderen kleinzumachen.
- Schenken und geben wir frei von Ansprüchen und Erwartungen. Wir schenken, weil es von Herzen kommt.
- Tun und sagen wir Dinge, weil wir uns selbst und den anderen, so wie er ist, lieben und wertschätzen, und nicht, um geliebt und anerkannt zu werden.
- Erkennen wir, dass Liebe kein Gegengeschäft ist, sondern absolut frei fließen darf.
- Spielen wir keine Macht- und Energiespiele.
- Gibt es keine Schuldzuweisungen, keine manipulative Kontrollversuche, keine „Wie du mir, so ich dir".
- Sorgen wir für uns, indem wir das tun, was unsere Seele *braucht* durch das Erfüllen von Grundbedürfnissen wie Liebe, Ruhe und Geborgenheit, nicht was unser Ego vermeintlich *will* durch Ersatzbefriedigung.
- Geben wir dem anderen das, was er wirklich *braucht*, was nicht unbedingt das ist, was er *will*, sofern es mit dem, was wir selbst *brauchen*, nicht im Widerspruch steht.

2. Im Glauben an die Liebe, an das Gute und Lichtvolle
- Sind wir in einer positiven, vertrauensvollen Grundhaltung dem Leben und den Mitmenschen gegenüber, ohne die Achtsamkeit als Gegenpool zu verlieren.
- Wissen wir, dass das Leben es immer gut mit uns meint. Wir schauen mit Vertrauen stets nach vorne.
- Haben wir die unerschütterliche innere Gewissheit, dass immer, wenn eine Türe zugeht, eine noch bessere sich für uns öffnen wird.
- Wissen wir, dass es immer weitergeht im Leben; und dieses Weitergehen ist lichtvoll für alle Beteiligten, egal welche Wege die Menschen in unserem Umfeld wählen mögen.
- Haben wir Mitgefühl, jedoch kein Mitleid mit unserem Mitmenschen.
- Helfen wir aus reiner Absicht und nicht, weil wir dem Mitmenschen seinen Weg und seine lichtvolle, heilsame Entwicklung nicht zutrauen würden (Hilfe zur Selbsthilfe).
- Glauben wir daran, dass jeder Mensch jederzeit alle Kraft und Liebe besitzt, die er braucht, um seine Heilungsschritte umzusetzen. (Das Motto: „Ich traue dir zu, was du noch nicht zu glauben wagst.")
- Können wir Kontrolle und Vergangenes loslassen, welche in der Angst oder in urteilenden Gedanken gehalten werden.

3. In der Urteilslosigkeit
- Nehmen wir den Mitmenschen so, wie er ist, ohne sein Denken, Fühlen und Handeln zu verurteilen oder verändern zu wollen. Was nicht heißen will, dass wir mit allem, was uns mitbetrifft, einverstanden sind. (Auch das sind gesunde Grenzen.)
- Wollen wir nicht überzeugen, denn jeder darf seine eigene Meinung haben.
- Bewerten wir anderes Gedankengut nicht, sondern freuen uns über die Vielfalt von Ansichten und lassen uns davon bereichern.

- Nehmen wir uns Zeit, eine eigene Meinung über etwas oder jemanden zu bilden, anstatt vorschnell ein Urteil zu fällen.
- Sind wir großzügig im Verständnis und im Vergeben mit uns selbst und anderen.
- Übernehmen wir die Verantwortung für unsere Entscheidungen und unser Seelenheil, anstatt diese unserem Gegenüber zuzuschieben („wegen dir…"). Gleichzeitig sind wir im Frieden mit den Entscheidungen unseres Mitmenschen und lassen die Verantwortung da, wo sie hingehört.
- Sind wir frei vom Opfer-Täter-Denken.
- Bewerten wir Menschen nicht als gut und böse, sondern betrachten sie gütig. Jeder Mensch hat am Ende des Lebens mit sich selbst ins Reine zu kommen und sich selbst zu vergeben.
- Gewöhnen wir uns Lästerei ab, die uns energetisch doch nur schwächt.
- Urteilen wir nicht über die Urteilshaltung von uns oder anderen.
- Lassen wir den anderen so leben, wie er ist!

Zugegeben, dies sind hohe Lebensprinzipien. Wir werden diese nicht immer einhalten können. Da klafft eine Lücke zwischen dem, wie wir sein möchten, und wie wir uns tatsächlich verhalten. Vielleicht gehören Sie auch zu jenen Menschen, die mit sich selbst härter ins Gericht gehen als mit anderen. Erinnern wir uns, Liebe ist gütig und verständnisvoll, vor allem auch zu uns selbst! Mögen wir uns der offenen Schere zwischen Soll und Ist durchaus bewusst sein und aus einer selbstliebenden und wertschätzenden Haltung heraus bei der nächsten Gelegenheit unser Bestes tun. Das Beste ist nicht perfekt – und das ist in Ordnung. Wir werden ein Leben lang und darüber hinaus die Liebe begreifen und verinnerlichen dürfen. Wir sind auf dem Weg und tun das, was wir heute tun können, genau da, wo wir stehen, mit unseren Stärken und Schwächen, mit unserem Wissen und Unwissen, mit unserem Mut und mit unseren Ängsten. Was zählt, ist, dass wir uns an der Liebe orientieren und den Glauben an das Gute tief in uns verankert halten.

Zusammenfassend einige Stichworte zum Thema Heilung, Aufarbeitung und Befreiung von vergangenen Irritationen und Prägungen

- Selbstwahrnehmung führt zur Selbsterkenntnis, und diese zeigt uns die Lösung.
- Liebevolles Bewusstsein und liebevolle Erfahrungen führen zur Liebe hin.
- Heilung bedingt Verantwortung für die eigenen Gedanken, Gefühle und Handlungen.
- Die sieben Entwicklungsschritte schenken Orientierung auf dem Weg zur Heilung: Erkennen, Verstehen, Vergeben/Verantwortung, Vertrauen, Mut, Loslassen und Lieben.
- Bewusstes Hinterfragen kann uns zu heilsamen Erkenntnissen führen: Woran glaube ich wirklich? Wie will ich sein? Was ist das Ziel/die Absicht? Spüre ich die Liebe? Wie heilsam ist mein Verhalten? Was lehne ich ab?
- Tiefer Atem, friedvolle Gedanken und selbstannehmende Gefühle (drei Herzensregeln) sind drei Grundkräfte, welche uns zentrieren, innerlich aufrichten, mit himmlischer Weisheit und Liebe und mit göttlicher Heilkraft verbinden.
- Drei Lebensgrundsätze stärken unsere innere Haltung: Reinheit der Absicht. Glaube an die Liebe, an das Gute und Lichtvolle. Urteilslosigkeit
- Ausgewogene männliche und weibliche Aspekte in uns sind Basis für ein heilsames und liebevolles Miteinander. Gleichberechtigte Beziehungen finden immer zwischen erwachsenen Menschen statt, welche die Individualität des anderen respektieren und würdigen.
- Die himmlische Hilfe, Weisheit und Heilkraft ist grenzenlos. Wir dürfen diese annehmen. Gebete und Segnungen öffnen uns dafür.

Die Hilfe der Engel annehmen

Als ich in meinen frühen Zwanzigerjahren tief in meinen inneren Blockaden und Ängsten feststeckte, schrieb ich einen Eintrag in mein Tagebuch. Dabei bat ich in meiner Verzweiflung die Engel um Hilfe und Gnade, dass sie mich von meiner Last erlösen mögen. Dabei fügte ich abschließend auch folgenden Satz hinzu: „Doch ich weiß, dass ihr das nicht tun werdet. Denn es ist meine Aufgabe, mich selbst anzunehmen und meine Kraft und Liebe zu leben." Ich konnte diesen Eintrag in meinem Tagebuch und das Eingeständnis, dass ich die Lösung selbst bin, nie mehr vergessen. Diese Erkenntnis wies mich immer wieder darauf hin, an mich selbst zu glauben und meine liebevolle und lichtvolle Verantwortung anzunehmen und zu leben. Es ist noch nicht lange her, da saß ich zur gewohnten Morgenmeditation in meinem Wohnzimmer. Plötzlich begegnete mir mein Schutzengel im inneren Schauen an meiner rechten Seite vor mir in einem feinen gelben Licht. Er strahlte mich voller Freude und Selbstverständlichkeit an und sprach: „Jetzt weißt du, dass du die Kraft hast und es kannst." Ich war tief berührt von dieser Begegnung und Botschaft.

Was sind Engel, und wie können wir mit Ihnen in Kontakt treten?

Engel sind liebevolle, reine Lichtschwingungen, Boten Gottes. In ihrer Reinheit sind sie frei von Resonanz, Mitleid und Beurteilung. Sie unterscheiden sich in ihren Aufgaben an uns Menschen und im Dienst an der ganzen Schöpfung. Durch diese feinen Schwingungsunterschiede berühren sie uns unterschiedlich, schenken uns Kraft, übermitteln Botschaften, halten und gleichen Energien aus, heilen, beschützen und führen uns.

Engel kommen nicht über den Intellekt und genauso wenig über die Materie zu uns. Sie sind feinstoffliche Schwingungen der Liebe, die über die Berührung im Herzen zu uns sprechen. Unsere innere Stimme und unser höheres Wissen sind dabei die Werkzeuge und der Kanal zum Empfangen, Entschlüsseln und Artikulieren der lichten

Botschaft. Unsere Intuition ist das Sprachorgan unseres Herzens, verbunden mit der Klarheit des Geistes aus dem höheren Selbst.

Wir können die Anwesenheit und Botschaften der Engel über unsere höheren Sinne wahrnehmen, insbesondere über Hellwissen, Hellfühlen, Hellhören und Hellsehen. Dabei bezeichnet das Wort „hell": Feingeistig, feinstofflich und losgelöst von unseren fünf Sinnen.

Hellwissen ist die Fähigkeit, auf eine klare Frage eine schlichte Antwort im Herzen zu erhalten, welche sich auch in Worte oder kurze Sätze formulieren lässt, ohne dabei den Intellekt einzuschalten. Dieses Wissen ist verwoben mit unserem höheren Selbst.

Das Hellfühlen ist die Berührung im Herzen, welche sich sogar über den Körper ausbreiten kann, zum Beispiel als wärmendes Licht, das die Haut berührt und uns durchdringt, oder über das Empfinden, dass eine heilige Kraft und Präsenz uns umgibt. Wir fühlen die Botschaften der Engel, wenn wir uns im Gefühl der Liebe, in neutraler, ruhiger, erwartungsloser und vertrauensvoller Haltung dem Licht und der himmlischen Liebe öffnen. Das Gefühl, welches uns im Herzen berührt, können wir über unsere Herzensstimme in Worte formulieren. Wir erkennen die Stimmigkeit der eigenen Worte über das Gefühl der Liebe, des Vertrauens, der inneren Ruhe und Klarheit.

Das Hellhören ähnelt dem Hellwissen und bezieht sich nicht auf unsere zwei „äußeren" Ohren, sondern es ist, als würden wir im Herzen ganz fein und liebevoll berührt. Unsere eigene innere Stimme kann, ohne den Intellekt einzuschalten, diese Berührung in einfache, klare Worte kleiden.

Wenn wir Engel und ihre Botschaften sehen, dann ist das selten mit den „äußeren" Augen. Diese sogenannte objektive Form der Hellsichtigkeit besitzen nur wenige Menschen. Sie ist auch nicht lern- oder abrufbar. Wenn sich diese seltene Form der Hellsichtigkeit uns nicht offenbart, dann benötigen wir sie auch nicht, um uns im Leben zurechtzufinden, um unsere Lebensaufgaben zu meistern und schon gar nicht, um mit den Engeln in Kontakt zu treten. Engel sind Schwingungen der Liebe und müssen sich dem Menschen nicht beweisen. Sie lehren uns, der Wahrheit in unserem Herzen und dem Licht zu vertrauen, auch ohne äußere und materielle Anhaltspunkte, die doch nie von Dauer sind.

Die subjektive Hellsichtigkeit ist das Sehen mit dem Herzen, mit dem inneren Auge. Erhalten wir Botschaften der Engel über die Hellsichtigkeit, so zeigen sie uns Farben, Symbole, Bilder und sogar ihre Lichtgestalten, welche uns im Herzen berühren und die wir über das Hellfühlen und Hellwissen deuten können. Diese Form des Hellsehens ist für die meisten Menschen lern- und abrufbar.

Jede Seele hat einen Schutzengel an ihrer Seite, welcher sie durch die ganze irdische Inkarnation hindurch begleitet, unterstützt und behütet. Unser Schutzengel ist mit unserem Lebenssinn und Seelenplan verbunden und kennt unsere Lebensaufgaben. Er gleicht unserer lichten Seelenschwingung. Seine Leuchtkraft entspricht unserer wahren Kraft und Liebe. Er schenkt uns mit seinem himmlischen Licht Weisheit, Inspiration und Vertrauen. Seine Botschaften dienen immer unserem Seelenheil, der Erfüllung des Seelenplanes, dem Erkennen, dass wir reine Lichtwesen und immer der Liebe, des Friedens und Glücklichseins würdig sind. Er übernimmt nicht unsere Aufgaben des Menschseins, des Entscheidens, der Heilung und der Entwicklung der inneren Werte, doch er unterstützt uns mit seiner ganzen Präsenz, Weisheit und Liebe darin. Er lässt uns in unserem freien Willen alle Erfahrungen machen, die wir wählen, ohne Resonanz auf unser Leid, unsere Angst oder unsere Opferhaltung.

Wie wirken die Engel in unserem Leben?

Engel sind grundsätzlich nicht dazu da, uns über unsere Vergangenheit oder Zukunft aufzuklären. Ihre Botschaften beziehen sich vielmehr auf das Heute, was wir in unserer Kraft und Liebe begreifen können und dürfen, für den nächsten Schritt in ein erfüllendes Morgen. Das kann durchaus ein Hinweis über unsere Vergangenheit oder Zukunft sein, doch dieser wird uns stets in demutvoller Reinheit und Einfachheit begegnen. Er schenkt Vertrauen und Kraft. Alles andere wird oft über unser Unterbewusstsein, über unseren Intellekt, das Ego, die menschliche Sehnsucht und Neugierde erschaffen oder hineininterpretiert. Engel zeigen uns immer das, was wir *brauchen*, nicht das, was wir *wollen*. Das, was wir brauchen, ist das, was wir im Inneren und Äußeren in liebevoller Haltung zu erkennen und umzusetzen vermögen.

Engel sind auch nicht dazu da, uns Entscheidungen abzunehmen. Sie sagen uns nicht, für welchen Menschen wir uns an unserer Seite zu entscheiden haben, ob wir uns trennen oder den Weg gemeinsam gehen sollen. Ihnen ist unser Seelenheil wichtig, das *Wie wir leben*, weniger das *Was* oder *mit wem wir leben*. So werden Sie uns vielleicht auf die Frage „Soll ich ihm/ihr die Wahrheit sagen?" nicht mit Ja oder Nein antworten, sondern zum Beispiel mit dem Impuls: „In Reinheit und Liebe ist dein Weg immer lichtvoll." Daraus können wir unsere eigene Schlussfolgerung durch Vertrauen und Weisheit finden.

Engel greifen grundsätzlich nicht über die Materie in unser Leben ein. Es gibt Fälle, da haben wir diese Form der Einflussnahme erleben dürfen. Einer Freundin von mir wurde aus unsichtbarer Hand das Steuer des Wagens gewendet, was sie vor einem schlimmen Unfall bewahrte. Bei mir zeigten sich in schicksalshaften Lebensphasen verschlossene Wege, die ich auch nicht mit aller menschlichen Kraft hätte beschreiten können, während andere, gnadenvolle Türen wie durch Wunder zur richtigen Zeit am richtigen Ort sich öffnen durften.

Engel wirken auch durch Fügungen in unserem Leben mit. Sie führen uns sanft in zwischenmenschliche Begegnungen hinein, an neue

Orte, zu neuen Lebensaufgaben, Erfahrungen und Erkenntnissen. Umso wichtiger ist es deshalb, dass wir unserer Intuition folgen und das tun, was uns mit Freude, Frieden und Begeisterung erfüllt. Die Engel führen uns stets zur Liebe hin, und zwar auf direktem Weg, auch wenn für unser menschliches Verständnis dies manchmal ein Umweg zu sein scheint. Die Wegweiser finden wir in ruhigen Gedanken, in der Freude, im Frieden, in der Begeisterung, im tiefen Gefühl des Glücklichseins und da, wo es fließt in unserem Leben. Diese Zeichen sind alle grundsätzlich einfach zu verstehen. Es gilt somit, uns von unserem Intellekt, dem Ego und der Angst nicht ablenken zu lassen und uns nicht in scheinbaren äußeren Sicherheiten zu verlieren.

Engel sind eine immens große und zutiefst liebevolle Kraft, die uns durch unser Leben begleitet und unterstützt. Sie zeigen uns immer das, was wichtig ist; und wichtig ist, was wir benötigen, um bei uns selbst, in unserer Kraft, Weisheit und Liebe anzukommen. Sie urteilen nie über uns. Das Gefühl der Abwesenheit von Licht entsteht, wenn wir uns dessen nicht für würdig erachten. Doch die Engel sind immer da. Sie klopfen unaufdringlich an die Türe unseres Herzens mit grenzenlosem Verständnis, Vertrauen und reiner Liebe. Sie lassen uns immer frei, unsere Entscheidungen zu treffen, unseren Weg zu finden, auch wenn es Umwege sind, die erst im Nachhinein ihren Sinn erhalten dürfen.

In meiner Verbundenheit mit den lichtvollen geistigen Welten nutze ich vor allem den Kontakt mit meinem Schutzengel, mit den Erzengeln, den Naturwesen und all jenen Kräften, die sich mir in Liebe und reiner Absicht zeigen. Ich nutze ihr Licht im täglichen Leben wie folgt:

- **Ich stelle mich bewusst in das Licht (in die Lichtsäule).**

Ich tue dies, seit ich denken kann, und vor allem dann, wenn ich dessen besonders bedarf. Dadurch richte ich mich gedanklich im Licht auf und fühle mich mit himmlischen Kräften verbunden. Dadurch erlebe ich tiefes Urvertrauen, weil ich meine Seele vom Himmel beschützt weiß, ganz egal was mit meinem Körper im jetzigen Leben passieren könnte. Diese Fähigkeit und tiefe Gewissheit habe ich in dieses Leben mitnehmen und noch mehr verinnerlichen dürfen. Sie hilft mir auch, mich in unterschiedlichsten Lebenssituationen nicht zu verlieren: Wenn ich verliebt bin, zentriere ich mich dadurch wieder in meiner Selbstliebe. Wenn ich von etwas erschüttert werde, baue ich damit Resonanz ab. Wenn ich verzweifelt und ratlos bin, finde ich zurück zur Ruhe und zum Glauben an das Gute.

- **Ich bitte täglich um himmlischen Segen.**

Ich bitte in meiner Morgenmeditation täglich die lichtvolle geistige Welt um Segen für mich, meine Lieben, meinen Lebensweg und für all jene Dinge, die mir in dieser Lebensphase besonders am Herzen liegen. Die Bitte um Segen und das aktive Segnen ist für mich die reinste Form der Bitte; denn sie ist von der inneren Haltung getragen: Möge sich alles so entwickeln und fügen, wie es licht- und sinnvoll für mich und alle Beteiligten ist. Ich lasse das Wollen los, denn was weiß ich schon, was das Beste aus höchster Sicht für mich und die Menschen ist. In dieser Haltung schenke ich mein Vertrauen der himmlischen Führung und Weisheit, ohne die Achtsamkeit mir selbst gegenüber und meine Ziele zu verlieren.

- **Ich verbinde mich täglich in meiner Meditation mit der lichtvollen geistigen Welt, insbesondere mit meinem Schutzengel.**

Täglich richte ich mich in der Lichtsäule auf und genieße die Verbundenheit und den Lichtfluss zwischen mir und den liebevollen geistigen Welten. Dazu nutze ich in meiner Meditation die einfache Formulierung: „Ich verbinde mich mit der lichtvollen geistigen Welt." Damit stelle ich mich in das Licht. Ich bitte dabei meinen Schutzengel um eine lichtvolle Botschaft. Ich schaue, wie er sich mir zeigt, und fühle die Weisheit, welche er mir mit diesem Bild übermitteln möchte. Ein Bespiel davon habe ich zur Einführung in dieses Kapitel beschrieben. Diese einfache und direkte Kommunikation nutze ich auch in allen Lebenssituationen, in welchen ich geistige Unterstützung suche. Zum Beispiel vor einem öffentlichen Auftritt, vor und während meiner Seminare, vor wichtigen Besprechungen, Begegnungen oder Entscheidungen.

- **Bei Bedarf spreche ich Gebete.**

In meinen Meditationen, in meiner Besinnung auf die geistige Führung und Hilfe und in allen Alltagssituationen, in welchen ich es benötige, spreche ich innerlich Gebete. Dies kann ein Vergebungsgebet, ein Schutzgebet, eine Bitte um Führung und Segen für eine bevorstehende Situation in meinem Beruf oder im Privatleben sein. Gebete bilden eine Lichtbrücke von unserem Herzen zur geistigen Welt, sie öffnen und stärken unseren geistigen Zugang, unser Vertrauen und die Intuitionskraft. Die Worte, die ich für mein Gebet wähle, entstehen aus dem Moment heraus und purzeln mir förmlich aus dem Herzen. Ich achte dabei auf die Reinheit meiner Absicht, auf eine liebevolle, selbstannehmende und vertrauensvolle innere Haltung und gebe beim Sprechen jegliche Sorgen und Zweifel ab.

- **Ich verbinde mich mit den Kräften der Erzengel.**

In meiner Morgenmeditation verbinde ich mich oft mit der Kraft und Weisheit eines Erzengels. Gerade während des Schreibens eines Buches und bei Vorträgen und in Seminaren ist für mich diese unterstützende Verbindung besonders wertvoll. Für mich spielen insbesondere die Erzengel Michael, Gabriel und Raphael, Zachariel, Anael, Samael und Uriel eine tragende Rolle in meinem Leben. Erzengel sind in ihrer Hauptaufgabe für die kollektive Entwicklung der Menschen zuständig, weniger für individuelle Belange. Sie unterstützen unsere Entwicklungsschritte, welche jeder spirituell orientierte Mensch auf seinem Weg machen wird: Den Glauben an das Gute und Lichtvolle zu festigen, Schönheit in allem zu erkennen, heilsames Verhalten zu entwickeln, seine Individualität zu erkennen und zu leben, Hoffnung und Ausdauer zu stärken sowie Klarheit und Frieden in sich selbst zu entfalten.

- **In der Natur schätze ich die Meditation mit den Naturwesen und Elementarkräften.**

Gerade auf Wanderungen, an Orten, wo die Natur sehr ursprünglich geblieben ist, in Gärten, Parks und auch wenn ich fremde Länder bereise, genieße ich die Meditationen mit den Naturwesen und Elementarkräften. Diese beschenken uns, gerade wenn wir eine liebevolle Verbindung zu ihnen aufbauen, mit heilsamen Energien und Botschaften oder gar mit Visionen, mit wegweisenden Zukunftsimpulsen, wie es an vielen Kraftorten dieser Erde möglich ist.

- **Ich übe mich darin, die Engel als Vorbild meiner eigenen Lebensweise zu nehmen.**

Ich lerne viel von den Engeln, einfach indem ich ihre Weisheit und Haltung uns Menschen gegenüber beobachte. Engel urteilen nicht, sondern sind mit Güte, Verständnis und Mitgefühl, niemals jedoch mit Mitleid, uns zugewandt. Sie trauen uns viel mehr zu, als wir uns selbst zutrauen würden. Ich versuche, dieser Unerschütterlichkeit, Reinheit und Liebe zu folgen, durch meine Gedanken und Taten. Das ist nicht immer einfach, doch es lohnt sich.

Wenn ich zum Beispiel eine Frage an meinen Schutzengel stelle, dann lächelt er mich oft in absoluter Gelassenheit an, nach dem Motto: „Wo ist das Problem?" Also übe ich mich darin, genau diese Haltung zu verinnerlichen und noch beständiger in meinem Glauben an das Gute und Lichtvolle meines Weges zu sein. In anderen Situationen ertappe ich mich in euphorischen Gefühlen, gerade wenn es einmal besonders gut läuft in meinem Leben. Auch da erdet mich mein Schutzengel, indem er mir in aller Ruhe und Selbstverständlichkeit zeigt, dass dieser Erfolg einfach auf dem Weg lag, Freude und Bestätigung schenkt und es jetzt weitergehen darf. Als ich den inneren Ruf verspürte, ein Buch über die Liebe und liebevolle Beziehungen zu schreiben, fragte ich die Engel: „Wieso gerade ich?". Ich erhielt die einfache Antwort: „Weil du es kannst." Somit wusste ich, wenn die Engel an mich glauben, dann sollte ich als Letzte an mir zweifeln.

Es ist nicht wichtig, welcher Glaubensausrichtung wir uns zugehörig fühlen oder von welchen spirituellen Menschen wir uns inspirieren lassen. Wichtig ist, dass unsere Wegweiser uns in der Herzensfreiheit, Weisheit, Kraft und Liebe stärken. Elementar ist meiner Erfahrung nach, dass wir durch unsere Form der geistigen Verbundenheit liebevolle Erkenntnisse, ein tragendes Urvertrauen, Hoffnung und friedvolle Besinnung erfahren und tatkräftig leben können. Himmlische Verbundenheit äußert sich in der Gewissheit, dass wir stets von lichten Kräften gehalten, beschützt und geführt sind, egal welche Umstände und Taten unser Leben bestimmen. Dieses Urvertrauen wird gehalten im unerschütterlichen Glauben, dass wir stets der Heilung, der göttlichen Gnade und Liebe würdig sind. Diese tiefe Erkenntnis schenkt uns Ruhe und Frieden, womit wir wiederum Güte und Mitgefühl in die Welt und in unsere Beziehungen hineintragen werden.

Die lichtvollen geistigen Kräfte unterstützen uns bei allem, wo wir in Liebe und Reinheit wirken. Wir erhalten immer jene himmlische Hilfe, deren wir wirklich bedürfen. Diese Hilfe kann sich in Synchronizitäten, schicksalshaften Begegnungen und Zufällen, inneren Eingebungen und Botschaften, heilsamen Energien, bestärkenden Gefühlen und geistigen Kräften, die sich in uns öffnen, äußern. Alles, was wir wirklich *benötigen*, aus reiner, liebevoller Absicht und im Dienste des Höchsten in uns und für andere, fließt uns zu. Das ist die Gnade und göttliche Liebe, welche wir vielleicht erst dann begreifen werden, wenn wir uns Gnade und Liebe selbst schenken können. Es liegt an uns, in unserem Glauben und Selbstwertgefühl so offen zu sein, dass wir diese Hilfe auch annehmen und für eine lichtvolle Zukunft nutzen.

Wenn Sie kein Mensch von großen Gebeten und Meditationen sein sollten, dann bedeutet das nicht, dass sie weniger von lichten Kräften gehalten und mit ihnen verbunden wären als andere spirituell gesinnte Menschen. Es sind die Reinheit und Liebe unseres Herzens, welche Engel anziehen, nicht angelernte Rituale. Wenn Sie pragmatischer und sehr geerdeter Natur sind, so richten Sie einfach einmal täglich ihren inneren und äußeren Blick zum Himmel, atmen Sie tief durch und richten Sie sich in ihrem Vertrauen in der geistigen Verbundenheit auf. Wenden Sie den Blick auch täglich Ihrem Herzen zu und spüren Sie sich und die Liebe in Ihnen. Atmen Sie dabei tief durch und lassen Sie sich Zeit. Erst wenn Gedanken Ruhe finden, erwacht die Weisheit des Herzens, und Sie werden einfache und doch zutiefst bestärkende und lichtvolle Antworten und Orientierung in sich finden.

Wir dürfen die Hilfe der Engel auch in unseren zwischenmenschlichen Beziehungen annehmen.
Die Engel unterstützen uns insbesondere durch *Fügungen* und durch *Botschaften*, die uns im Vertrauen berühren und unser Herz sprechen lassen.

Fügungen können schicksalshafte Begegnungen sein, Synchronizitäten, die ohne unser willentliches Wirken entstehen dürfen. Fügungen können auch Türen, also Möglichkeiten, sein, die sich durch feines Lenken der Engel öffnen oder verschließen, weil die Zeit noch nicht reif oder die Richtung nicht licht- und sinnvoll für die Beteiligten ist. Um Fügungen geschehen zu lassen, dürfen wir unser „Ich will" loslassen und uns dem Fluss des Lebens hingeben, indem wir unserer Intuition achtsam folgen, ohne uns unnötig Gedanken zu machen und indem wir aus Freude, Begeisterung und Interesse am Leben teilnehmen. Fügungen und Begegnungen finden in der Regel draußen im Leben statt, nicht hinter verschlossenen Türen zu Hause. Also ist es wichtig, sich für den Austausch mit der Außenwelt zu öffnen und in Achtsamkeit die Gegenwart zu erleben. Engel lassen durch Fügungen Chancen in unserem Leben entstehen, wie zum Beispiel neue Begegnungen oder Möglichkeiten für Aussöhnungen, klärende oder inspirierende Gespräche. Es ist an uns, diese zu ergreifen, das heißt auf Menschen zuzugehen, sich zu zeigen, offen und mutig zu sein oder sich respektvoll und doch ehrlich zu verabschieden.

Genauso ist es weise, verschlossene Türen zu respektieren und diese Feinheiten der Schicksalskräfte wahrzunehmen und zu deuten, anstatt im „Ich will" zu verharren. So manche Menschen finden durch lichtvolle Hand geführt zusammen oder werden von segensreicher Führung in andere Richtungen gelenkt. Es lohnt sich deshalb, achtsam das Innen und Außen zu beobachten und sich das vertrauensvolle Loslassen und die Hingabe an die himmlische Führung zu erlauben. Was nicht bedeuten soll, dass wir auch einmal beharrlich unseren Herzenszielen folgen dürfen, wenn sie sich stimmig und rein anfühlen sollten. Doch vielleicht wird der Weg dorthin ein anderer sein, als wir es heute mit unserer bescheidenen Weitsicht erahnen können.

Die Engel schenken uns immer lichtvolle *Botschaften*. Sie antworten selbstverständlich auch auf unsere Fragen zu unseren zwischenmenschlichen Beziehungen. Sie geben uns Anhaltspunkte zu unserer inneren Haltung, in welcher wir weise Entscheidungen finden können. Doch sie sagen uns nicht, verbinde oder trenne dich von diesem Menschen. Das *Was* ist in seltensten Fällen wichtig, denn das wäre ein Eingriff in den freien Willen unserer Seele und unseres Geistes. Die Impulse der Engel sind somit vielmehr nach innen als nach außen gerichtet, vielmehr zu uns selbst hin, als aufklärend über den anderen Menschen. Sie geben uns Hinweise für die Gegenwart mit einem sanften Impuls auf eine lichtvolle Zukunft. Engel werden uns jedoch keine wahrsagerischen Botschaften schenken und nur in den seltensten Fällen unseren Blick auf Beziehungen vergangener Leben öffnen. Unsere Fragen danach stellen wir meistens mangels Vertrauen, aus Neugierde, Melancholie oder Sehnsucht. Wenn wir spüren, dass wir eine Seele kennen – und das kommt natürlich durchaus vor – dann ist diese Erkenntnis immer schlicht und berührt demutsvoll. Dann wird das Gefühl der Vertrautheit uns Ruhe und Verbundenheit (nicht Bindung!) schenken. Mit dem Gefühl kann ein (konkretes) Bild entstehen, welches jedoch auch symbolisch verstanden werden darf. Wenn dieses Bild rein ist und wir es in Reinheit bewahren, dann hören wir auf, weiter nachzufragen, weil die Gewissheit und Kraft darin uns genügen. Wir haben auch nicht das Bedürfnis, ambitioniert darüber zu sprechen. Wir wissen: „Es ist einfach." Sind Gefühl und Bild jedoch unecht, also aus den Erwartungen und Mustern des Unterbewusstseins geformt, dann werfen sie mehr Fragen auf, als dass sie Antworten schenken. Bild und Gefühl berühren nicht wirklich. Diese sind oft mit Euphorie, Verliebtheit, Neugierde, eigenen Mustern und einem gewissen Sensationsbedürfnis verhängt. Gedanken und Gefühl stillen dann nur vorübergehend den Hunger nach Verbundenheit und Nähe.

Eine Botschaft ist dann in ihrer Echtheit erkannt und gedeutet, wenn sie freilassend, vertrauensstärkend, liebevoll berührend, sinngebend und nachvollziehbar ist. Sie wird dann im Alltag durch eigene Weisheit umsetzbar. Reine Fragen führen zu reinen Erkenntnissen. Engel zeigen uns nie, was wir nicht zu wissen brauchen. Die Engel beantworten nicht Fragen, die aus unreiner Absicht, wie zum Beispiel aus egoistischen Ambitionen, aus Kontrollzwang, Anhaftung oder purer Neugierde gestellt sind. Auch geschlossene, zu eng definierte Fragen öffnen selten den Blick für reine Einsichten. Die Engel werden uns zwar auch hier stets eine lichtvolle Antwort schenken, doch sind wir dann wirklich offen, diese anzunehmen?

Ich finde es besonders schwierig, für eigene Beziehungsfragen die Botschaften der Engel in Reinheit zu erkennen und zu deuten. Es bedarf oft übermenschlicher Kraft und Reife, denn die eigenen Erwartungen und Sehnsüchte trüben den Blick ins Lichtvolle. Das ist besonders bei unseren Kindern und in Liebesbeziehungen der Fall.

Um nicht das Unterbewusstsein zu channeln, wende ich mich daher weniger mit Fragen bezüglich meiner Verbindung zu nahen Menschen an die Engel, als mit *Gebeten* und *Segnungen*. Ich lasse das gezielte Fragen immer mehr los und erlaube mir, für meine Entscheidungen das Herz sprechen zu lassen. Ich weiß, alles, was meine Seele mit Freude, Ruhe, Vertrauen und einem Gefühl des Glücklichseins erfüllt, ist stimmig und weist mir den Weg zur Liebe hin. Ich achte besonders auf Fügungen. Wo fließt es? Wo stockt die Lebensenergie im Äußeren oder in mir selbst? Mache ich mich oder den anderen in der Beziehung klein oder stärke ich mich und den anderen in Würde, Freiheit und im inneren Leuchten? Achtsamkeit befreit von Täuschung. Deshalb versuche ich bewusst wahrzunehmen: Wie gut ist diese Beziehung wirklich für mich? Wie ehrlich bin ich (auch zu mir selbst)? Wie sehr kann ich die Liebe wirklich fühlen und leben?

Nachstehend eine einfache Segnung für eine liebevolle Beziehung:
Liebe lichtvolle geistige Welt, bitte segnet meine Beziehung mit (Name). Möge sich alles licht- und sinnvoll für alle Beteiligten erfüllen.

Es ist wichtig, wenn wir um Segen für eine uns nahestehende Person, etwa ein Kind oder unseren Partner, bitten, die Reinheit in den Gedanken zu bewahren, denn schnell können sich egoistische Erwartungen oder (oft unbewusst) manipulative Absichten einschleichen, welche den Segen verunreinigen. Ist die Person, für welche unser Segen bestimmt ist, in angespannter Resonanz zu uns, dann kann daraus sogar eine nicht lichtvolle Beeinflussung entstehen. Ein Bespiel dazu wäre, wenn die Mutter um Segen für ihr Kind bittet, dabei aber den Gedanken hat, das Kind habe eine gewisse Richtung im Leben einzuschlagen. Das Kind wird durch seine natürliche Beziehung zur Mutter in gewisser Resonanz und damit in Offenheit für diese energetische Einwirkung stehen. Die Kraft der Segnung entwickelt dabei immer auch einen Bumerang-Effekt. Sie wird in irgendeiner Form zu der Person, welche den Segen gesprochen hat, zurückfließen. Unsere reine, liebevolle Absicht, der Glaube an das Lichtvolle und die urteilsfreie Haltung zu allem Leben ist daher unser unantastbarer göttlicher Schutz und über allem stehender Segen zugleich!

Folgendes Gebet kann helfen, sich auf eine liebevolle Haltung zu besinnen und Vertrauen in sich selbst und in einen uns nahen Menschen zu stärken:

Liebe lichtvolle geistige Welt, ich bitte um Segen für meine Beziehung (mit Name). Möge sich alles sinnvoll und lichtvoll für alle Beteiligten entwickeln.

Ich bin bereit, meinen Teil dazu beizutragen, wahrhaftig zu sein und in reiner Liebe zu wirken. Gerne gebe ich mir all die Liebe und Achtung, die ich für mich benötige.

Bitte hilf mir, mich in meinem Herzen für eine lichtvolle Beziehung mit (Name) zu öffnen.

Ich liebe und wertschätze (Name) so wie er/sie ist. Ich bin bereit, Vertrauen, Dankbarkeit und Offenheit zu üben und all das loszulassen, was nicht Liebe ist.

(Amen)

4
Erfüllende und liebevolle Beziehungen

Wir haben bisher ausgiebig über eine heilsame Beziehung zu uns selbst gesprochen. Sie ist die Basis für alle Beziehungen mit unseren Mitmenschen, denn was innen ist, ist auch außen. Werfen wir nun mit diesem Wissen den Blick auf unsere Paar- und Liebesbeziehungen und auf die Schlüssel für ein erfüllendes Miteinander.

Neubeginn – Verliebtheit und Resonanz

> Unsere Wahrnehmung ist geprägt und wird gefiltert durch das, was wir glauben, was wir wollen und was wir erwarten.

Resonanz – Gleiches zieht Gleiches an.
Verliebtheit entsteht durch eine ein- oder gegenseitige Anziehungskraft. Darin spielen die sexuelle Resonanz, unsere aktuellen Lebens- und Beziehungsmuster, Bewertungsraster, (unerfüllte) Bedürfnisse, Wünsche und Sehnsüchte sowie hormonelle Kräfte eine entscheidende Rolle.

Unsere Bewertungsraster, durch welche wir Menschen filtern und in attraktiv oder weniger attraktiv einstufen, spielen eine tragende Rolle in unserem Potenzial, uns in gewisse Menschen zu verlieben oder eben nicht. Diese Bewertungsraster sind Aussehen, gesellschaftlicher

Status, Ansehen oder Position. Diese Filter sind zum einen geprägt durch Wertsysteme in unserer Kultur, Gesellschaft und Herkunftsfamilie, durch das Gedankengut und übernommene Wertvorstellungen unserer Erzieher, Eltern, Vorbilder und unseres Umfeldes. So taxieren wir bewusst oder unbewusst ein gewisses Aussehen eines Menschen oder dessen gesellschaftlichen Status als attraktiv, während andere Menschen und Kulturen entgegengesetzte Werte und Bewertungen leben. Zum andern haben wir unser Bewertungsraster durch Erfahrungen nach und nach gebildet. Erfahrungen, in welchen wir Menschen als gut oder weniger gut für unser persönliches Wohl und Glück erlebt und bewertet haben. Mit diesen Erfahrungen begründen wir dann unsere eigene Realität und unser Menschheitsbild. So vergleichen und bewerten wir gegenwärtige Begegnungen in Sekundenbruchteilen, um uns entweder zu schützen, unser festgefahrenes Urteil zu rechtfertigen oder uns ins vermeintliche Glück zu stürzen. Diese Bewertungsraster haben wenig damit zu tun, dass wir den Menschen so sehen, wie er tatsächlich ist. Anstatt uns durch die Begegnung und damit auch durch neue Erfahrungen nach und nach eine *Meinung zu bilden,* bewerten und beurteilen wir – oft unbewusst – um uns dann zu verlieben oder nicht.

Unsere Beziehungsmuster sind maßgebend von unseren Gefühls- und Gedankenmustern geprägt. Diese wiederum finden ihren Ursprung in frühkindlichen Erfahrungen, in der Erziehung, dem Vorleben unserer Eltern oder Bezugspersonen und der Prägung männlicher und weiblicher Aspekte. Wie unsere Eltern ihre Beziehung pflegten, ihre Haltung zum Partner und der Sexualität vorlebten, kann uns nachhaltig beeinflussen in unserer Partnerwahl und in der Resonanz auf das gegenteilige Geschlecht. Wir haben das Menschsein und was es bedeutet, hier auf Erden zu leben und zu lieben, von ihnen gelernt. Wir haben von ihnen abgeschaut, kopiert und übernommen. Ob wir wollen oder nicht, sie haben uns geprägt. Auch haben wir bei ihnen Sicherheit und Geborgenheit gesucht, und wenn dieses Bedürfnis nach Liebe und seelischem Schutz (teilweise) unerfüllt geblieben ist, so kann dieser innere Mangel, wenn er nicht aufgearbeitet und geheilt ist, uns noch heute darin treiben, die unerfüllte Liebe des Vaters oder der Mutter vermeintlich bei anderen Menschen, vorrangig beim Partner, zu suchen. Damit erklärt es sich, dass unser nicht erwachsen gewordenes inneres Kind uns oft in ein Gegenüber verlieben lässt, welches unserem Vater oder unserer Mutter im Wesen ähnlich ist.

Gleichzeitig fühlen wir uns oft von Menschen angezogen, die **gleiche oder ähnliche Gedanken- und Gefühlsmuster** in sich tragen wie wir. Auch wenn unser Gegenüber diese anders oder sogar konträr ausleben sollte, so stehen dahinter oft identische Themen, Wünsche, Sehnsüchte oder Bedürfnisse.

Tragen wir zum Beispiel ein übertriebenes Bedürfnis zu helfen in uns, so kann es sein, dass wir uns in Menschen verlieben, die eine unterschwellige Bedürftigkeit in sich tragen. Es zieht uns aus Angst vor Bindung zu Menschen, die bereits in einer Beziehung leben, die weit weg von uns wohnen oder genauso freiheitsliebend sind wie wir. Diese Menschen lassen wir durch unseren Filter hindurch und an uns heran. Wohingegen Menschen, die echte Nähe suchen und eine Familie gründen möchten, für uns völlig unattraktiv sind.

Männliche und weibliche Aspekte, welche wir leben, suchen immer ihren Ausgleich und werden so in Beziehungsmuster übertragen. Leben wir vor allem weibliche Aspekte aus, egal ob wir Mann oder Frau sind, so werden wir tendenziell auf Partner treffen, welche den gegenteiligen männlichen Aspekt verinnerlicht haben. So sind wir dann gemeinsam eine scheinbar vollkommene Einheit, und doch drücken wir uns gegenseitig die Triggerpunkte und prallen mit unterschiedlichsten Lebensphilosophien und Charaktereigenschaften aufeinander. Gleiches zieht Gleiches an, kann somit auch heißen, dass wir Dinge, die wir nicht leben und vielleicht sogar an uns selbst ablehnen, an anderen Menschen zu Beginn attraktiv finden, um uns dann später sehr darüber zu ärgern. Irgendwann schauen wir in den Spiegel vor uns und erkennen bewusst oder unbewusst unsere eigenen Themen, Ängste und Blockaden. Doch sich selbst anzuschauen, um selbst die Veränderung zu sein, die wir uns wünschen, ist nicht immer einfach. Also sagen wir lieber, dass der andere das Problem ist und sich zu ändern hat. In scheinbaren Gegensätzen zweier Menschen finden wir immer das gleiche aufzulösende und auszugleichende Kernthema. Jedes Extrem sucht im Äußeren seinen Gegenpool. Doch jedes Extrem basiert auf einseitigem Gedankengut, ist entweder angelernt oder aus Angst, aus erfahrenem Schmerz und Enttäuschung entstanden. Es findet Heilung statt in der eigenen inneren Versöhnung und im Erleben eines neuen Gleichgewichts in uns und durch uns selbst.

Somit treffen sich immer zwei Gleichstarke. Mit „gleichstark" meine ich, wie sehr wir erwachsen geworden sind, uns aus unseren Mustern und Ängsten befreit haben und zu Persönlichkeiten herangereift sind. So sind Rückzug und Angriff beides Verhaltensmuster der Angst, und keines davon zeigt mehr oder weniger „Stärke". Stark sind wir, wenn wir in Frieden und Weisheit handeln, mit unseren Gedanken und Gefühlen umgehen und uns darin Halt schenken können. Diese wahre Stärke zeigt, wie sehr wir mit uns selbst im Reinen sind und in der Liebe, im Urvertrauen, unsere Wurzeln gefunden haben.

Die Urkraft unserer Hormone

Beim Attraktivitätsempfinden spielen auch unsere Hormone eine maßgebende Rolle in unserer Fähigkeit, uns in gewisse Menschen zu verlieben. Die hormonellen Anziehungskräfte haben das Überleben der Menschheit seit Anbeginn unseres Erdendaseins prägend mitbeeinflusst. Sie prägen unseren Gemütszustand und damit auch unsere Offenheit für genetisch passende Menschen. Sie stimulieren unser sexuelles Bedürfnis an zyklusoptimalen Tagen. Unsere hormonelle Ausdünstung über die Poren der Haut wird unbewusst von Menschen in unserem Umfeld wahrgenommen und als Information verarbeitet. Dies sind instinktive und daher meist unbewusste Abläufe, die ihre Aufgabe der Artensicherung nicht nur bei uns Menschen erfüllen. Doch nicht nur uralte physiologische Programme, sondern auch Sonnenkräfte, Erholung, Bewegung, Ernährung sowie bewusste und eben auch unbewusste Gedanken beeinflussen unseren Hormonhaushalt und steuern unser emotionales Empfinden und Gleichgewicht.

In der Verliebtheit finden unsere Sehnsüchte ihr Ziel. Durch die Urkraft unserer Hormone entstehen all die Gefühle, die uns schweben lassen. Unser Hormonhaushalt wird dabei maßgebend von unserem Unterbewusstsein gesteuert. Verliebtheit kann als eine chemische Reaktion von Gedankenmustern und Hormonen betrachtet werden. Ich weiß, dies ist eine äußerst nüchterne Feststellung. Ich beobachte, dass auch wahre Herzensbedürfnisse, wie zum Beispiel das Bedürfnis nach Nähe, Geborgenheit, Zugehörigkeit und Verbundenheit, uns zu Menschen hinziehen lassen. Herzensbedürfnisse sowie Sehnsüchte und Wünsche suchen immer ihre Erfüllung. Doch Sehnsüchte und auch viele oberflächliche Wünsche haben ihren Ursprung im inneren Mangel und in unerfüllten Bedürfnissen. Unerfüllt, weil wir uns grundlegende Bedürfnisse unserer Seele nicht selbst schenken können und wir deren Erfüllung nun außen suchen. Leider vergebens; denn was wir uns selbst im Herzen nicht gewähren können, werden wir nie dauerhaft von außen annehmen können. Wenn wir uns nicht selbst Geborgenheit und Selbstwert schenken können, dann wird sie uns auch kein anderer Mensch geben können. Wenn innerlich das Gefühl und der Gedanke von Mangel, Unzulänglichkeit, Enttäuschung und Selbstablehnung dominieren, dann werden wir uns durch unsere Glaubensmuster auch im Äußeren diese (Schein)Welt erschaffen, gleichgültig wie die Welt in Wahrheit aussehen mag.

Wenn jedoch ursprüngliche Herzensbedürfnisse uns zu Menschen führen, dann ist diese gegenseitige Resonanz von einem freilassenden und neutralen Bewusstsein getragen. Gewisse Gefühle der Verliebtheit mögen uns erfassen, doch je mehr wir wirklich lieben, desto ruhiger und gelassener bleiben wir. Wir bleiben dann mit den Füßen auf dem Boden und spüren unsere eigene Mitte und Kraft, anstatt in euphorischen Gefühlen und vereinnahmenden Gedanken abzuheben und Grenzen der Individualität zu überschreiten. Durch die Selbstliebe können uns die Erfahrungen mit diesem Menschen jene erfüllenden Gefühle schenken, die unsere Seele bereits in sich gepflanzt hat und die nun noch mehr gedeihen dürfen. Je mehr wir bei uns selbst sein und uns lieben können, desto mehr wird die Anziehungskraft der Muster und Prägungen von wahren Herzensbedürfnissen abgelöst werden. Dabei wird unsere Seele für die vollständige Erfahrung der Liebe immer auch das zwischenmenschliche Erleben suchen, denn Liebe will fließen.

Euphorie und deren Glückshormone haben somit wenig mit Liebe zu tun. In der Euphorie verlieren wir den Boden unter den Füßen, und dies entspringt einem vorgelagerten Zustand der Angst. So suchen wir zum Beispiel verzweifelt einen Partner, aus der Angst vor dem Alleinsein und aus dem Gefühl des Mangels, weil niemand an unserer Seite ist, der uns glücklich macht. Durch das erlösende Verlieben findet dann eine Entladung statt, die sich durch euphorische Gefühle ausdrücken kann. Keine Frage, dieses emotionale Hoch schenkt uns kurzfristig einen enormen Kraftschub. Es tut uns gut, und wir strahlen unübersehbar. Doch wahre Glücksgefühle sind im Unterschied zur Euphorie nachhaltig und schenken uns Energie und Ruhe zugleich. Sie geben uns sogar Kraft, spätere Situationen der Reifeprüfung leichter zu meistern. Sie sind von äußeren Umständen unabhängig, denn sie werden gehalten und genährt durch Dankbarkeit, Vertrauen, Wertschätzung und (Selbst)Liebe.

In der Verliebtheitsphase idealisieren wir durch das Zusammenspiel von Sehnsüchten, unerfüllten Wünschen, Erwartungen und Hormonen. Wir sehen darin den Menschen nicht so, wie er wirklich ist. Wir sehen nicht seine Individualität und sein wahres Wesen, sondern wir sehen ihn so, wie wir in unserer Sehnsucht glauben, ihn gefunden zu haben. Wir erkennen nur Teilaspekte, wie zum Beispiel seine Position, sein Aussehen, Charaktereigenschaften oder gewisse

Talente dieses Menschen; andere Eigenschaften blenden wir aus. Dadurch formen wir ein Scheinbild, wie dieser Mann oder diese Frau und die Beziehung mit ihm oder ihr sein werden. Dieses Bild entspricht unserer Phantasie. Es deckt und erfüllt unsere Wünsche und Erwartungen, doch es hat wenig mit der Realität zu tun. Somit hat Verliebtheit wenig bis nichts mit Liebe gemein; denn Liebe bedeutet, einen Menschen zu erkennen und so anzunehmen, wie er ist. Ihn zu respektieren in seiner Individualität und Freiheit als vollkommenes seelisch-geistiges Wesen und in seiner momentanen Fähigkeit zu lieben. Liebe zu einem anderen Menschen kann nur durch Selbstliebe entstehen, denn dann finden keine Projektionen, keine Ansprüche, Erwartungen und Sehnsüchte statt, welche nur in Enttäuschung enden können. Liebe lässt frei und nimmt an, ohne zu werten. Solange wir irgendetwas in uns oder außerhalb von uns ablehnen und bewerten, solange irgendein Mensch uns wichtiger ist als wir uns selbst, können wir uns in der Fähigkeit zu lieben weiterentwickeln.

Verliebtheit findet somit innerhalb der Komfortzone unseres Unterbewusstseins und unserer Beziehungsmuster statt. Menschen, die sich schnell verlieben, tun dies oft, weil sie vor dem Alleinsein flüchten. Ihre Komfortzone ist die Gemeinschaft. Andere wiederum, bei welchen der Sicherheitsbereich das Alleinsein ist, tun sich schwer, sich neu zu verlieben. Aus Angst vor Bindung finden diese Menschen Vertrauen und Schutz in der Zurückgezogenheit.
Eine Seele trägt in ihrem Naturell ein Grundbedürfnis nach Gemeinschaft, aber auch nach Stille und Bei-Sich-Selbst-Sein. Wie gut wir darin ausgeglichen sind, erkennen wir daran, wie sehr wir in beiden Situationen unsere Mitte bewahren können.

Nicht selten, doch bei weitem nicht so oft wie wir denken, spielen ein höherer Plan und höhere Schicksalskräfte bei der Begegnung zweier Menschen eine tragende Rolle. Menschen werden auch zusammengeführt durch vorangehende jenseitige Absprache. Diese Absprachen sind Potenziale, welche sich innerhalb der Lebensgestaltung der betreffenden Seelen und deren emotionaler und geistiger Entwicklung erfüllen dürfen oder offenbleiben werden. Unser lichtvoller Seelenplan wird immer entsprechend unserem freien Willen, unserer gegenwärtigen Resonanz durch unsere Gedanken, Gefühle und Handlungen oder durch höhere Schicksalskräfte seine mögliche Verwirklichung finden. Wir sollten uns jedoch bei den Fragen nach Vorherbestimmung und ob wir bestimmten Seelen bereits in früheren Leben begegnet sind, nicht verlieren. Alles, was wir zu wissen brauchen, finden wir durch Erkenntnisse in unserem jetzigen Leben, durch die Weisheit und Liebe in unserem Herzen oder es wird uns unaufdringlich und in feinen, reinen und seltenen Bildern von den Engeln und unserem höheren Bewusstsein gezeigt. Wir benötigen in den seltensten Fällen das Wissen über vergangene Inkarnationen, weil sie uns nicht helfen, aktuelle Themen mit unserer Weisheit und Liebe von heute zu lösen. Es ist weniger die Frage, *wen* wir uns für unsere Entwicklungsschritte ausgesucht haben, als *wie* wir Liebe und Verbundenheit im Hier und Jetzt zum Ausdruck bringen. Gleichgültig, ob eine Begegnung vorherbestimmt war oder nicht, mögen wir uns stets darauf besinnen: Nichts muss, alles darf. Der Seelenplan ist der Weg zur Liebe hin. Liebe ist, was uns mit Ruhe, Frieden, Freude und Vertrauen erfüllt.

Das Erwachen und die Reise beginnen, wenn wir bewusst in uns werden.

Wenn wir all das erkennen, wird uns auch bewusst, dass das Suchen (weil Mangel) lediglich Mangel im Äußeren anziehen wird. Möchten wir eine erfüllende Begegnung und Partnerschaft erleben, dann haben wir bei uns selbst zu beginnen und eine liebevolle Beziehung zu uns selbst aufzubauen und zu verinnerlichen. Durch Selbstliebe und innere Selbstwertschätzung werden Begegnungen möglich, die den Möglichkeitsraum unserer Gedanken bei weitem übertreffen dürfen. Je aufgeräumter wir in uns sind, desto weniger werden einengende Lebensmuster und Ängste, sondern vielmehr echte Herzensangelegenheiten unsere Resonanz bestimmen. Für unsere wahren Bedürfnisse wird immer gesorgt sein. Unsere Seele ist dazu geboren, liebevolle Erfahrungen auch im zwischenmenschlichen Erleben zu finden. Wieso sollten wir daran zweifeln? Mögen wir lieber all das tun, was in unserer Macht steht, und uns öffnen für das Schöne und die Wunder in uns selbst. Unsere Vergangenheit hat uns geprägt. Doch unsere Entscheidungen machen uns zu dem, was wir wirklich sind. Was wir sind, strahlen wir aus, und so werden wir in unserem Leben auf natürliche und freilassende Weise Liebe anziehen. Erinnern wir uns an die Weisheit der Engel: Liebe findet sich.

Wie können wir einen heilsamen Umgang mit der Verliebtheit und gegenseitiger Resonanz finden?
Verliebtheitsgefühle haben somit wenig mit Liebe gemein. Dennoch schenken uns diese Gefühle und Hormonschübe unglaublich viel Kraft und Leichtigkeit. Genießen wir diesen Zustand. Wir können sogar die Energie, welche wir in diesen Lebensphasen freisetzen, konstruktiv und bewusst für einen nächsten Schritt in unserem Leben nutzen.

Nachstehendes hat sich in meinem eigenen Umgang mit Gefühlen und Gedanken der Verliebtheit bewährt:
- Bleiben Sie bei sich selbst und gehen Sie vor und nach einer Begegnung stets wieder zurück in die Selbstliebe, indem Sie Ihren tiefen Atem spüren, Ihre Gedanken zu sich selbst hinlenken und die Liebe zu sich fühlen (drei Herzensregeln). Erinnern Sie sich dabei bewusst an Ihre geistige Verbundenheit sowie an die Vollkommenheit und Individualität Ihrer und jeder Seele.
- Dosieren Sie Ihre Gedanken, welche zu diesem Menschen hinwandern. Lenken Sie stattdessen Ihre Gedanken bewusst zu sich selbst und Ihrem Leben hin.
- Lenken Sie ihre Gefühle, welche Sie für diesen Menschen empfinden, bewusst zu sich selbst hin. Wenn Sie zum Bespiel diesen Menschen von ganzem Herzen anlächeln, so lächeln Sie sich selbst genauso an. Wenn Sie denken „Ich liebe sie/ihn", sagen Sie

sich gleichzeitig: „Ich liebe mich." Sollten Sie mehr Gefühle für den anderen Menschen empfinden als für sich, dann befinden Sie sich in der Projektion.
- Gehen Sie bewusst in die Dankbarkeit. Seien Sie dankbar, dass es Sie gibt, dankbar für Ihr Leben und diese Begegnung.
- Machen Sie sich bewusst: Nichts muss, alles darf. Üben Sie aus dieser Haltung das Loslassen durch Vertrauen und den Glauben an das Gute und Lichtvolle dieser Begegnung und Ihres weiteren Lebens, egal wie es sich entwickeln wird. Seien Sie achtsam mit Ihren Erwartungen, ihrem „Ich will". Etwas nicht zu bekommen, kann im Nachhinein ein großer Segen sein.
- Erinnern Sie sich daran, dass Sie eine vollständige und ewige Seele sind. Sie haben vermutlich schon viele Inkarnationen und zwischenmenschliche Begegnungen in dieser Form erlebt und werden nach dem irdischen Tod Ihren Weg im Jenseits weitergehen. Sie sind hier auf dieser wunderbaren Erde, um liebevolle Erfahrungen, heilsame Erkenntnis- und Entwicklungsschritte zu machen sowie auch durch zwischenmenschliche Begegnungen zu reifen. Sie sind hier, um Liebe zu verinnerlichen und um in Liebe und Bewusstsein durch den zwischenmenschlichen Austausch zu wachsen.
- Betrachten Sie in derselben Haltung und Rückbesinnung den anderen Menschen und seine Seele. Auch diese Seele ist auf einer Reise. Lassen Sie sie leben. Was Sie in Gnade teilen dürfen, sind liebevolle Erkenntnisse und Erfahrungen. Wahre Liebe lässt los, denn sie findet sich auch ohne unser Suchen oder Klammern.
- Erinnern Sie sich täglich daran: Sie sind Liebe, Licht und höheres Bewusstsein. Sie sind mit der göttlichen Quelle verbunden und zu Ihrem höchsten Wohl in Liebe getragen und geführt. In dieser Besinnung fühlen Sie die himmlische Heimat in Ihnen und werden nicht auf die Idee kommen, diese Gefühle beim Partner zu suchen.
- Achten Sie darauf, dass Sie auch in der Verliebtheit Zeit für we-

sentliche Dinge in Ihrem Leben behalten: Wesentlich sind Zeit für sich selbst, ihre Ziele, Aufgaben und andere liebevolle und inspirierende Begegnungen.
- Beginnen und beenden Sie immer alles und jede Begegnung in Ruhe und aus liebevoller, bewusster Selbstwahrnehmung und Achtsamkeit. So treffen Sie einerseits weise Entscheidungen, die, verbunden mit Ihrer Herzensstimme, aus innerer Klarheit und Vertrauen fließen dürfen. Andererseits werden durch die Ruhe und Bewusstheit Begegnungen sich erfüllender und heilsamer gestalten dürfen. Sie werden dann den Menschen offener, anstatt geblendet durch Erwartungsmuster betrachten und kennenlernen dürfen.
- Erinnern Sie sich an Ihren freien Willen: Sie sind frei, zu denken, zu fühlen, sich zu verhalten und zu entscheiden. Egal wie mächtig eine sexuelle Anziehung und Resonanz auf einen Menschen ist, durch eine bewusste und respektvolle Haltung sich selbst und allen direkt oder indirekt davon betroffenen Menschen werden Sie weise und sinnvoll damit umgehen können.
- Genießen Sie die Euphorie, die Gefühle und die Fülle der Hormone. Seien Sie sich dabei mit einem inneren Lächeln und Augenzwinkern bewusst: Hier tanzen die Muster mit den Hormonen – und auch das geht vorbei.

Wir lernen in der Dualität und Polarität

Wir können vor allem von Menschen, die anders sind als wir, viel lernen. Wir lernen von anderen Kulturen, Religionen, dem anderen Geschlecht und gegenteiligen Charaktereigenschaften und Meinungen. Diese Menschen können unseren eigenen Horizont öffnen. Das heißt nicht, dass wir uns dann zu verändern haben. Doch wir haben die Chance, uns zu hinterfragen, uns aus einer einseitigen Sichtweise herauszubewegen und gegebenenfalls neu auszurichten.

Doch nur aus diesem Lernaspekt heraus eine Beziehung mit einem andersdenkenden und funktionierenden Menschen einzugehen, wäre kopfgesteuert und entspricht nicht der reinen Liebe. Diese Erwartungshaltung ist in gewisser Form sogar Missbrauch, vor allem dann, wenn wir zu diesem Menschen nicht ehrlich sind.

Je unterschiedlicher unser Mitmensch gegenüber unserem Wesen ist, desto größer können die Reibungsflächen und das Konfliktpotenzial zwischen uns sein; denn zwei Welten prallen aufeinander. Wenn wir damit nicht gelassen und differenziert umgehen können, dann kann das die Beziehung erschweren und beschweren. Doch wo Leichtigkeit und Freude fehlen, können Liebe und Verbundenheit nicht wachsen.

Die Resonanz und sexuelle Anziehungskraft führt uns oft in solche Beziehungen hinein. Sie zeigt uns in diesen Begegnungen, welchen Spiegel uns der andere Mensch vorhält. Ein Spiegel unserer Einseitigkeiten, Vorurteile, Gedankenmuster, Blockaden und Ängste. Wir dürfen solche Beziehungen eingehen, doch wir müssen sie nicht aushalten, um unsere Liebe befreien zu können. Unser Herz öffnen wir nicht über Druck oder Bürde, welche wir uns auferlegen, sondern durch eine liebevolle und heilsame Haltung uns selbst gegenüber.

Ich war auf meiner spirituellen Lebensreise einmal so übermütig, dass ich mir eine Beziehung wünschte, in welcher ich ordentlich etwas lernen könnte. Sie dürfen sich ruhig ausmalen, wie zielgerichtet ich mich entsprechend verliebte. Ich ackerte mich danach fast ein Jahr lang damit ab, all meine Beziehungsmuster und Prägungen in der Resonanz mit diesem Menschen aufzulösen. Ich degradierte meine Beziehung und damit diesen Menschen zu meinem endgültigen Lern- und Entwicklungsfeld. Ich wollte unbedingt so sein, wie es mir mein selbstgeformtes Bild sagte, dass ich zu sein habe, um frei, glücklich und erfüllt in einer Beziehung zu sein. Die sexuelle Anziehungskraft zu diesem Menschen sorgte für den nötigen Durchhaltewillen, auch wenn es mir immer schlechter ging. Nach fast einem Jahr erkannte ich, dass ich von Tag zu Tag nur noch innerlich schwerer, freud- und energieloser wurde und sich gar alte Verhaltensmuster wieder meldeten. Ich hielt inne, nahm mir eine Auszeit und horchte in mich hinein. Die erlösende Erkenntnis war, dass meine Absicht und Haltung mir selbst und damit diesem Menschen gegenüber nicht Liebe war. Ich beschloss, vereinfacht gesagt, dass ich lieber *mit* Beziehungsmustern glücklich leben, als *ohne* unglücklich sein wollte. Sie können sich nicht vorstellen, wie schnell ich mich von meinem Scheinbild und damit auch von dieser Beziehung löste und Freude und Leichtigkeit mir wieder Flügel und auch Erfolg verliehen. Seither löse ich meine Prägungen nicht mehr mit Druck, sondern in Liebe, Geduld, selbstwertschätzend, aber auch beharrlich. Ich sehe in meinen Mustern den Hinweis, wie ich die Selbstliebe, meine Herzensweisheit und die Liebe zum Leben und den Mitmenschen noch mehr leben darf. Ich bin noch bedingungsloser in meiner liebevollen Selbstverantwortung und ehrlicher zu mir selber sowie in meinen Begegnungen geworden.

Was ich Ihnen damit mitgeben möchte:
- Wünschen Sie sich nur das, was Sie in Liebe, im Vertrauen und mit reinen Gedanken aussprechen können.
- Prüfen Sie Ihre Wünsche und damit auch die Gebete an die lichtvolle geistige Welt. Je freilassender und liebevoller Sie diese formulieren, desto segensreicher können lichtvolle Schicksalskräfte Sie in Ihrem Leben lenken.
- Sie haben immer eine Wahl. Egal wie stark die Muster, Sehnsüchte oder selbstauferlegten Moralvorstellungen sind, Sie müssen nichts, sondern dürfen sich in Liebe entfalten. Dies gilt nicht nur bei neuen Begegnungen, sondern auch im Erleben und beim Beenden bestehender Beziehungen.
- Prüfen Sie für sich, ob Sie auf Ihrem eingeschlagenen Weg oder bei Ihrer Entscheidung wirklich die Liebe im Herzen spüren können (Überprüfung mit den drei Herzensregeln).
- Wenn Sie sich auf eine Begegnung nicht wirklich freuen sollten oder Ihnen das Zusammensein mit einem Menschen Energie raubt, dann prüfen Sie Ihre innere Haltung. Folgende Fragen können Sie zur Antwort und Lösung weisen: Wieso tun Sie es? Was ist Ihr Ziel? Fühlen Sie die Liebe zu sich? Sind Sie sich selbst treu? Verstellen Sie sich und möchten jemand sein, der Sie nicht

oder noch nicht sind? Halten Sie an etwas fest? Haben Sie Angst vor etwas? Was erwarten Sie von dieser Beziehung, von diesem Menschen? (Erwartungen führen meist in die Enttäuschung hinein.) Sind Sie wirklich ehrlich zu sich selbst und zu diesem Menschen? Können Sie Nein sagen? Gibt es etwas zu klären? Ist es wirklich Ihr Weg? Ist der Zeitpunkt stimmig oder brauchen Sie noch Zeit? Haben die Dinge noch zu reifen und sich zu entwickeln? Können Sie wirklich zu diesem Menschen Ja sagen, so, wie er ist? Möchten Sie ihn verändern, damit er in ihr Ideal- und Phantasiebild passt? Möchten Sie etwas, das noch nicht ist? Was wollen Sie und was brauchen Sie wirklich?

Nachstehend ein mögliches Gebet als Bitte für eine lichtvolle neue Begegnung:
Liebe lichtvolle geistige Welt, ich bin bereit, mich von Herzen auf eine neue, liebevolle Verbindung zu einem Menschen einzulassen. Gerne tue ich das, was in meiner Aufgabe liegt, um in Liebe frei und offen zu sein. Ich bitte dabei um himmlischen Segen und Führung, damit sich lichtvolle Kräfte in meinem Leben entfalten können. Möge sich alles so entwickeln, wie es sinnvoll und heilsam für alle Beteiligen ist. (Amen)

Ein mögliches Gebet mit Segnung bei einer neuen Begegnung und in der Verliebtheitsphase:
Liebe lichtvolle geistige Welt, ich bitte um himmlischen Segen für mich und (Name). Ich bitte um Führung, Schutz und Weisheit der Engel, damit sich alles licht- und sinnvoll für mich, für (Name) und alle beteiligten Menschen entwickeln darf. Ich vertraue den lichtvollen Kräften des Lebens und meiner himmlischen Verbundenheit. Ich bin bereit, für mich selbst zu sorgen und in Liebe und Weisheit zu wachsen. (Amen)

Was können Sie tun, wenn eine sehnlichst gewünschte neue Beziehung nicht entsteht?

Erinnern Sie sich daran, dass der Himmel Ihnen alles, was Sie wirklich benötigen für Ihre liebevolle Entwicklung, schenken wird. Prüfen Sie, ob Sie wirklich in dieser Haltung des Vertrauens und der Geduld sind und Ihre Gebete sprechen können. Prüfen Sie auch, ob unterschwellige Gedankenmuster oder Ängste diese lichtvollen Schicksalskräfte blockieren. Die Engel werden nichts in Ihrem Leben bewirken, woran Sie nicht wirklich glauben und wozu Sie nicht auf allen Ebenen bereit sind. Wenn Sie Ihre Bitte an den Himmel gerichtet haben, dann besinnen Sie sich auf Ihre Gelassenheit und das absolute Vertrauen auf die geistige Führung und segensvolle Fügungen. Die himmlischen Kräfte machen ihren Job, und es ist an Ihnen, Ihre eigenen Aufgaben zu erledigen. Ihre Aufgaben können sein, die liebevolle Beziehung zu sich selbst zu pflegen, Ihr Vertrauen zu stärken oder Altes vollständig zu heilen und abzuschließen. Erinnern Sie sich, dass hinter dem Suchen eines Partners oft ein innerer Mangel an Selbstliebe steht. Doch wo Liebe fehlt, nimmt Angst den Raum ein und blockiert Erfüllung. Gleichzeitig kann das *emotionale Brauchen* eines Menschen ein *Verbrauchen* mit sich bringen. Darin werden Grenzen überschritten, Liebe erstickt und Beziehungskonflikte vorprogrammiert.

Gleichzeitig liegt es an Ihnen, aus Ihren vier Wänden hinaus und unter die Menschen zu gehen; denn nur draußen finden Begegnungen statt. Besinnen Sie sich auch auf Ihren Mut und Ihre Ehrlichkeit, wenn Ihnen Menschen über den Weg laufen. Es erfordert immer Mut, jemanden anzusprechen. Trauen Sie sich, Gelegenheiten zu ergreifen ohne Erwartungen, wohin die Reise führen mag. Besinnen Sie sich dabei stets auf die Haltung: Nichts muss, doch alles darf sich in Liebe entfalten. Sie sind ein Ganzes, vollkommen, so, wie sie sind. Sie haben das Glück und die Liebe in sich selbst gefunden. Der andere mag einfach dazu da sein, diese Erfahrung mit Ihnen zu teilen.

Es macht keinen Sinn, uns in zu vielen Gedanken, Widerständen, im Wollen oder Selbstzweifeln zu verlieren. Es gibt immer einen Grund, weshalb Dinge, welche wir uns wünschen, noch nicht geschehen. So gesehen funktioniert das Suchen nicht, denn es gibt für alles den richtigen Zeitpunkt. Wir können nur offen sein, sowohl innen durch unseren Glauben wie außen durch unser Verhalten. Wenn das Umfeld, wir selbst und somit die Zeit reif sind, dann geschieht so manches in Lichtgeschwindigkeit.

Ist dieser Mensch der richtige für mich?
Diese Frage stellen wir uns meistens früher oder später im Leben. Die Reibungsflächen durch unsere Muster, Prägungen, Ängste, unterschiedlichen Wertvorstellungen, Wünsche und Charaktereigenschaften kommen spätestens dann zum Vorschein, wenn die Hormone der Verliebtheitsphase abklingen. Diese Reibungen machen uns bewusst, dass eine Beziehung auch intensive Arbeit bedeutet. Daher fragen wir uns: Haben wir uns selbst und damit auch unsere Beziehungsmuster zu verändern oder passt dieser Mensch einfach nicht an unsere Seite?

Kein Mensch ist „perfekt", weder wir noch unser Partner. Somit gibt es auch keine perfekten Beziehungen. Kein Mann kann unser Held auf dem weißen Pferd sein und keine Frau die schlafende Prinzessin, die wir wachküssen dürfen. Es gibt nur Begegnungen zwischen zwei individuellen Seelen, welche beide so, wie sie sind, vollkommen sind in ihren Herzens- und Geisteskräften. Das bedeutet auch, dass jeder Kraft und Liebe besitzt, um sich selbst den Halt und die Zufriedenheit geben zu können, derer er bedarf. Kein Mensch ist dazu geboren, uns glücklich zu machen und damit durchs Leben zu tragen.

Wir dürfen davon ausgehen, dass wir immer den passenden Menschen an unserer Seite haben, wenn wir Resonanz als Weg zur Verinnerlichung der Liebe verstehen können. Solange wir uns gegenseitig etwas zu sagen haben, so lange können wir uns gemeinsam weiterentwickeln. Doch der Weg zur Liebe hin öffnet sich durch Freude, Leichtigkeit, Vertrauen, Wertschätzung und Heilung. Somit wird sich auch unsere Beziehung entsprechend unseren Wertvorstellungen und Gedankenmustern leicht und erfüllend anfühlen dürfen – oder eben nicht. Eine Beziehung ist dann leicht und stimmig, wenn sie durch gegenseitiges Vertrauen und von liebevollen Gedanken und Gefühlen gehalten wird. Dafür sind entgegensprechende Gedankenmuster aufzulösen, um Frieden mit der Vergangenheit und Ordnung in sich selbst zu finden. Eine Beziehung kann nur das spiegeln, was wir uns selbst an Liebe, Glück, Fülle und Halt dauerhaft schenken können. Bei aller Arbeit jedoch, die eine Beziehung mit sich bringen kann, dürfen wir nie vergessen: Was uns wirklich nährt und gemeinsam stärkt, sind liebevolle gemeinsame Erfahrungen in Freude, in der Leichtigkeit, Dankbarkeit und Verbundenheit. Es bedarf einer guten Balance und Mischung, damit die Beziehung nicht zum selbstauferlegten Therapiefeld wird. Eine Beziehung ist kein Kreuz, das wir auf dem Rücken tragen müssen, sondern etwas, das in uns und zwischen uns strahlen darf.

Oft ist es nicht die entscheidende Frage, ob dieser Mensch der passende ist, sondern in *welcher Haltung* wir diese Beziehung leben. Das *Wie* ist oft ausschlaggebender als das *Was*. Ein zu schneller Partnerwechsel kann auch Selbstsabotage sein, weil wir nicht an unseren Beziehungsmustern arbeiten möchten. Gleichzeitig gibt es Menschen, die sind aus anderem Holz geschnitzt als wir. Sie sind wie wunderbare Musikinstrumente. Wunderschön im Klang, doch anders gestimmt als wir. Selbst wenn wir uns noch so bemühen werden: Wir vermögen nie, gemeinsame Harmonien zu erzeugen.

Viele Menschen können an unsere Seite passen, doch keiner ist perfekt. Jener Mensch ist der Richtige, bei welchem wir wir selbst sein und uns entfalten können. Das bedingt ein gewisses gegenseitiges Loslassen, wobei wir doch von Herzen verbunden bleiben. Loslassen ist dabei nicht gleich wegwerfen. Loszulassen bedeutet, nichts festzuhalten oder kontrollieren zu wollen, den Menschen leben zu lassen sowie Entwicklung und Veränderung zulassen zu können. Wenn wir

wir selbst und im Vertrauen sind, dann verlieren wir die Menschen, die uns nicht in reiner Liebe begleiten, aus den Augen, weil keine Resonanz, kein unnötiges Klammern, kein Festhalten aus Mangel oder Ego entstehen. Ob ein Mensch der passende Wegbegleiter ist, finden wir daher nicht in der Verliebtheit heraus, wo wir sowieso dem anderen gefallen wollen und somit nicht vollständig authentisch sind, sondern dann, wenn der Alltag unser wahres Wesen offenbart.

Grundsätzlich gilt: Unser liebevolles Herz weiß, was und welcher Weg stimmig für uns ist. Wohingegen Argumente für oder gegen etwas immer im Zustand der Unsicherheit und damit im Kopf stattfinden. Argumente zeigen, dass wir die Erkenntnis noch suchen oder aus Angst vor der Wahrheit nicht sehen wollen. Das Herz argumentiert nicht, es weiß in Liebe, was das Richtige für uns ist.

Es geht somit nicht um „richtig" oder „nicht richtig". Diese Frage können wir nicht mit dem Intellekt beantworten, mit Argumenten für oder gegen, sondern mit Herzensweisheit, aus höherer Sicht und liebevollem Verständnis.

Können wir uns in den besten Freund / in die beste Freundin verlieben?

In der Sehnsucht nach Nähe und Verbundenheit wird diese Frage vielen begegnen, die sich aus tiefstem Herzen mit einem guten Freund oder einer Freundin verbunden fühlen. Diese Freundschaften, egal in welcher Geschlechterkonstellation, finden oft zwischen Seelen statt, denen wir schon in früheren Leben begegnet sind. Wir spüren eine Verbundenheit fern von Raum und Zeit in diesem Erdenleben. Nährende Gespräche, gegenseitiges Verständnis, Vertrauen, Akzeptanz, Freude und Liebe fließen aus einer mühelosen und natürlichen tiefen Begegnung heraus. Diese Menschen sind wie kostbare Edelsteine in unserem Leben. Sie scheinen ein gnadenvolles Geschenk der Schicksalskräfte in unserem Leben zu sein.

Gerade solche Menschen möchten wir auf unserem Weg nicht verlieren. Eine gewisse Angst, Grenzen zu überschreiten und damit vielleicht etwas „kaputt" zu machen, kann vorhanden sein. Die Angst vor Nähe, die Angst sich wirklich zu zeigen und damit auch vor Scham, kann beim besten Freund besonders groß sein; denn durch diese Tiefe ertasten wir auch unsere Verletzlichkeit. Die letzten Hüllen und Schutzmasken aufzugeben, fällt uns gerade bei diesen Menschen schwer, wenn es um partnerschaftliche Beziehung geht. Wir wissen, gehen wir einen Schritt weiter, dann gibt es kein Verstecken mehr. Alles oder nichts. Sind wir wirklich bereit, alles zu sein, zu zeigen und uns in der Tiefe berühren zu lassen?

Oft ist es die Angst vor Verlust, vor Scham, vor Verletzlichkeit und letzten Endes vor dem Glücklichsein, welche uns vor dem entscheidenden Schritt abhalten kann. Manchmal kann es jedoch auch ein höherer Impuls und weise Intuition sein. Ein Gefühl, das uns sagt, es ist gut so, wie es ist. Liebe lässt los und lässt den anderen sich frei entfalten, auch in seinen Erfahrungen und auf der Suche nach zwischenmenschlicher Nähe und Liebe. Vielleicht spüren wir sogar, dass dies „vorherbestimmt" war, abgesprochen zwischen zwei Seelen, die in Liebe tief verbunden sind. Es scheint alles geklärt, aufgelöst und befreit zu sein. Hinter dieser Sichtweise und Haltung kann eine wahre höhere Weisheit verborgen sein oder aber auch eine spirituell gut getarnte Angst, Bestehendes zu verlieren und das Glück zu wagen.

Meine Haltung in diesen vielleicht verwirrenden Gedankenspielen ist schlicht: Nichts muss, doch alles darf sich immer in Liebe und Freiheit entwickeln. Entwickeln bedeutet, frei von Erwartung geschehen zu lassen. Solange wir wünschen und verlangen, sind wir in einer eingeschränkten Wahrnehmung und können daher nicht das Ganze erkennen und aus Weisheit und Demut handeln. Jegliche Erwartungen und Vorstellungen, wie die Gefühle eines Menschen zu uns und damit unsere Beziehung sein sollten, spiegeln uns unsere Sehnsüchte und Wunschbilder. Diese sind jedoch stets nur Schatten dessen, was Liebe wirklich ist. Mögen wir solche Beziehungen segnen und das Loslassen üben. Solange Fragen in einer Beziehung zu einem engen Weggefährten offen sind, solange Herz, Verstand und die äußeren Zeichen unterschiedliche Signale senden, gilt es innezuhalten, um unsere Haltung zu hinterfragen, neues Vertrauen ins Leben zu setzen und Lichtvolles geschehen zu lassen. Genauso wie keine Vorherbestimmung uns je davor verschließen wird, uns in Liebe so zu entfalten und zu finden, wie es für uns und für alle Beteiligten aus höchster Sicht sinnvoll ist, so möge auch unser Ego und unser „Ich will" uns dabei nicht im Wege stehen.

Verlieben sich zwei bisher in tiefer Freundschaft verbundene Menschen ineinander, so ist dieses gegenseitige Ja oft wesentlich freier und bewusster, als es in anderen mustergeprägten Resonanzbegegnungen der Fall sein kann. Verliebtheitsgefühle und Hormonexplosionen harmonisieren sich oft rasch, manchmal sogar beängstigend schnell. Die rosarote Brille klärt sich im gleichen Tempo wieder auf Normalsicht. Die Verbundenheit und das Vertrauen, welche bei vielen anderen Begegnungen zuerst aufgebaut werden dürfen, sind von Anfang an als Basis vorhanden. Liebevolle Gefühle und Erfahrungen werden schnell zu einem festen Fundament. Die Herausforderung in solchen Beziehungen kann es sein, den ersten Schritt zu wagen und durch die vielleicht geschwächte körperliche Anziehung ein erfüllendes Sexualleben lebendig zu halten. Das bedingt einen offenen und selbstsicheren Umgang mit diesem Thema und dem eigenen Körper. Es gibt, wie so oft im Leben, auch hier keine schlüsselfertigen Lösungen und Antworten. Am Ende haben wir zu lernen, das zu tun, was unser Herz uns zu tun offenbart.

Wenn das Schicksal zwei Menschen zusammenführt
Die Schicksalskräfte im Leben generell und insbesondere in der Zusammenführung zweier Menschen sind unsere Resonanz durch bewusste Gedanken, unbewusste Gedankenmuster und Prägungen, höheres Bewusstsein und Intuition, Gefühle und Emotionen, unser freier Wille und damit auch unsere Handlungen und Unterlassungen sowie unsere geistige Führung, unser Seelenplan und die Schicksals-

kräfte anderer Menschen sowie im Weitesten auch globale Fügungen und Geschehnisse. Zufall ist daher eine Bewusstseinsfrage oder das (noch) Nicht-sehen-können von lichtvollen Fügungen und zusammenhängenden Ereignissen.

Die Schicksals- und Resonanzkräfte unserer Gedanken(muster), Gefühle, Emotionen und Handlungen haben wir in den vorangehenden Kapiteln angesprochen. Wir erschaffen mit dem, was wir bewusst oder unbewusst ausstrahlen, ein Energiefeld. Das Gesetz lautet: Gleiches zieht Gleiches an. Somit werden wir entsprechende Menschen treffen und auch auf Sie emotional reagieren, da ihr Resonanzfeld gleichschwingend auf das unsere einwirkt. Dementsprechend ziehen wir Menschen an und verlieben uns in sie gemäß unserer vorherrschenden aktuellen inneren Haltung. Diese kann, muss jedoch nicht mit unserem Seelenplan und unserer höheren Führung übereinstimmen.

Der Seelenplan ist im Jenseits entstanden, geschrieben durch unsere Seele in einem liebevollen höheren Bewusstsein und mit unserer Absicht zur Reinkarnation, unterstützt durch unseren Schutzengel und unsere himmlische Führung. Der Seelenplan ist als roter Schicksalsfaden gewoben, in unserem Herzen als innerer Ruf gespeichert. Er entspricht einer feingeistigen Schwingung, welche die vorgenommene seelische Entwicklung zur All-Liebe hin beinhaltet. Somit umfasst er auch unsere inneren emotionalen Lebensaufgaben, das Festigen der inneren Werte sowie das Entfalten eines liebevollen Selbstbildes. Daraus können potenzielle äußere Lebensaufgaben und Erfahrungen sowie mögliche schicksalshafte Begegnungen, Fügungen, Absprachen zwischen zwei Seelen, gewisse prägende Lebenserfahrungen und natürlich auch der Start in das Leben, das heißt die Wahl von Kultur, Land und Eltern, entstehen. Der Seelenplan bezieht sich stets auf die liebevolle Entwicklung unserer Seele, weniger auf das äußere Geschehen, und kann nur aus höherem Bewusstsein und von Herzen, jedoch nie mit dem Intellekt, aus Neugierde oder dem Drang nach Wahrsagerei, Kontrolle und Sicherheit verstanden werden. Die Engel führen uns immer auf den Weg zur Entfaltung unseres Seelenplans, also zu unserer liebevollen seelischen Entwicklung. Die Engel können jedoch nicht in unseren freien Willen, in unsere bewussten oder unbewussten Gedanken, Gefühle und Handlungen eingreifen. Der Seelenplan kann sich dann entfalten, je freilassender, liebevoller und selbstbestimmter wir das Leben gestalten und eine höhere Führung anzunehmen lernen. Der Seelenplan beinhaltet immer das, was unsere Seele aus höchster Sicht benötigt, und nicht das, was wir aus eingeschränkter Betrachtung und Werthaltung wünschen oder ersehnen. Somit führen uns die Engel immer zu dem, was wir wirklich *benötigen und bereit sind anzunehmen*. Aus diesem Grund lohnt es sich, achtsam zu sein mit unseren Wünschen, dem „Ich will" und mit all jenen Dingen und Menschen, an welchen wir festhalten. Es ist weise und ehrlich, unser Herz zu fragen, was wir für unser Seelenheil und Glücklichsein wirklich benötigen und bereit sind anzunehmen. Dabei dürfen wir die Fügungen und himmlische Führung im Leben mit Interesse und Achtsamkeit beobachten und deuten lernen; denn es gibt immer lichtvolle Wegweiser und Begegnungen in unserem Leben. Doch oft übersehen wir sie mangels Achtsamkeit, manchmal bewerten wir sie in unserer Geisteshaltung und manchmal lehnen wir sie ab aus Angst vor dem Neuen und dem Glücklichsein.

Somit ist nicht jede Begegnung und Liebesbeziehung vorherbestimmt. Die wohl wenigsten Begegnungen sind durch karmische Verbindungen oder jenseitige Absprachen entstanden. Wichtig ist auch nicht die Frage, ob vorherbestimmt oder nicht, sondern die Erkenntnis, dass grundsätzlich alle Begegnungen aus einer gegenwärtigen und gegenseitigen Resonanz durch unsere Gefühle, Gedanken, Wünsche und Bedürfnisse sowie Handlungen entstehen. Diese Resonanz kann im Gleichklang mit unserem lichtvollen Seelenplan stehen oder aber diesem entgegengesetzt sein, wenn wir gegen unser wahres Wesen und unsere Herzensweisheit leben. Es können durchaus karmische Wiederbegegnungen vorkommen, mit dem Ziel, sich durch Verständnis und Vergebung in Liebe weiterzuentwickeln. Doch es geht in den seltensten Fällen um die karmische Geschichte und schon gar nicht um das Festhalten anderer Seelen, sondern es geht maßgebend um unser Seelenheil. Das Ziel jeder Inkarnation ist ein tiefer Seelenfriede und die All-Liebe durch irdische Erfahrungen und zwischenmenschliche Begegnungen. Der Weg dorthin bestimmt vorherrschend unsere gegenwärtige Resonanz. Nichts muss, alles darf. Somit wird sich auch ein Seelenplan mit möglichen zwischenmenschlichen Absprachen innerhalb unserer geistig-seelischen Entwicklung in diesem Leben erfüllen oder er wird nicht erfahren werden. Die Erfüllung ist dabei weniger nach außen gerichtet, als vielmehr nach innen. Das Äußere, also die Begegnungen und Liebesgeschichten, entstehen aus der inneren Schwingung, durch unsere Bedürfnisse, Sehnsüchte, Gedankenmuster und unserer Liebesfähigkeit und Offenheit. Sehnsucht zieht Sehnsucht an. Angst zieht Angst an. Vertrauen zieht Vertrauen an. Frieden zieht Frieden an. Ein wahres Herzensbedürfnis zieht ein gleichnamiges Herzensbedürfnis an. Wenn wir die Liebe in unserem Herzen ablehnen, entstehen durch unsere Resonanz andere zwischenmenschliche Erfahrungen, als wenn wir unser Leben in liebevoller Beziehung zu uns selbst gestalten. Je friedvoller, gelassener und herzensoffener wir unseren Weg wählen und je mehr wir in liebevoller Resonanz mit der Welt schwingen, desto mehr können sich schicksalshafte Türen für wahre Herzensverbindungen öffnen. Das Ziel ist die All-Liebe – unsere Resonanz der Wegweiser und das Schicksal der Weg dorthin.

Es ist daher weise, nicht nach den Vorgeschichten dieses Erdenlebens zu forschen. Wenn die geistige Welt uns aus höherer Sicht den Vergessenheitsschleier vor vergangene Inkarnationen zieht, dann wird dies seinen lichtvollen Sinn haben. Dann werden wir mit unseren Fragen höchstens Bilder und Antworten des Unterbewusstseins erhalten und unsere Sehnsüchte channeln. Diese werden nie ganz rein sein und uns daher auch in der Liebe und im Vertrauen nicht nachhaltig stärken können. Bilder und Erkenntnisse über mögliche frühere Begegnungen sind dann rein, wenn sie unser Herz in Liebe berühren, frei von Fragen und sehnsüchtigen Gedanken. Dann schenken sie uns Weisheit und Kraft für ein freilassendes, liebevolles Miteinander, ohne dass wir darüber sprechen und es zerreden werden. Was echt ist, begegnet uns, ohne aus Neugierde gefragt zu haben, und wirft keine verwirrenden Fragen oder Gedanken auf, sondern schenkt Ruhe und Vertrauen.

Es geht daher vielmehr darum, zu erkennen, aus welcher inneren Schwingung wir Menschen angezogen haben oder anziehend finden. Welche Gedankenmuster, Emotionen, Ängste oder Sehnsüchte haben Entsprechendes manifest werden lassen. Wir dürfen den Spiegel erkennen, doch nicht alles als Wegweiser betrachten. Ich erkenne insbesondere dann einen Menschen als den Spiegel meiner eigenen Themen, wenn sich Beziehungsmuster wiederholen, wenn ich immer wieder ähnliche Charaktere anziehe, in ähnliche Situationen gerate oder emotional auf Menschen reagiere. Jeder Mensch darf mich inspirieren, doch nicht jeder muss mir mein Inneres offenbaren. Das würde ja mein Leben ungemein kompliziert machen, und ich würde die Begegnungen nur noch als Projektion betrachten. Ich bin in dieser Hinsicht pragmatischer Natur. Ich frage offen und ehrlich mein Herz und meinen klaren Geist, ob und was ich in einer Begegnung lernen oder einfach sein lassen darf. Und das Wichtigste überhaupt: Ich erkenne immer den *lichtvollen* Impuls, welchen dieser Mensch mir schenken darf. Ich frage mich deshalb stets, was darf ich hier über die Liebe in mir erkennen, verstehen und erleben, um noch mehr ich selbst zu sein. Ich behalte das Ziel, die Liebe, in den Augen und weiß um die lichtvolle Brücke und die Wegweiser dorthin. Dabei verliere ich meinen Blick nicht in meiner Vergangenheit, sondern achte auf Gegenwärtigkeit und finde Orientierung für den nächsten Schritt ins Neue.

Woran erkennen wir, dass die lichtvolle geistige Führung Menschen zusammenführt?

Die Engel können uns nur innerhalb unserer vorherrschenden Resonanz und unserer freien Entscheidungen führen, Fügungen entstehen lassen und Begegnungen begünstigen. Ich beobachte: Je mehr ich in meiner Ruhe und im inneren Gleichgewicht bin, desto eher werden diese Begegnungen begünstigt. Bin ich jedoch nicht in meiner Mitte, dann fliehe ich vor Begegnungen, bin unachtsam oder verschlossen und übersehe das Gute und Lichtvolle durch meine aktuelle Gedanken- und Gefühlsresonanz. Dann habe ich alle Hände mit mir selbst zu tun, weder Zeit noch Kraft für das Neue und verharre im Alten. Je mehr ich hingegen in mir ruhe und mit Achtsamkeit und Vertrauen offen für das Leben bin, desto mehr entstehen Begegnungen aus Leichtigkeit und von lichtvoller, unsichtbarer Hand geführt. Diese Fügungen könnten wir mit unserer Gedankenkraft nie und nimmer planen. Die Göttliche Kreativität geht weit über unsere intellektuelle Vorstellungskraft hinaus.

Wie und was haben wir uns im Jenseits für dieses Erdenleben bezüglich Partnerschaften und Beziehungen vorgenommen?

Der Seelenplan beinhaltet als feinstofflicher Energie- und Schicksalsfaden unseren Weg zur Liebe hin. Darin sind unsere inneren Lebensaufgaben, wie zum Beispiel Vergebung oder Vertrauen zu lernen, die zu lebenden Gaben und Begabungen, die aufzulösenden Emotionen und Blockaden und die heilsamen, selbstannehmenden Entwicklungsschritte zur Liebe hin gespeichert. Ebenfalls können gewisse Begegnungen, Beziehungen, Meilensteine sowie äußere Aufgaben darin als Potenzial, also als *lichtvolle Möglichkeiten*, energetisch vorhanden sein. Der irdische Lebensweg ist die Umsetzung des individuellen Seelenplans innerhalb unseres freien Willens, unserer Kreativität und geistiger Schicksalskräfte.

Je *glücklicher* wir sind, je friedvoller und im Herzen ankommend, desto mehr leben wir unserem Seelenplan entsprechend – auch in unseren zwischenmenschlichen Beziehungen. Der Seelenplan, das für dieses Erdenleben Vorgenommene, ist immer lichtvoll. Schicksalsschläge, Krankheit, seelischer Schmerz, blockierte Wege, zermürbende Partnerschaften, schwierige Beziehungen oder unendliche Wiederholungen in Beziehungsmustern haben wir uns in den seltensten Fällen vorgenommen. Sie entsprechen vielmehr unserer selbsterschaffenen Welt durch unsere Gedankenmuster, Emotionen und Entscheidungen oder durch anhaltende Unachtsamkeit. Eine freie Entscheidung ist es auch, Opfer der eigenen Lebensumstände oder der Wünsche, Ängste und Verhaltensmechanismen des Menschen an unserer Seite zu bleiben, anstatt uns auf die Liebe und Weisheit unseres Herzens zu besinnen und Verantwortung für das eigene Seelenheil und für eine erfüllende Beziehung zu ergreifen.

Wir bewegen uns immer dann innerhalb unseres Seelenplanes, wenn es fließt in unserem Leben, und es fließt dann, wenn wir das Seinlassen, Zulassen und Geschehenlassen verstehen und leben. Dann entstehen Synchronizitäten ohne unser willentliches Dazutun. Dann öffnen sich Wege und Türen, weil der Moment reif ist, in Leichtigkeit und Stimmigkeit und ohne Druck oder Eile. Wir leben dann durch eine liebevolle, selbstbestimmte Haltung unser lichtvolles Potenzial, wenn uns die Dinge leicht von der Hand gehen. Gewisse Lebensaufgaben, vielleicht auch gewisse zwischenmenschliche Beziehungen, fallen uns dabei nicht von Anfang an leicht. Dann ist es unsere Aufgabe, an uns selbst zu glauben und zu wachsen.

Der *Vergessenheitsschleier* sorgt dafür, dass wir diese inneren und allfälligen äußeren Vorhaben und vorgenommenen potenziellen Begegnungen so weit vergessen wie nötig, damit wir uns auf die Gegenwart, auf gegenwärtige Beziehungen und Lebensthemen, auf das Spüren und Erleben besinnen und lernen, aus innerer Erkenntnis und Wahrnehmung unseren Weg zu gestalten und Entscheidungen zu fällen. Wir lernen so, unserem inneren Ruf, der eigenen Intuition und Herzensweisheit zu vertrauen, anstatt unser Leben auf äußere Sicherheiten, (manipulative) Vorhersagen oder Wünsche anderer Menschen zu bauen.

Welche Begegnungen könnten in unserem Seelenplan „vorherbestimmt" worden sein?

Wir können auf diese Frage nur dann weise Antworten finden, wenn wir eine höhere Sicht einnehmen, mit dem Wissen, dass der Lebenssinn die All-Liebe ist und durch irdische Erfahrungen in der Resonanz und aus freiem Willen gestaltet wird.

Wir haben unsere Herkunftsfamilie ausgewählt. Davon abgesehen können viele Begegnungen vorherbestimmt sein, doch genauso kann es keine sein. In der Verliebtheitsphase werden wir es wohl kaum erkennen können, wenn unsere vorübergehend erfüllte Sehnsucht sowie Emotionen und Hormone uns ein verzerrtes Bild der Realität vermitteln. Je mehr wir danach fragen, desto weniger werden wir es erkennen können, denn die Erwartungshaltung trübt unsere Sicht auf das Wesentliche und Wahre in unserem Leben. Nur im Herzen, in der Liebe, können wir erfassen, was wirklich und rein ist.

Ich möchte an dieser Stelle Beobachtungen aus meinem eigenen Leben schildern. Ich weiß, dass meine Herkunftsfamilie sich aus einem Dienst der Liebe gefunden hat, unabhängig davon, ob wir uns in früheren Leben bereits begegnet sind. Ich muss das Vergangene nicht wissen, denn die Erkenntnis würde mich nicht weiterbringen. Ich hinterfrage nicht, sondern gehe gelassen mit diesem tiefen Gefühl und Wissen um. Ich besinne mich auf die Liebe, welche ich bei allen Familienmitgliedern unterschiedlich verinnerlichen darf. Ich beobachte diese höhere Absprache bei vielen Familien in meinem Umfeld und bei meinen Klienten. Die Engel haben uns dazu schon oft segensreiche Botschaften für einen heilsamen Umgang mit den Mitmenschen in der Gegenwart geschenkt.

Nun habe ich seit jeher die Gabe, auf eine reine, klare Frage eine höhere Antwort aus geistiger Anbindung zu erhalten. Dieses Hellwissen durch himmlische Verbundenheit ist ein Geschenk an mich für dieses Leben. Ich habe mir daher oft in meinen Liebesbeziehungen die Frage gestellt: Kenne ich diesen Menschen aus einem früheren Leben? Ich durfte mir bis auf einmal diese Frage mit einem klaren Nein beantworten, auch wenn mein Ego gerne eine andere Botschaft erhalten hätte. Einige dieser Männer schauten mich an und fragten mich dieselbe Frage. In ihrer eigenen spirituellen Ausrichtung beschrieben sie auch Bilder von mir. Doch ich konnte das, was sie sagten und schilderten, weder fühlen noch sehen. Das bedeutet nicht, dass sie nicht recht gehabt haben. Doch ich konnte für mich persönlich stets unterscheiden, wann die Bilder vom Überbewusstsein und daher rein, und wann sie vom Unterbewusstsein, also durch Sehnsucht und Wünsche, erzeugt waren. Ich interessierte mich deshalb viel mehr für das Hier und Jetzt und in welcher Form es eine heilsame, erfüllende zwischenmenschliche Begegnung sein durfte.

Selbst bei weiterführenden Fragen, wie zum Beispiel der Frage „Führen unsere Wege uns zusammen?", erhielt ich aus höherer innerer Quelle oft die Antwort: Das brauchst du nicht zu wissen. Bei diesem einen Partner, mit welchem ich eine zutiefst liebevolle und alte Verbundenheit spürte, war mir die Erkenntnis ein solches Heiligtum, dass ich nie in Erwägung zog, mehr zu erfragen.

Während somit in meinen vergangenen Liebesbeziehungen Wiederbegegnungen eine Seltenheit zu sein scheinen, fühle ich bei einigen meiner Freunde ein Band aus Liebe und Vertrautheit. Das einschneidendste Erlebnis war wohl, als ich im Alter von siebzehn Jahren und noch vollständig mit dem Gedankengut der Zeugen Jehovas programmiert, einer Frau begegnete und vom ersten Augenkontakt an wusste, dass wir uns aus einem früheren Leben kannten. Innerlich sagte ich bewusst, klar und deutlich zu ihr: „Hallo, schön dich wiederzusehen." Ich erschrak dabei selbst, und es war ein Moment tiefsten Erwachens. Das Erstaunliche dabei war, dass bis zu diesem

Augenblick in meinen Gedanken und in meinem Weltbild Reinkarnation nicht einmal als Wort existierte.

Ich beobachte, dass in vielen Begegnungen, bei welchen wir uns eine alte Seelenbekanntschaft wünschen, die Gefahr besteht, dass die Erwartungshaltung und die Sehnsucht nach Liebe und nach Verbundenheit mit unserem Ursprung uns Scheinbilder und Trugschlüsse vorspiegelt. Das Spiegelbild kann uns vertraut vorkommen, und doch sehen und erkennen wir uns eigentlich nur selbst und nicht die Individualität des anderen.

Insbesondere konfliktträchtige Beziehungen sind mehrheitlich durch Prägungen in unserer Kindheit und durch übernommene Beziehungsmuster unserer Eltern aus gegenseitiger Resonanz entstanden als vorgeburtlich vorgenommen und vorherbestimmt. Wenn tatsächlich eine Wiederbegegnung zweier Seelen stattfindet, dann kann dies ausschließlich innerhalb gegenwärtiger und gegenseitiger Resonanz des Unterbewusstseins, also der Muster, und des Überbewusstseins entstehen. Dies geschieht letztlich, damit wir uns in Liebe weiterentwickeln dürfen, sei es durch Verständnis und Vergebung, durch einen heiligen Dienst aneinander, durch gegenseitige freilassende Unterstützung oder durch gemeinsame erfüllende Erfahrungen. All dies darf sich in reiner Liebe entfalten. Wir dürfen uns als Mitschöpfer unseres Lebens in der Eigenverantwortung wiedererkennen. Wir dürfen Ja und wir dürfen Nein zu einem Menschen an unserer Seite sagen, aus liebevoller, selbstbestimmter, verantwortungsbewusster Haltung. Welchen Partner wir uns an unserer Seite vorgenommen haben, wird nie die Frage sein, welche lichtvolle Erkenntnisse schenkt. Besinnen wir uns stattdessen auf unsere Lebensaufgaben und auf die Liebe in uns. Die Außenwelt entsteht stets daraus als Resonanz und durch unsere lichtvollen Erkenntnisse, durch unser Vertrauen und die Fähigkeit, wirklich lieben zu können. Auch wenn lieben loslassen heißen mag.

Fundamente einer heilsamen und erfüllenden Partnerschaft

Eine erfüllende Partnerschaft ist ein tiefes Grundbedürfnis unserer Seele. Es mag sein, dass wir uns unterschiedliche irdische Erfahrungen vorgenommen haben, und doch ist das Bedürfnis nach Nähe und Verbundenheit die Grundantriebskraft für unsere zwischenmenschlichen Begegnungen. So kann es auf Dauer genauso ungesund sein, sich im Extrem der Zurückgezogenheit und Enthaltsamkeit zu erleben, als sich vom Reiz des Neuen und menschlicher Triebe rastlos treiben zu lassen oder sich an einen Menschen zu klammern. Jegliches Extrem zeigt eine fehlende Balance durch mangelnde Selbstwahrnehmung und Vertrauen und führt zum Festhalten an Bestehendem oder Vergangenem. Doch ein Festhalten jeglicher Art löst Blockaden und Energiestaus aus und kann sich auf Dauer nicht nur in unseren Gedanken und Gefühlen, sondern auch auf körperlicher Ebene bemerkbar machen. Liebevolle Gedanken und Gefühle und ein liebevolles Erleben von zwischenmenschlichen Beziehungen, von Berührung, Nähe und Vertrauen, beeinflussen und stärken unseren Hormonfluss und das Nervensystem und haben damit direkten Einfluss auf unsere Gesundheit und unser Wohlergehen. Wir haben bei der Gestaltung unserer zwischenmenschlichen Beziehungen auf die wahren Bedürfnisse unserer Seele einzugehen und liebevolle Selbstverantwortung zu übernehmen. Wir erleben unser Ankommen in uns und in der irdischen Welt durch das Gefühl des Glücklichseins, des Friedens und des Vertrauens. Dies spiegelt sich auch in einer erfüllenden, heilsamen Partnerschaft wider. Worauf können wir unsere liebevollen Beziehungen bauen?

Die Fundamente einer heilsamen und erfüllenden Partnerschaft sind:
- Eine liebevolle Beziehung zu sich selbst
- Heilung und heilsames Verhalten
- Gemeinsame Werte
- Herzensverbundenheit und Herzensverbindlichkeit
- Offener und heilsamer Gedankenaustausch
- Berührung (und Sexualität) als Ausdruck von Nähe und Vertrauen
- Das Annehmen himmlischer Hilfe und Führung

Eine liebevolle Beziehung zu sich selbst

Wie wir eine liebevolle und heilsame Beziehung zu uns selbst aufbauen und pflegen können, haben wir im ersten Teil dieses Buches ausgiebig betrachtet. Wir durften dabei auch erkennen, dass erst auf Basis der Selbstliebe eine offene, wertschätzende und vertrauensvolle Verbindung zu unseren Mitmenschen möglich wird. Erst das Wahrnehmen, Bewusstsein und Erleben der Liebe zum Selbst ermöglicht dasselbe zum Du und dem gemeinsamen, verbindenden und verbindlichen Wir. Daraus entwickelt sich eine Differenzierungsfähigkeit, die uns eine gesunde und liebevolle Abgrenzungsfähigkeit ermöglicht. Spüren wir den Halt und die Liebe in uns, dann können wir uns öffnen, ohne Verpflichtung zu fordern. Wir können dem Menschen an unserer Seite erst vertrauen und uns zeigen, wenn wir uns selbst ein Anker sein und einen erfüllenden Lebensinhalt schenken können. Erst wenn wir den anderen für unser Seelenglück nicht mehr brauchen, können wir ihn wirklich lieben und loslassen. Loslassen bedeutet, ihn in seiner Individualität erkennen und sich entfalten lassen – egal wie viel Zeit und wie viele Erfahrungen er dazu benötigt – und sich zu freuen über seine Lebensschritte und Erfolge. Wenn wir eine liebevolle Beziehung zu einem Menschen aufbauen und pflegen möchten, dann dürfen wir uns daher immer wieder bewusst machen, was es bedeutet, dem anderen in seinem Sein auf tiefster Ebene zu begegnen, ihn anzunehmen und zu respektieren. Das ist keine einmalige Angelegenheit, sondern bedeutet fortwährende Bewusstseinspflege.

Erst durch das Spüren und Erleben unserer eigenen Individualität, unserer Liebe und Bedürfnisse, werden wir eine Herzensbeziehung zu einem anderen Menschen aufbauen können. Darin sind wir ein Leben lang auf dem Weg und werden stets entsprechend unserer wahren Gedanken und Gefühle gleichschwingende Menschen anziehen und uns von ihnen angezogen fühlen. Die Resonanz zeigt uns den Weg, Liebe noch mehr zu verinnerlichen. Das bedeutet keine freie Fahrt in zahllose Liebesgeschichten. Solange wir der Liebe in unserem Herzen folgen, werden wir stets den passenden Menschen an unserer Seite haben; und solange wir uns trauen, bei uns selbst wirklich hinzuschauen, werden wir uns in oberflächlichen und schnelllebigen Partnerschaften nicht verlieren.

Die Beziehung zu uns selbst setzt voraus, dass wir lernen, der Weisheit unseres Herzens zuzuhören und dieser zu vertrauen. Nur wenn wir das Leben entsprechend unserer Herzensweisheit gestalten lernen, gehen wir den Weg der Liebe wirklich. Es ist daher unumgänglich, sich selbst in seinen Gedanken und Gefühlen bewusst zu sein und Entscheidungen aus höherem Bewusstsein und liebevoller Selbstzuwendung zu fällen. Die Weisheit unseres Herzens ist ein großer Schatz, und wir tragen ihn immer bei uns. Er ist immer frei verfügbar, in jeder Lebenssituation anwendbar und kostet nichts. Er wird uns stets in himmlischer Verbundenheit weise Antworten auch für unsere Beziehungen schenken.

Was wir in Liebe betrachten, ist schön. Wenn wir über den Menschen an unserer Seite urteilen, verbergen sich dahinter bewertende Gedankenmuster und eigene Konflikte mit uns und unserem Leben. Wir können nur mit den Augen der Liebe betrachten, womit wir selbst im

Frieden und Reinen sind. Dabei haben wir niemanden auszuhalten. Die Liebe ist nicht Opfer- und Märtyrertum, sondern orientiert sich an der Erfahrung des Glücks, der Freude, Leichtigkeit, Wertschätzung und Hingabe.

Wir dürfen darauf vertrauen, dass wir durch eine liebevolle Beziehungspflege zu uns selbst immer mehr in unserem wahren Sein strahlen und leben werden. Dies wird auch jene Menschen an unsere Seite einladen, welche uns auf unserem Weg des Herzens und in der Entfaltung unseres Seelenplans unterstützen und begleiten möchten. Ob ein Mensch unser Partner und der Vater oder die Mutter unserer Kinder sein darf, werden wir in liebevoller Selbstverantwortung und aus einer Herzensverbundenheit durch gemeinsame Erfahrungen heraus erkennen können. Die Gewissheit werden wir nicht in der Verliebtheit finden, in welcher wir in unserer eingeschränkten Betrachtungsweise den wahren Menschen vor uns doch nicht wirklich sehen können. Wir werden es dann herausfinden, wenn wir lernen, diesen Menschen offen zu betrachten, seine Individualität zu entdecken und seinem und unserem Herzen zu lauschen. Dafür benötigen wir manchmal Zeit, weil unsere Weisheit auf immer neuen Erfahrungen aufbaut. Es ist weniger wichtig, welches Potenzial ein Mensch hat, als vielmehr, wo wir heute stehen in unserer Fähigkeit zu lieben, um zu wissen, ob wir zusammenpassen. Machen wir uns dabei bewusst: Auch wir sind nicht perfekt. Es ist schön, nimmt dieser Mensch uns an, mit all unseren Ecken und Kanten, mit unseren schönen und weniger schönen Seiten.

Folgen und dienen wir der Liebe in unserer Seele; denn das ist das Reinste und Heiligste in uns. So werden wir stets jene Menschen in unser Leben einladen, welche ihren eigenen und doch einen ähnlichen Weg gehen werden. Im Vertrauen darauf, werden wir niemanden festhalten wollen, sondern uns an ihnen erfreuen und uns von Herzen und aus innerer Verbindlichkeit schenken, empfangen und teilen können. Die Liebe ist leise, demütig und hingebungsvoll. Verbundenheit ist dabei dieses stille und dankbare Lächeln, welches wir der Seele neben uns schenken, während diese ihrem eigenen Weg folgen und ihr Ziel im Herzen tragen darf.

Heilung und heilsames Verhalten

> Das Heilsamste, das wir in eine Beziehung einbringen können, ist, wir selbst zu sein.

Das bedeutet einerseits, eine liebevolle, selbsterkennende und wertschätzende Beziehung zu uns selbst zu pflegen. Das heißt, unsere Werte und Ideale, die unser Herz uns vermittelt, leben zu lernen und unsere Individualität dabei zu erforschen. Wir sind in unserem Wesen reines Licht, Bewusstheit und Liebe, doch so manches hat sich im Verlaufe des Lebens davorgeschoben. Nur wir können unseren Wesenskern befreien und damit Licht und Liebe in unsere Partnerschaft einbringen. Wir haben die Art und Weise zu finden, wie wir eine Beziehung erleben möchten, anstatt die Muster unserer Eltern nachzuahmen. Wir haben Frieden mit der Vergangenheit und Ordnung in uns selbst zu finden. Daraus kann Frieden und Ordnung in unserem Umfeld erwachen und mit uns in Resonanz gehen. Was nicht in Liebe und reiner Absicht gehalten wird, wird so auch unseren Weg verlassen und Raum schaffen für neue, heilsame Erfahrungen innerhalb einer bestehenden Partnerschaft oder mit neuen Menschen.

Es liegt somit in unserer Verantwortung, friedvolle Gedanken, reine Absichten und ein liebevolles Verhalten uns selbst und unserem Partner gegenüber authentisch zu leben. Alles andere, wie Unehrlichkeit, Selbstzweifel, angstgeprägte Verhaltensweisen, Aggression, Dominanz, Rückzug oder übermäßige Anpassung, sind nicht wirklich wir selbst. Sie sind auch weder heilsam noch erfüllend. Diese Verhaltensmuster, Schutz- und Überlebensprogramme haben wir uns angeeignet aufgrund verschiedener schmerzhafter und irritierender Erfahrungen. Aus einer sich selbst verpflichtenden und wertschätzenden Haltung heraus gilt es, dies in Ordnung zu bringen und Frieden mit der Vergangenheit zu schließen. Wir dürfen uns selbst gegenüber uneingeschränkt ehrlich sein und aus einer liebevollen Selbstwahrnehmung unsere eigene Individualität entdecken und entfalten. Durch Selbstvertrauen können wir Vertrauen in unsere Beziehung einbringen. Dies stärkt unser Miteinander, während Erwartungen, Ängste und Kontrollmuster die Gemeinschaft zerstören. Somit können wir durch eine heilsame, reife und vertrauensvolle Haltung uns selbst gegenüber viel Gutes in unsere Beziehung hineintragen, womit wir Segen und Erfüllung verbreiten werden.

Wir können uns täglich und in jeder Lebenssituation der inneren Weisheit, Liebe und himmlischen Verbundenheit bewusst sein und uns darin aufrichten. Die Voraussetzung dafür ist, dass wir wirklich Selbstverantwortung übernehmen wollen, anstatt als Opfer der Lebensumstände uns treiben zu lassen. Es ist bequem, mit dem Strom der Lebensumstände, der Wünsche und Erwartungen zu schwimmen oder andere und gar das Schicksal für das eigene Leid verantwortlich zu machen. Doch in dieser Haltung werden wir nie Lösungen finden und auch unsere eigene Kraft und Weisheit nicht entdecken. Es ist auch eine Entscheidung, sich nicht zu entscheiden. Die Verantwortung für unser Seelenheil und Glück können wir doch nicht abgeben.

Wir können uns in unserem Vertrauen, in höherem Wissen und in Liebe aufrichten, indem wir täglich unseren Atem beobachten und ihn in unserer Bauchmitte fühlen. So sind wir verbunden mit dem Hier und Jetzt und hören auf, durch das Leben zu hetzen oder übereilte Entscheidungen zu fällen. In der tiefen Bauchatmung finden wir Raum, um die eigenen Gedanken zu beruhigen und zu ordnen. Indem wir die Wahrnehmung zu uns selbst hinlenken, uns spüren, gütig anlächeln und uns in dieser Haltung bewusst ins Licht stellen, kann die Liebe im Herzen und das Gefühl der himmlischen Verbundenheit noch mehr erwachen. Dieses Innehalten, Durchatmen und Aufrichten im Licht schenkt immer Ruhe, neues Vertrauen, höhere Erkenntnisse und geistige Kraft.

Durch das bewusste Aufrichten und Verbinden mit höheren lichten Kräften können wir Gedanken, Emotionen und Verhalten von niedrigeren Schwingungen erkennen und begreifen deren Sinnlosigkeit. Durch tiefe Bauchatmung, Ruhe und geistige Klärung werden wir stets einen Zugang zur Liebe in uns finden. Es lohnt sich, alle unsere Gefühle anzunehmen und sich für diese zu interessieren, egal ob sie schön oder weniger schön sind. Nur wenn wir Mut haben, unsere Gefühle anzunehmen, können wir auch Weisheit daraus schöpfen, die Sprache des Herzens lernen und die Liebe in uns erleben. Wir können uns nicht emotional betäuben und gleichzeitig Liebe und Freude fühlen. Sich zu lieben, bedeutet, alle Gefühle, die da sind, anzunehmen und sie als Ausdruck der Seele verstehen zu lernen. Durch diese liebevolle Selbstannahme und nicht durch Druck heilen alte schmerzhafte Erinnerungen und Emotionen und bringen wir Heilkraft und Segen in unsere Beziehung ein.

Unser Partner ist nicht unser Therapeut, auch nicht unser Beziehungstherapeut.

Jeder benötigt hin und wieder eine starke Schulter zum Anlehnen und Arme, die ihn halten. Dies ist auch ein tragendes Fundament einer Partnerschaft. Wenn wir uns dies nicht erlauben könnten, würden wir uns wohl hinter einer Fassade von Abgeklärtheit und einer Rüstung aus Schutz- und Kontrollmechanismen verstecken. Jedem begegnen einmal Gefühle wie Scham, Unzulänglichkeit, Unsicherheit, Trauer oder Hoffnungslosigkeit. Wir erleben unser Dasein in der Resonanz und Polarität. Licht und Schatten tragen wir alle im Herzen, und ob wir wollen oder nicht, Gesellschaft und Herkunft haben unsere geistige Haltung geprägt. Es gilt jedoch, stets eine liebevolle Selbstverantwortung zu bewahren und sich von der Schwere entsprechender Gedanken und Emotionen nicht einsperren zu lassen. Es gilt, sich immer wieder im lichtvollen Geist aufzurichten, Gedanken und Emotionen zu klären und liebevolle Gefühle und den Glauben an das Gute zu stärken. Niemand wird das je für uns tun können, schon gar kein Lebenspartner. Der Partner ist nicht unser Therapeut und nicht unsere Lösung oder Rettung, sondern er ist da, damit wir die Liebe noch mehr leben und verinnerlichen können. Glücksritter oder Glücksfee zu sein, ist eine Rolle, der kein Mensch, und schon gar nicht der Mann oder die Frau an unserer Seite, gerecht werden kann. Genauso wenig können es die Eltern für ihre Kinder, die Kinder für ihre Eltern oder Geschwister untereinander. Wieso nicht? Weil zu lieben bedeutet, den Menschen so anzunehmen, wie er ist. Hinter dem Wunsch, unser Partner möge uns therapieren, heilen oder retten, verbirgt sich meistens der Versuch, die Lösung außen zu suchen oder gar den Menschen auf diese Weise an uns zu binden. Daraus wird nie eine erwachsene, verantwortungsbewusste Haltung gedeihen, welche für Heilung und Entwicklung nötig ist. Ebenso kann hinter dem Wunsch, den Partner zu therapieren, heilen oder retten zu wollen, das Bedürfnis stecken, eigene Schuldgefühle (welche oft nicht viel mit diesem Menschen zu tun haben) zu erlösen. Wir verwechseln dabei Selbstliebe und Nächstenliebe mit Aufopferung. Wir benutzen darin unbewusst die Schwächen des Partners für unsere eigene Selbstaussöhnung. Die Gründe und Ursachen für solche Missverständnisse und Verhaltensmechanismen können beidseitig vielfältig sein. Die Lösung liegt in der Besinnung auf uns selbst, auf die Liebe und liebevollen Werte und Handlungen.

Wir können stets Orientierung an den **drei Lebensgrundsätzen** finden, welche wir in den vorangehenden Kapiteln bereits besprochen haben:

1. Reinheit der Absicht
2. Glaube an die Liebe, an das Gute und Lichtvolle
3. Urteilslosigkeit

Wir erinnern uns, in dieser Gesinnung sind wir in göttlicher Weisheit aufgerichtet und damit aufrichtig. Wir orientieren uns an Wahrhaftigkeit, reinen Gedanken und einer positiven Grundhaltung gegenüber dem Leben. Wenn wir an Lösungen glauben, werden wir auch immer Lösungen finden können. Wenn wir den Menschen und uns selbst anerkennen und leben lassen, anstatt ihn zu verurteilen, werden wir Verständnis finden und damit auch die Hand für Aussöhnung, ein gemeinsames Weiterschreiten oder respektvolles Beenden reichen können.

Höheres Wissen, Wahrhaftigkeit und Wahrheit sind immer mit Frieden verbunden. Im Überbewusstsein entstehen keine Konflikte und Streitigkeiten. Emotionen wie Neid, Zorn, Habsucht, Gier oder Rachegefühle entspringen immer niedrigeren, von Angst dominierten, urteilenden Gedanken und einem inneren Mangel. Wenn wir bewusst und wahrhaftig sind, und damit auch wie Erwachsene agieren, dann hat in unserer Partnerschaft nur friedvolles, verantwortungsbewusstes und vertrauensvolles Denken und Handeln Platz.

Wahrheit will immer ins Handeln fließen. Was erkannt worden ist, kann im Bewusstsein nicht mehr ausradiert werden. Es kann eine gewisse Zeit verdrängt werden, doch vergessen können wir höher schwingende Erkenntnisse nicht mehr. Wenn diese zu einer vollständigen Wahrheit in uns geworden sind, dann ist es unumgänglich, dass sie durch uns nach außen fließen. Wahrheit will immer gesagt und umgesetzt werden. Sie drängt uns nahezu dazu. Das ist ein höherer Herzensruf in uns und entspringt einem kosmischen Grundgesetz, denn die Seele strebt nach der All-Liebe. Manchmal haben wir erkannt, dass eine Entscheidung oder Veränderung in unserer Haltung unumgänglich ist. Doch wir sind zu unsicher, um zu handeln, zum Beispiel weil uns die nötige Klarheit oder der Mut fehlen. Dann ist es oft hilfreich, sich seiner Intuition und der wahren Gefühle noch mehr bewusst zu werden. Je heller liebevolle Erkenntnisse und Gefühle in uns strahlen, desto mehr wird die Umsetzungskraft in uns reifen. Je klarer uns etwas geworden ist, desto weniger können wir dagegen handeln. Spätestens wenn es keine Zweifel, kein „ja aber", keine Zukunftsängste mehr gibt, wissen wir, dass es Zeit ist, zu seiner Wahrheit und Liebe zu stehen.

Ich möchte an dieser Stelle nochmals die **sieben Heilungs- und Entwicklungsschritte** einbringen, welche uns für Lösungen in unserer Partnerschaft öffnen und stärken können:

- 1 Erkennen

Erkennen, dass etwas nicht rund läuft in einer Beziehung; dass wir uns vielleicht nicht getrauen, ehrlich zu sein, Gefühle ignorieren oder aus Kindheitsmustern heraus reagieren.

- 2 Verstehen

Verstehen kann bedeuten, durch Selbstreflexion die eigenen Gedanken- und Gefühlsmechanismen und damit oft einhergehende vergangene und noch aktive Prägung zu begreifen oder durch ein offenes Gespräch die Situation und Missverständnisse zu klären.

- 3 Vergeben

Vergebung dürfen wir üben, wenn uns etwas oder jemand (und das sind immer auch wir selbst) verletzt hat. Halten wir an den Emotionen der Verletzung fest und übernehmen wir keine Verantwortung dafür, dann führt diese Selbstablehnung zu Verurteilung und zum Einnehmen einer Opfer-Täter-Haltung. Vergebung ist ein Akt der Gnade. Wir lassen darin die Enttäuschung, die irritierten Gedanken und Verletzungen los. Wir finden Frieden mit der Erfahrung und übernehmen bewusst Verantwortung für unser Leben. Darin nehmen wir das Gute, die Weisheit, aus dem Erlebnis mit und richten mit Zuversicht unseren Blick auf die Zukunft.

- 4 Vertrauen

Eine heilsame und erfüllende Beziehung kann nur auf Vertrauen basieren. Diese stärkt eine Beziehung, während Kontrolle und Erwartungshaltung das Miteinander schwächt oder gar zerstört. Vertrauen kann bedeuten, dem Partner seine benötigten Freiräume zu schenken und sich zu freuen über seine Entwicklungsschritte und Erfolge. Vertrauen ist nur möglich, wenn wir uns selbst inneren Halt geben und auf ein gesundes Selbstwertgefühl bauen können.

- **5 Mut**

Mutig zu sein, bedeutet, Schwellenängste zu überwinden und neue Gedanken umzusetzen, gerade dann, wenn äußere Sicherheiten nicht gegeben sind oder nicht so, wie es unsere Komfortzone gerne sehen würde. Mut beinhaltet auch, ehrlich zu sein, sich zu zeigen, zu seinen Bedürfnissen zu stehen sowie den anderen immer wieder aufs Neue loslassen zu können. Das können wir, indem wir Kontrolle und Altgewohntes durch Vertrauen ersetzen.

- **6 Loslassen**

Keine Beziehung ist darauf ausgerichtet, dass wir uns dauerhaft auf uns zubewegen oder an uns festhalten. Jede gesunde Beziehung baut auch auf Phasen der Selbstzuwendung und Selbstentfaltung. Was in Liebe wachsen will, bedarf der Verbundenheit und Gemeinsamkeit genauso wie des Loslassens, der (vorübergehenden) Trennung und der Rückkehr zu sich selbst. Nur darin findet ein heilsames Gleichgewicht und eine liebevolle Entwicklung für alle beteiligten Seelen statt.

- **7 Lieben**

Liebe ist, was wir annehmen können; so, wie es ist, ohne es zu bewerten. Was wir in Liebe betrachten, ist schön, weil wir deren Einzigartigkeit begreifen und wertschätzen. Liebe ist Leben und damit stets in Bewegung, sich in sanften Pendelbewegungen zwischen Polaritäten in Resonanz und Herzlichkeit weiterentwickelnd. In liebevollen Gedanken und Gefühlen befreien wir angstgeprägtes Verhalten und lassen los, was nicht wirklich Liebe ist. Alles, was wir in unsere Beziehung einbringen an liebevollen Werten wie Vertrauen, Verständnis, Mitgefühl, Vergebung, Wahrhaftigkeit, Wertschätzung, Frieden, Freude und Hingabe bringt Segen, Heilung und Verbundenheit.

Unsere eigene Vitalität und Lebenskraft baut auf drei Säulen:
1 Meditation, innere Klärung und Ruhe
2 Beweglichkeit – Kräftigung des Körpers und ausreichend Erholung
3 Ausgewogene und vollwertige Ernährung

Wir können diese drei Säulen der Gesundheit auch auf unsere Beziehung übertragen:

1 Meditation, innere Klärung und Ruhe
Wir benötigen Inseln für uns selbst, um uns auf uns selbst zu besinnen und unsere Individualität zu spüren und zu erleben. Durch die innere Klärung, durch Ruhe und bewusste liebevolle Aufrichtung lenken wir unseren Glauben auf das Gute unserer Beziehung und auf Lösungen anstatt Probleme. In einer positiven, friedvollen und liebevollen Grundhaltung erkennen wir himmlische Impulse und unsere grenzenlose Herzensweisheit. Diese Offenheit für das Lichtvolle gilt es täglich im Leben zu verankern und sich in jeder Lebensphase und auch in Beziehungskrisen zu bewahren. Wenn wir liebevolle Entscheidungen und heilsames Verhalten in unsere Beziehung einbringen möchten, dann dürfen wir aus liebevoller Selbstwahrnehmung und aus höherer Quelle in uns, das heißt aus reiner Intuition und Herzensweisheit, unser Leben gestalten lernen. Diese lichtvolle geistig-seelische Aufrichtung können wir durch die bewusste Selbstzuwendung, in der Selbstliebe und in individueller geistiger Verbundenheit und Klarheit erfahren.

Liebevolle Selbstzuwendung stärkt auch unser Bewusstsein für unsere unsterbliche und vollkommene Seele. Besinnen wir uns daher auch immer darauf, was unsere Seele wirklich benötigt in diesem Erdenleben, und spüren wir den Ruf unseres Seelenplanes in unserem Herzen. Im Bewusstsein der Liebe und individuellen Vollkommenheit fühlen wir uns würdig für himmlische und zwischenmenschliche Verbundenheit, für Segen und Heilung. Daraus wächst Urvertrauen sowie Vertrauen in alle Aspekte des Lebens. Vertrauen ist unabdingbar, um Kontrolle loslassen und einen Menschen und uns selbst wirklich lieben und annehmen zu lernen.

Nur in der Selbstliebe sind wir nicht bedürftig und bereit, uns für eine heilsame Beziehung zu öffnen, uns zu zeigen und auch wir selbst zu sein. Aus innerem Halt und aus Selbstliebe kann ein gesundes Fundament für Verbundenheit und Freiheit gleichermaßen errichtet werden.

2 Beweglichkeit

Auch eine Beziehung ist stets in Bewegung: Mal bewegen wir uns zueinander, mal voneinander weg, mal sind wir hingebungsvoller zum Menschen an unserer Seite, mal weniger. Mal leben wir mehr unsere Individualität und folgen unseren ganz eigenen Zielen, mal stärken wir unsere Verbundenheit durch gemeinsame Erfahrungen und Projekte. Diese Bewegungen innerhalb einer Beziehung sind erforderlich, um Flexibilität, Lebendigkeit, Gesundheit und damit Herzensverbundenheit, Vertrauen und Liebe zu bewahren. Wohingegen jegliches Festhalten auf Angst basierende Starre, eine Blockade von Energien und individuellen Lebenswegen und damit ein ungesundes Verharren im Lebensfluss bedeuten. Beweglichkeit in der Nähe und Distanz zu unserem Partner bedingt Vertrauen, Offenheit und ein bewusstes Differenzierungsvermögen vom Ich, Du und Wir. Erst darin kann Verbundenheit anstelle von Bindung entstehen.

Mit dieser Beweglichkeit sind keinesfalls emotionale Nähe-Distanz-Spiele gemeint! Hier geht es vielmehr um unsere Fähigkeit, unsere Gedanken und Gefühle vom Gegenüber zu uns zurückzulenken, um uns um uns selbst zu kümmern. Jede natürliche und gesunde *Wegbewegung*, insbesondere wenn sie vom Partner kommt, kann bei uns zu einer mehr oder weniger großen Verlustangst und einem daraus resultierendem Klammereffekt oder angstgeprägtem Reaktionsverhalten führen. Trotzreaktionen, Rückzug, Wut, aggressive, verletzende Äußerungen, Kontrollspiele oder Bindungsversuche durch

Schuldgefühle sind mögliche Verhaltensmechanismen, die in solchen Situationen nur eigene Unsicherheiten und mangelndes Selbstbewusstsein überspielen.

In jeder Wegbewegung, in jeder Auflösung einer zeitweiligen Verschmelzung benötigen wir somit Halt und das Bewusstsein der Liebe in und zu uns selbst. Wir benötigen Vertrauen in die geistige Führung, in das Leben und in unseren Seelenplan, um den Menschen an unserer Seite wirklich lieben und damit freilassen zu können und um bei uns selbst zu bleiben.

Jede freie und ungebundene *Hinbewegung* wird danach umso schöner sein und die Verbundenheit und das Vertrauen in der Beziehung stärken können. Wenn unser Partner aus Liebe und innerer Freiheit auf uns zugehen wird, nicht weil er „muss", damit er uns nicht verliert, sondern weil wir mit offenen Armen da sein können, ohne zu warten, ohne Ungeduld, frei von Angst und unterschwelligem Manipulationsverhalten, dann wird diese Erfahrung unsere Beziehung mit viel Segen und Liebe nähren können.

Eine Beziehung darf und will sich somit verändern. Wahres Vertrauen bedeutet, dies zulassen und sich darüber freuen zu können. Selbst wenn eine Türe oder ein Lebensabschnitt sich schließt, dann darf eine noch schönere Türe und Lebensphase sich uns öffnen. Loslassen ist unabdingbar, und dies lernen wir ein Leben lang. Jede Verschmelzung ist von begrenzter Dauer. Sie ist eine Erfahrung, die wir teilen und aus welcher wir uns wieder lösen dürfen, um unsere Individualität weiter entfalten und uns zur All-Liebe hinbewegen zu können. Das Leben und das Wesen unseres Partners gehören uns nicht. Wir haben vielleicht ähnliche Gefühle und Bedürfnisse, doch wir teilen nicht Gefühle, sondern Erfahrungen, ein Stück Lebensgeschichte, das unsere Seele prägt und uns zu bewussteren und liebevolleren Wesen macht.

Durch die Hin- und Wegbewegungen, durch das stete Auflösen von Verschmelzungen jeglicher Art, kann eine Beziehung wachsen und zu einer über dieses Erdenleben hinaus in Liebe gehaltenen Verbundenheit zweier individueller und vollkommener Seelen führen.

Eine erneute Begegnung dieser Seelen, in diesem oder in einem anderen Leben und vielleicht auch in einer anderen Beziehungskonstellation, wird uns dann mit einem Gefühl großer Gnade, Dankbarkeit und Glück beschenken.

Gleichzeitig kann Beweglichkeit innerhalb einer engen Beziehung bedeuten, dass wir uns nicht an Eigenschaften und Sichtweisen festklammern, sondern offen sind zu lernen und uns zu entwickeln. Männliche und weibliche Charakterstärken wollen von beiden Seiten gelebt werden. Diese Eigenschaften haben nichts mit Dominanz oder Unterwerfung zu tun. Es sind Qualitäten unserer Persönlichkeit, Yin und Yang, welche Raum zur Entfaltung suchen. In der Regel bringt der eine eher männliche Aspekte ein, wie Entschlossenheit, Durchsetzungskraft, Zielgerichtetheit, Durchhaltewille und intellektuelle Stärke, während der andere eher weibliche Eigenschaften, wie Sanftheit, Hingabe, Anpassungsfähigkeit, Intuition und emotionale Wahrnehmungskraft, in die Partnerschaft gibt. Dabei kann sowohl die Frau als auch der Mann im maskulinen oder femininen Anteil überwiegen. Das Geschlecht ist dabei zweitrangig, denn was uns viel mehr in unseren Charakterstärken und Lebensmustern geprägt hat, waren unsere Erfahrungen und das Vorleben unserer Autoritätspersonen in der Kindheit. Wir haben in der Beziehung durch den gespiegelten Gegensatz die Chance, von unserem Gegenüber zu lernen und uns in unseren Eigenschaften zu erweitern, um runder und vollständiger in der Persönlichkeit zu werden und die Stabilität und Flexibilität der goldenen Mitte zu finden. Gegensätze in Partnerschaften sind nicht dazu da, daran festzuhalten oder gar im Widerstand zum Andersartigen unsere Energie zu verschwenden. Dabei wird wohl jeder seine individuellen Stärken stets bewahren und in die Beziehung einbringen können. Doch wir haben die Chance, vom anderen zu lernen und durch Einsicht und Übung an unseren Werten zu schleifen. So können wir unsere Ausgeglichenheit und Flexibilität dauerhaft stärken. Beziehungen sind die schöpferische und lebendige Möglichkeit, Liebe zu verinnerlichen und lieben zu lernen.

In Beziehungen, welche auf Beweglichkeit und Gesundheit basieren, werden sich beide stets weiterentwickeln und von innen heraus verändern. Somit werden auch liebevolle Entwicklungen die Beziehung auszeichnen. Das kann Loslassen, kreativer Umgang mit der Lebendigkeit und immer wieder einmal einen mutigen und bewussten Neubeginn bedeuten. Dazu gehören beidseitiges Vertrauen, Offenheit, ein höheres, liebevolles Bewusstsein und Wertschätzung der Individualität des Gegenübers.

3 Ernährung

Eine Beziehung wird genährt durch bestärkende gemeinsame Erfahrungen. Dies ist ein Kapitel Lebensgeschichte, welches auf gemeinsame Werte, Vertrauen, Nähe und ausgeglichenes Geben und Empfangen baut. Im liebevollen Austausch vermehren wir Freude, Frieden und Glück, und darin kann Heilung geschehen und Liebe noch mehr wachsen. Was wir in Liebe teilen, nährt beide gleichermaßen und darüber hinaus.

Eine Beziehung übersteht dann Stürme, wenn sie auf festem Fundament gebaut ist. Dieses Fundament wird gehalten durch gemeinsame freud- und liebevolle Erfahrungen, durch Nähe und Vertrauen. Liebevolle Erfahrung kann auch bedeuten, dass wir das Erlebnis von Vergebung, Hingabe und mutiger Ehrlichkeit gemacht und anspruchsvolle Lebensphasen gemeinsam überstanden haben. Liebevolle gemeinsame Erfahrungen bauen auch auf das Teilen von Leichtigkeit, Freude und Fröhlichkeit, das Akzeptieren von Licht und Schatten, heilsame und offene Gespräche sowie Raum und Zeit für gegenseitige Berührung. Wenn wir nicht gemeinsam lachen können, dann tendieren wir gerne zu schwerfälligen Beziehungsmustern oder erleben die Partnerschaft zwar als gut funktionierendes Joint-Venture, nicht jedoch als liebevolle, seelisch bereichernde Gemeinschaft. Sinnlicher Kontakt, sei es durch eine Umarmung, eine zärtliche Geste oder Sexualität ist ebenso ein elementarer Teil unseres Bedürfnisses nach Nähe und Verbundenheit und nährt unsere Beziehung nachhaltig. Es sollten immer innere Werte wie Dankbarkeit, Wertschätzung,

Verständnis, Freude, Vertrauen, Offenheit und eine positive Grundhaltung überwiegen, damit wir Verbundenheit aufbauen, in Liebe gemeinsam wachsen und auch Krisen lichtvoll meistern können. Wenn das Gute in einer Beziehung überwiegt, dann wird immer eine lichtvolle und heilsame Entwicklung begünstigt.

Das Teilen, Schenken und Beschenktwerden nährt vor allem dann unsere Seele, wenn es frei und ohne Gegenansprüche geschehen darf. Je reiner unsere Absicht und unser Geben ist, desto reicher können Segen und Liebe zu uns zurückfließen.

Die Engel zeigen uns immer wieder, dass wir geboren wurden, um glücklich und frei zu sein. Dies darf sich auch in unseren Beziehungen und liebevollen Verbindungen widerspiegeln. Wenn wir im Frieden sind und die Liebe zu uns spüren, dann sind wir in dem Moment so heil, wie wir nur sein können. Damit erleben und entfalten wir uns auch in unserem Seelenplan. Durch gegenseitige Resonanz werden uns dies auch unsere zwischenmenschlichen Beziehungen spiegeln dürfen. Wenn wir bei uns selbst angekommen sind und unseren Platz im Leben gefunden haben, dann werden wir gleichfalls in einer liebevollen Partnerschaft zur Ruhe kommen und ein Zuhause finden können.

Nachfolgend ein Gebet, unterstützend für eine heilsame Beziehung:

Liebe lichtvolle geistige Welt, ich bitte um Gottes Kraft und Führung der Engel.

Ich bin bereit, Heilung in meine Beziehung mit (Name) zu bringen und mich auf die Liebe und himmlische Weisheit in mir zu besinnen. Bitte zeigt mir, welche innere Haltung in mir Lösung und Liebe ist. Gerne heile ich meine Themen. Ich weiß, dass ich das kann. Bitte helft mir dabei und zeigt mir den Weg.

Ich bitte um himmlischen Segen, Führung und Schutz für mich, für (Name) und alle beteiligten Seelen. Möge sich alles so entwickeln, wie es für alle licht- und sinnvoll ist. (Amen)

Nachfolgende Partnerübung kann Ihnen helfen, eine gesunde Abgrenzungsfähigkeit und Differenzierungsfähigkeit zu entwickeln. Sie kann sehr heilsam für eine Beziehung sein und unterstützt dabei, sich in Liebe und gegenseitigem Respekt zu begegnen und zu wachsen.

Nehmen Sie sich für diese Übung mindestens eine halbe Stunde Zeit, in welcher Sie auf Ruhe und Ungestörtsein achten.

Setzen Sie sich in einem ruhigen Raum bequem zueinander hingewandt hin. Am einfachsten ist es, die Übung auf Stühlen sitzend durchzuführen. Halten Sie den Abstand zwischen Ihnen klein, sitzen Sie also Knie an Knie gegenüber, doch berühren Sie sich nicht. Bitte sprechen Sie auch während der gesamten Übung nicht. Sie dürfen sich gerne anschließend austauschen, was dann auch sehr heilsam sein kann.

Erster Teil der Partnerübung:
Beginnen Sie die Übung, indem Sie in einer bequemen, aufgerichteten Haltung die Augen schließen. Lassen Sie dabei Ihre Arme in Ihrem Schoß ruhen.
Atmen Sie tief in den Bauch hinein.
Entspannen Sie von unten nach oben Ihre Muskeln, und bringen Sie mit jedem Atemzug Ihre Gedanken immer mehr zur Ruhe.
Atmen Sie alle Gedanken aus und stellen Sie sich Ihren Kopf klar und frei vor.

Lenken Sie Ihre Wahrnehmung auf Ihren Herzensraum. Spüren Sie Ihre Gefühle und die Liebe zu sich selbst. Spüren Sie, wie schön es ist, Sie selbst zu sein, und umarmen Sie sich in Gedanken.

Spüren Sie immer mehr Klarheit, Ruhe und Vertrauen in sich. Besinnen Sie sich aus dieser Haltung der Liebe auf Ihre lichtvolle himmlische Verbundenheit. Stellen Sie sich innerlich in eine Lichtsäule mit den inneren Worten: „Ich verbinde mich mit der lichtvollen geistigen Welt." Genießen Sie die Durchlichtung und das Gefühl der Liebe, das in Ihnen dadurch noch mehr erwachen kann.

Nehmen Sie sich für diesen ersten Teil der Übung fünf Minuten oder länger Zeit.

Zweiter Teil der Partnerübung:
Gehen Sie nun in Kontakt mit Ihrem Partner. Tun Sie dies physisch, indem Sie beide Zeige-, Mittel- und Ringfinger der rechten Hand auf den Pulsbereich des linken Handgelenkes des Partners legen. Ihre rechte Hand ist dabei oben liegend (gebend), die linke unten (empfangend). So entsteht ein Energiekreis zwischen Ihnen beiden. Vielleicht ist es für Sie bequem, ein Kissen auf die Knie zu legen, um eine angenehme und aufgerichtete Haltung zu bewahren. Bitte halten Sie während dieses Vorgangs die Stille, und sprechen Sie wenn möglich nicht.

In dieser Position und körperlichen Verbindung schließen Sie nun erneut die Augen.

Bleiben Sie in der Wahrnehmung bei Ihrem Atem und Ihrem Herzensraum. Spüren Sie die Liebe zu sich. Sie üben so, auch im Kontakt mit einem Mitmenschen bei sich selbst zu bleiben. Nehmen Sie ruhig den Puls und die Wärme des Gegenübers wahr.

Erinnern Sie sich dabei, Sie spüren eine individuelle Seele und können diese einfach leben und sein lassen. Lächeln Sie diesen Menschen an. Seien Sie großzügig mit ihrem Herzenslächeln und Verständnis. Jeder Mensch ist anders – und das ist gut so. Begegnen Sie sich innerlich von Herz zu Herz. Spüren Sie Respekt und Würde gegenüber der Individualität Ihres Partners.

Stellen Sie sich vor, wie sowohl Sie als auch Ihr Partner in der eigenen Lichtsäule aufgerichtet und mit dem Himmel verbunden ist.
Beurteilen Sie nichts, seien Sie absolut erwartungslos dieser Seele gegenüber. Ihre reine Liebe, die wie eine wärmende Sonne aus Ihrem Herzensraum strahlt, lächelt Ihren Partner an, so, wie er ist.
Lächeln Sie voller Vertrauen, Wertschätzung und Dankbarkeit für diese Begegnung. Freuen Sie sich über sein Dasein. Spüren Sie auch diese gesunden Grenzen, die zwischen Ihnen sind, damit jeder er selbst sein kann. Spüren Sie, dass diese Grenzen nicht bedeuten, dass Sie sich nicht lieben, sondern dass Sie Leben geschehen lassen.

Bleiben Sie in dieser liebevollen Hinbewegung zur Seele Ihres Partners immer mit Ihrem eigenen Kern verbunden. Sie können dies stets durch das Lenken der Achtsamkeit auf Ihren Atem, das Beobachten Ihrer Gedanken und das Wahrnehmen der Liebe in Ihnen und zu Ihnen festigen.

Lassen Sie sich für diesen Teil der Übung ebenfalls mindestens fünf Minuten Zeit.

Abschluss der Partnerübung:
Beenden sie diese Übung, indem Sie sich innerlich beim Partner

bedanken, ruhig und behutsam den Körperkontakt auflösen und sich wieder vollständig auf sich selbst besinnen. Spüren Sie Ihren Atem, Ihre Liebe, Ihr aufgerichtetes Sein. Lassen Sie sich dafür ein bis zwei Minuten oder länger Zeit, um in dieser Haltung der Ruhe und des Vertrauens anschließend langsam zurückzukommen, die Augen zu öffnen und die Übung zu beenden.

Wenn Sie möchten, umarmen Sie sich anschließend liebevoll und in Dankbarkeit und tauschen Ihre Erfahrungen aus.

Quelle: Ausbildung zum cosmogetischen Heiler bei Jana Haas

Diese Übung kann Ihnen helfen, eine gesunde Abgrenzung zum Partner über eine liebevolle Selbstwahrnehmung zu finden. Sie kann sehr heilsam für Ihre Beziehung sein, insbesondere dann, wenn sich zwischen Ihnen durch unterschiedliche Meinungen, Erwartungen und Gefühlsladungen Spannungen aufgebaut haben sollten. Die Übung hilft, ruhig und still zu werden, sich selbst und die Individualität des Gegenübers zu spüren, die Verbindung zu halten trotz der Gegensätze und darin Verständnis, Vertrauen und das Lebenlassen zu üben. Durch die bewusste Erfahrung, die Ihnen die Übung schenkt, werden Sie erkennen können, wann Sie sich im anderen vergessen und damit in der Verbundenheit zu sich selbst verloren haben. Sie haben damit eine Möglichkeit, einen gelasseneren Umgang mit gegenseitigen Grenzen, mit den Themen Nähe und Distanz, Verbindung und Bindung zu finden.

Gemeinsame Werte

In einer Partnerschaft treffen zwei Seelen aufeinander. Beide möchten ihre Individualität und ihren Seelenplan entfalten und dabei in einer liebevollen Gemeinschaft leben. Wir sind auf der Erde, um Liebe zu leben und zu verinnerlichen. Beziehungen sind dabei der Weg dahin und ein wesentlicher Bestandteil liebevoller Erfahrungen.

Im Kern haben wir alle dasselbe Bedürfnis und den Ruf nach Selbsterkenntnis, Liebe und Verbundenheit. Doch in unseren Sicht- und Lebensweisen sind wir oft so verschieden. Durch unsere individuelle Geschichte, welche weit vor der Geburt in dieses Erdenleben begonnen hat, durch unseren einzigartigen Seelenplan und den Umgang mit unserem freien Willen haben sich unterschiedliche Wahrnehmungen, Bedürfnisse, Sehnsüchte, Werte, Wünsche, Ziele und Erwartungen an das Leben und unseren Partner entwickelt. In einer zwischenmenschlichen Beziehung versuchen wir nun, all dies auf einen Nenner zu bringen, um auf gemeinsame Bedürfnisse, Ziele und Werte zu bauen. Dies ist jedoch nicht immer einfach. Die Herausforderung wächst, je unterschiedlicher wir in unserem Charakter, unserer kulturellen Prägung, unserer Lebensphilosophie und unserer Blickrichtung in die Zukunft sind. Dabei verkomplizieren wir die Einfachheit der Liebe oft noch zusätzlich durch die Bindung an oberflächliche Wünsche, unbewusste Lebensmuster und unnatürliche Ängste.

Klarheit und liebevolle Orientierung beginnt, je bewusster wir uns unserer eigenen Werte, Bedürfnisse und Herzensziele werden.

Werte können Ehrlichkeit und Integrität, Respekt und Verantwortungsbewusstsein, Vertrauen, Freiheit und Dankbarkeit sein. Innere Werte unterscheiden sich grundlegend von der Moral. Werte entstehen von innen heraus, durch Selbstwahrnehmung und Mitgefühl. Moral hingegen basiert auf Fremdbeeinflussung und -bestimmung. Moral wird somit immer von außen vorgegeben, sei es durch unsere Erziehung, durch religiöse Vorschriften, durch unser Umfeld, durch Vorbild- und Autoritätspersonen oder aufgrund von kulturellen Grundmustern und Werthaltungen. Moral kann sich mit unseren Werten decken oder diesen entscheidend widersprechen. Falsche Moral, welche nicht mit unseren inneren Werten übereinstimmt, kann dazu führen, dass wir unser Selbst einschränken oder verbiegen. Moral ist verbunden mit einem anerzogenen Gewissen, dem

Gefühl, etwas Schlechtes zu tun, mit Schuldfragen sowie mit der Angst vor sozialer Ausgrenzung, Beurteilung und Scham. Dies sind alte Funktionsmuster einer Gesellschaft, die mehrheitlich auf Angst, Unterdrückung, Beurteilung und Kontrolle das Miteinander gestaltet hat. Innere Werte funktionieren nicht nach diesem Machtprinzip. Sie entstehen durch Selbsterkenntnis, waches Bewusstsein, Herzlichkeit, Würde und Mitgefühl. Das Definieren von inneren Werten und Maßstäben, nach denen wir unsere Beziehung gestalten möchten, sind die Basis für ein liebe- und respektvolles Miteinander.

Es besteht zumeist eine Lücke zwischen dem, wie wir Werte leben möchten, und dem, wie wir sie leben. Wir möchten vielleicht ehrlich zu den Menschen sein, doch nicht immer fällt es uns leicht, offen Dinge auszusprechen. So ertappen wir uns bei Ausreden, bei faulen Kompromissen oder handeln entgegen der Selbstliebe. Diese Problematik ist menschlich. Schon alleine sie zu erkennen, zeigt, dass wir eine hohe Achtsamkeit und Bewusstheit leben. Üben wir uns täglich darin, diesen Zwischenraum zu schließen, auch in unserer Partnerschaft. Geben wir dabei einfach immer wieder aufs Neue unser Bestes, ohne unser Verhalten von gestern zu verurteilen. Wir werden so nach und nach in unserer Integrität, in Mut und Vertrauen wachsen.

Gleichzeitig stehen viele Werte in einem scheinbaren Spannungsfeld zueinander: Ehrlichkeit gegen Respekt oder Freiheit gegen Verbindlichkeit. Machen wir uns dabei klar: Wenn alle unsere Werte auf Liebe aufbauen, dann werden sie nie im Konflikt zueinander stehen können. Scheinbare Spannungsfelder wollen uns begreifen lassen, was wir mit Ehrlichkeit, Respekt, Freiheit oder Verbindlichkeit wirklich meinen. Ein Konflikt zeigt, dass ein Gedanke in der Angst anstatt im Vertrauen gehalten wird. Durch liebevolle Selbsterkenntnis werden wir immer ergründen können, welches Verhalten auf welche Art und Weise in jeder neuen Situation erfüllend und heilsam ist.

Durch unsere Werte bilden wir grundlegende **Bedürfnisse**, die nichts mit oberflächlichen Wünschen zu tun haben und losgelöst sind vom

Drang nach Kontrolle, Angstminimierung oder egoistischem „Ich will".

Konkret kann dies bedeuten, dass wir das Bedürfnis nach einem ehrlichen und offenen Gedankenaustausch in unserer Partnerschaft haben oder keine sexuellen Verbindungen außerhalb der Beziehung für uns infrage kommen. Wir benötigen vielleicht Bereiche und Zeit für uns selbst, was regelmäßige beziehungsfreie Zwischenräume erfordert.

Bei all unseren Bedürfnissen und Wünschen innerhalb unserer Partnerschaft dürfen wir immer wieder neu ergründen, ob wir sie wirklich *benötigen* (weil Herzensbedürfnis) oder einfach nur *wollen*. Das Wollen ist meistens eine unrealistische Wunschvorstellung oder einseitige Erwartungshaltung. An diese knüpfen wir zwar ein natürliches Grundbedürfnis, zum Beispiel das Bedürfnis nach Verbundenheit. Doch diese Wünsche sind oft unrealistisch, weil sie einer Phantasievorstellung, Ego-Haltung und Sehnsucht entspringen, die wenig mit der Realität und Gemeinschaft zweier Individuen zu tun haben. Wir vergessen die Ansichten und Bedürfnisse des Partners, die manchmal unterschiedlicher zu den unseren nicht sein könnten.

Herzensziele basieren auf diesen elementaren Bedürfnissen und können zum Bespiel bedeuten, dass wir eine Familie gründen, körperliche Nähe erleben, die Welt entdecken, unsere Gaben teilen und uns selbst verwirklichen und erfahren möchten. Die inneren Werte, wahren Bedürfnisse und die Herzensziele gründen darauf, was unsere Seele sucht, um ihr Dasein zu erfüllen und damit in Liebe, Glück und Heilung tief in sich selbst, in der Welt und in der Schöpfung anzukommen. Daher sind Werte und *echte* Herzensbedürfnisse in einer Beziehung nicht verhandelbar. Wenn wir uns dieser tragenden Elemente bewusst sind und trotzdem verhandeln, sei es mit dem Partner oder lediglich mit uns selbst, dann laufen wir Gefahr, Kompromisse einzugehen, uns selbst zu verleugnen und uns von uns selbst zu entfernen. Dies ist oft eine bewusste oder unbewusste Aufopferung zugunsten einer Verbindung zu einem Menschen. Dieses Opfer gibt uns natürlich etwas, sonst würden wir es nicht tun. Das kann zum Bespiel Sicherheit, Nähe und Gemeinschaft sein. Doch der Grundimpuls dahinter ist eine Angst, etwa die Angst vor dem Alleinsein oder vor Mangel. Gleichzeitig bestätigen wir uns in dieser Haltung auch ein einseitiges negatives Selbstbild. Diese Worte sind kein Plädoyer für Ichbezogenheit. Ichbezogenheit wird durch oberflächliches Wünschen, Anhaftung an Materie oder Menschen, nach außen gerichtete Sehnsüchte, Ängste, Unwissenheit und durch inneren Mangel an Liebe und Verbundenheit genährt. Dies ist die Aufforderung, ehrlich und respektvoll mit uns selbst und unseren Mitmenschen zu sein. Dabei dürfen wir immer uns selbst hinterfragen, denn oberflächliche, ausufernde oder nicht unserem Wesenskern entsprechende Wünsche und Erwartungen werden auf Dauer nie Segen und Erfüllung schenken. Spätestens am Ende dieses Erdenlebens werden wir das Wesentliche und die tiefen Gründe unserer Inkarnation erkennen können. Wir werden uns dann die Frage stellen dürfen: Wie habe ich gelebt? Was bedeutet: Wie habe ich geliebt und Liebe zugelassen?

Je mehr wir Sicherheit und Fülle in uns erleben, desto mehr können wir Oberflächlichkeiten sowie unnötige und übertriebene Wünsche fallenlassen und uns für echte Nähe und Verbundenheit öffnen. Im Selbstwertgefühl und in der Selbstliebe kristallisieren sich unsere wahren Werte, Bedürfnisse und Lebensziele heraus. Faule Kompromisse einzugehen, würde bedeuten, uns von uns selbst und unserer Individualität abzuwenden. Gesunde Kompromisse und ein liebevolles Miteinander entstehen, wenn wir Einsicht, Verständnis und Dankbarkeit üben. Das bedeutet, dass wir auf den Menschen an unserer Seite von ganzem Herzen zugehen und uns von Wünschen, die aus dem Gedanken an Mangel und Unzulänglichkeit entstanden sind, lösen können.

Manche mögen sagen, dass wir egoistisch handeln, wenn wir konsequent unsere Entscheidungen in Stimmigkeit mit der Selbstliebe treffen. Egoismus ist aber, wenn wir anderen etwas wegnehmen und uns auf ihre Kosten bereichern; oder wenn wir etwas tun im Namen der Nächstenliebe und des Mitgefühls, dahinter aber versteckte Erwartungen an unser Umfeld hegen. Solche Erwartungen können sein, dass uns der Partner glücklich zu machen oder die Treue zu halten hat. Das Ego wird durch Angst und eingeschränkte, urteilende Gedanken genährt. Reine, dienende Liebe wird im Vertrauen und in einer offenen, urteilsfreien Betrachtungsweise gehalten. Sie zeigt eine verantwortungsbewusste Haltung. Liebe stellt nie Erwartungen oder Bedingungen – Egoismus schon.

Beispielsweise erkennen zwei Menschen, dass sie ein unterschiedliches Bedürfnis nach Neuentdeckungen haben. Während der eine vor allem häuslicher Natur ist und auf Beständigkeit baut, sucht der andere seine Erfüllung und das Erleben von Lebendigkeit durch das Bereisen der Welt, durch neue Erfahrungen und Entdeckungen. Es wäre von beiden eine ungesunde Erwartungshaltung nach Verbundenheit und Liebe, wenn sie sich wünschen würden, der Partner verschiebe für sie seine Wünsche und Grundbedürfnisse. Vielmehr bedarf es hier eines offenen Austausches und Verständnisses für die Individualität des Partners. Indem beide ihre Träume verwirklichen, ohne diese auf die Teilnahme des Gegenübers zu bauen, werden beide zufriedener und erfüllter in ihrem Sein. Es schließt nicht aus, dass beide Schritte auf den Partner zu machen, doch nicht aus Zwang, unter Druck von Schuldgefühlen oder aufgrund einer versteckten Erwartungshaltung. Dieses reife Verhalten, diese Beweglichkeit und Offenheit bedarf des Vertrauens, des Verständnisses und der Flexibilität durch echte Herzensverbundenheit.

Zur inneren Klärung unserer Werte, Bedürfnisse und Herzensziele innerhalb unserer Beziehung können uns folgende Fragen und Gedanken unterstützen:

Die einfachste Frage, welche wir uns gut merken können, lautet: Will ich es oder brauche ich es?

Werte, Bedürfnisse und Ziele, die von Herzen kommen, entstehen aus der Selbstliebe und Fülle in uns. Sie beantworten auch die Fragen: Was tut mir gut? Wofür stehe ich? Wie will ich leben? Was ist das Ziel meines Lebens? Wohin will ich mich entwickeln? Welche Erfahrungen brauche ich, um erfüllt, glücklich und im Frieden mit mir selbst zu sein?

Echte innere Werte sowie wahre Herzensziele bauen auf eine reine, liebevolle Absicht, auf den Glauben an das Gute in uns und in das Leben und auf eine urteilsfreie Werthaltung. Sie schenken uns immer Frieden mit uns selbst, innere Ruhe, Erfüllung und Selbstannahme, während Widersprüche in den Gedanken und im Gefühl zeigen, dass etwas noch nicht stimmig ist. Unsere Werte, Bedürfnisse und Ziele schwingen dann im Einklang und rein, wenn wir dabei tief durchatmen, die Klarheit und Ruhe in unseren Gedanken und die Liebe im Herzen spüren können.

Sollten wir Argumente und Gründe für oder gegen etwas suchen oder rechtfertigen wir uns (auch im Gespräch mit Freunden), dann kann sich dahinter eine Unsicherheit, ein Schönreden, faule Kompromisse oder Selbstsabotage verbergen. Nehmen wir uns in diesen Fällen Freiraum für Ruhe, Stille und Bei-Uns-Selbst-Sein. Die Klärung finden wir, wenn wir uns selbst bewusst und offen wahrnehmen können. Diese finden wir nicht unbedingt im Gespräch mit unserem Partner, sondern vielmehr in der stillen und achtsamen Begegnung mit uns selbst. Vielleicht finden wir auch Antworten in Gesprächen mit Freunden, die uns ehrlich reflektieren, die uns fördern und unterstützen, ohne uns ihre eigene Meinung aufzudrücken.

Machen wir uns somit bewusst: Wieso wollen wir unter Umständen mit uns selbst verhandeln und Kompromisse eingehen? Welches Bedürfnis oder Ziel steckt dahinter?

Was können wir tun, wenn wir feststellen, dass in unserer Beziehung nicht gleiche Werte, Bedürfnisse und Ziele vorhanden sind?

Gleiche Werte und Ziele sind die gemeinsame, übergeordnete Basis, auf welcher wir unsere alltäglichen Fragen beantworten und Herausforderungen oder Krisen in einer Partnerschaft meistern können.

Wenn unsere Bedürfnisse (teilweise) nicht übereinstimmend sind, dann ist es an uns, uns selbst zu hinterfragen, um unseren Standpunkt zu klären. Hegen wir vielleicht doch unbewusste Erwartungen an den Menschen an unserer Seite? Sind unsere Ziele und Wünsche wirklich rein und auf Liebe basierend? Was wollen und was brauchen wir wirklich? Die Verantwortung für unser Glück und unseren Seelenfrieden liegt immer bei uns selbst.

Mögen wir achtsam sein bei einem übertriebenen Bedürfnis nach Gemeinschaft, Nähe und Verbindung. Der andere wird nie unser eineiiger Zwilling sein. Er wird dies weder im Äußeren sein, Weg- und Lebensgestaltung betreffend, noch im Inneren durch Empfindungen, Bewusstheit oder Wünsche. Wären wir vollständig eins, dann wären wir nicht mehr individuelle Seelen mit einem freien Willen, einzigartiger Vergangenheit, persönlichen Stärken, Gaben sowie Entwicklungsmöglichkeiten und hätten auch keinen individuellen Seelenplan. In der Essenz sind wir alle dasselbe: Licht und Liebe. Doch in den Erfahrungen, in der Wahrnehmung und in der Art und Weise, wie wir entscheiden und das Leben gestalten, sind wir grundlegend verschieden.

Es kann helfen, bei offensichtlichen und unüberbrückbaren Diskrepanzen sich in Ruhe auf sich selbst und das Pflegen der Liebe und des liebevollen Handelns zu besinnen. Daraus entsteht ein heilsames und natürliches Loslassen dessen, was nicht wirklich wir selbst sind und was nicht unserem Seelenheil entspricht. Das kann zum Beispiel das ungesunde Bedürfnis nach zu viel Nähe und Gemeinschaft sein.

Segnen wir unseren Weg und unsere Beziehung und bitten wir um himmlischen Segen in der Haltung, dass sich alles licht- und sinnvoll für alle Beteiligten entwickeln möge. Oft kann sich so immenser Druck in uns selbst und in der Beziehung lösen. Das ermöglicht Einsicht und Offenheit. In liebevoller Selbsterkenntnis und im Vertrauen werden immer Lösungen für ein gesundes Miteinander erwachen, auch wenn dieses Miteinander bedeuten mag, alte Vorstellungen, Werte oder Strukturen zu verändern.

Herzensverbundenheit und Herzensverbindlichkeit

Durch die Selbstliebe lassen wir das Klammern und unnatürliche Bindungen los und erwachen zu wahrer Verbundenheit.

In einer Beziehung kommen zwei Lebenswege wie Flüsse zusammen. Durch Herzensverbindlichkeit, gemeinsame Werte und Ziele sowie liebevolle Erfahrungen wächst Verbindung. Diese zwei Flüsse mögen in die gleiche Richtung fließen, derselben Quelle entspringen und doch werden sie sich nie vollständig parallel ihrem gemeinsamen Ziel der All-Liebe nähern können. Mal fließen sie voneinander weg, mal wieder zusammen. Dabei sind sie unsichtbar und unaufdringlich verbunden durch den inneren Ruf, dasselbe Bewusstsein und die gleiche Lebendigkeit. Wenn diese Flüsse parallel fließen würden, dann würden einer oder sogar beide ihren Seelenplan, ihre lichtvolle Bestimmung und Individualität verlassen und ihren Lebensweg an den anderen binden. Doch das würde uns auf Dauer nicht glücklich machen; denn wir würden an Lebendigkeit verlieren und unser Selbst verbiegen. Unser Herz würde uns darauf aufmerksam machen wollen, durch Gefühle oder vielleicht auch durch körperliche Zeichen. Wir würden auch auf Blockaden stoßen, weil wir nicht mehr der Leichtigkeit, unserer himmlischen Führung und der inneren Weisheit Vorrang geben würden, sondern einem von außen gegebenen Lebensfluss. Wir würden so auch nicht all das Gute auf der Erde bewirken können, denn wir würden unsere heilende und höchst kreative Lebenskraft nicht in ihrem vollen Potenzial entfalten können.

Aufeinander angewiesen zu sein, macht uns bescheiden und dankbar für das, was wir haben. Letztlich sind wir nur dann stark und können etwas Gutes in unserem Umfeld und in der Welt bewirken, wenn wir in einer liebevollen und intakten Gemeinschaft gehalten sind. In den zunehmenden äußeren Freiheiten unserer Gesellschaft nimmt jedoch

Bindung durch äußere Umstände, entstanden aus dem natürlichen Überlebensbedürfnis des Menschen, immer mehr ab. Wir müssen nicht mehr zwingend heiraten, um eine Familie zu gründen. Auch Frauen können ihre Kinder alleine in die Welt begleiten, ohne auf die Unterstützung eines Versorgers angewiesen zu sein. Wir können zwei Haushalte führen, weil wir – zumindest in westlichen Ländern – im materiellen Überfluss und in finanzieller Sicherheit leben. So nehmen äußere Bindungsgründe immer mehr ab und fordern von uns eine neue Basis, auf welcher wir etwas Gemeinsames erschaffen und erhalten können. Wir entwickeln uns dahin, Bindung an Menschen in eine freilassende Herzensverbundenheit, die auch Verbindlichkeit einschließt, zu verwandeln. Dies bedingt eine erwachsene, liebevolle Beziehung zu uns selbst, Vertrauen und ein offenes, erhöhtes Bewusstsein für die Gemeinschaft.

Freiheiten zu haben und damit verantwortungsbewusst, zum Wohle von uns und anderen, umzugehen, erfordert eine innere Reife. Damit einher geht ein verbindliches Miteinander auf Basis von ethischen Werten, anstatt von Moral oder Zwängen. Eine erwachsene Persönlichkeit kann mit Freiheiten, auch innerhalb der Beziehung, würdevoll und durch eine liebevolle innere Besinnung umgehen.

Bindung in der Beziehung

Bindungsversuche und entsprechende Verhaltensmuster in einer Partnerschaft entstehen durch Verlustängste, durch mangelndes Selbstwertgefühl und im Endeffekt durch fehlendes Vertrauen und nicht gelebte Selbstliebe. Daraus entstehen dann ein Mangeldenken, weitere Ängste, Erwartungshaltungen, egoistische Forderungen, Kontrollversuche oder ungesunde Grenzüberschreitungen, wie beispielsweise ein übermäßiges Anpassen an den Partner. Dazu kommen seelische Abhängigkeitsverhältnisse, die wir dann vielleicht sogar nach außen transportieren (zum Beispiel durch Heirat oder Zeugung von Kindern, mit dem Zweck, einen Menschen an uns zu binden). Gerade zu hohe Erwartungen blockieren, nicht nur die Beziehung, sondern auch uns selbst. Übermäßige, ungesunde Erwartungen an uns selbst entstehen immer aus einer fehlenden Selbstreflexion, selbstauferlegter Härte und innerer Strenge mangels Selbstliebe. Erwartungen an den anderen entstehen aus der Projektion; also aus Sehnsucht nach Liebe und Anerkennung im Äußeren. Auch dies zeigt mangelndes Liebesbewusstsein für uns selbst.

Jegliche unnatürliche Bindung in einer Beziehung ist ungesund, denn sie blockiert die freie Entfaltung der Individualität und die Liebe. Anhaftung entsteht, wenn wir uns wünschen, eine Person oder Sache würde uns glücklich und erfüllt machen. Darin entsteht ein Begehren und Habenwollen, welches nichts mit Liebe zu tun hat. Der Versuch, jemanden an sich zu binden, entspringt dem Wunsch, ihn festhalten zu wollen. Im Festhalten entstehen jedoch immer schwere und ungesunde Lebensumstände. Jegliches Festhalten wird uns früher oder später unglücklich und unzufrieden machen. Die Folge sind emotionale Disharmonie, Widerstände im Inneren und Äußeren (in der Beziehung oder anderen Bereichen unseres Lebens) sowie mögliche körperliche Beschwerden.

Solche Zeichen weisen immer darauf hin, dass wir von unserem wahren Naturell und inneren Herzensruf abgewichen sind, nicht aus Liebe und lichtvoller Weisheit handeln und dies korrigieren dürfen. Korrigieren bedeutet zumeist, nach innen zu schauen, uns selbst zu reflektieren und aus der Erkenntnis eine heilsame Veränderung zu finden. Dies erfordert in der Regel eine geistige Wegbewegung vom Partner, denn zu lieben bedeutet freizulassen – und dies kann sich schmerzhaft anfühlen. Der Gedanke und damit auch das Gefühl der scheinbaren Trennung vermischen sich gerne mit alten Erfahrungen und Emotionen, vorrangig aus unserer Kindheit. Verlustängste und Melancholie können dabei noch stärker werden, auch wenn das Freilassen nichts mit Trennung gemein hat. Eine gewisse Wegbewegung und damit ein Loslassen ist eine gesunde Entwicklung zurück in ein heilsames Gleichgewicht, in welchem beide die Chance haben, ihre Individualität und Persönlichkeit noch mehr zu entfalten und in ihrem „Ich-Bin-Bewusstsein" zum Wohle der Gemeinschaft zu stabilisieren. Erst durch das Lösen von unnatürlichen, auf Angst und Mangel basierenden Bindungen, Anhaftungen und emotionalen Abhängigkeiten kann echte Verbundenheit erwachen. Dasselbe gilt für emotionale Mauern, welche wir als Schutz vor Nähe und potenziellen Wiederholungen von schmerzhaften Erfahrungen errichtet haben. Durch Besinnung auf uns selbst kann unser Herz zur Ruhe kommen und wird sich in der gelebten Selbstliebe öffnen dürfen. Erst aus dieser Öffnung, aus Frieden und aus dem Vertrauen in uns und in das Leben werden wir unsere Offenheit und Verbindung von Herz zu Herz zum Mitmenschen erfüllend und beflügelnd erleben können.

> Verbundenheit wird in reiner Liebe und höherem Bewusstsein gehalten. Sie ist ein Gefühl und die Gewissheit, dass wir stets im Licht und in der Liebe verbunden sein werden und daher kein Festhalten mehr nötig ist. Sie beruht auf Verständnis, Offenheit, Vertrauen, tiefer Annahme und Respekt für den anderen in seinem So-Sein. Sie ist getragen von einem echten Herzensbedürfnis nach Nähe, nach Teilen, Schenken und Empfangen aus Freiheit, Liebe und Dankbarkeit.

Im Bewusstsein, dass wir alle vollkommene, liebe- und lichtvolle Seelen mit individuellem Herzensauftrag sind, können wir unser Gegenüber als einzigartiges, unsterbliches Wesen betrachten und wertschätzen. Wir sind uns in dieser Inkarnation auf diese Weise begegnet, und dies ist ein wundervolles Geschenk, welches wir für diese begrenzte irdische Lebenszeit annehmen und dankbar genießen dürfen.

Verbundenheit in einer Beziehung beginnt, wenn Bindung endet. Dann sind wir offen für Neues und halten an Altem nicht unnötig fest. So können sich alle Beteiligten, ihrem Herzensauftrag folgend, entwickeln und entfalten. Dann erlauben wir uns gegenseitige Freiheiten auf der Basis unseres Vertrauens in das Lichtvolle des Lebens.

Durch **Gemeinsamkeiten** und damit auch durch Resonanz – denn Gleiches zieht Gleiches an – kann zwischen zwei Menschen ein Gefühl von Verbundenheit entstehen. Diese Gemeinsamkeiten können sein:

- Gleiche oder ähnliche vergangene Erfahrungen (unabhängig voneinander)
- Gemeinsame vergangene Erfahrungen (dieses oder frühere Leben)
- Gleiche Lebensmuster, Ängste, Glaubenssätze oder Gefühlsmechanismen
- Gleiche Charakter- und Persönlichkeitsfacetten (vor allem durch gleiche prägende Erfahrungen und die daraus entwickelte Lebensphilosophie)
- Gleiche Lebensphilosophie, gleiche Werte, Bedürfnisse und Ziele
- Gemeinsame lichtvolle Bestimmung im Dienste der Selbst- und der Nächstenliebe

Durch natürliche Anziehungskraft fühlen wir uns von ähnlich schwingenden Menschen angezogen. Wir bleiben dabei bei ihnen stehen oder nehmen sie mit auf unsere Lebensreise, solange ursprüngliche Verbundenheit oder ein unnatürliches Festhalten uns zusammenhält. Doch wachsen wir in unserer Liebe und Weisheit, verändern sich unsere Resonanzmuster. Daraus entsteht immer ein natürlicher Veränderungsprozess zwischen zwei Menschen. Die Beziehung entwickelt und entfaltet sich oder entgleitet uns. Schön ist, wenn sich der Mensch an unserer Seite in seinem Wissen und in der Liebe auch entwickelt, ohne dass wir Bedingungen stellen oder Erwartungen hegen. Wir können von niemandem verlangen, sich in seinem Bewusstsein, seinen Emotionen oder seinem Verhalten zu verändern. Das zu fordern, ist nicht Liebe, denn wir würden uns für besser oder fortgeschrittener halten und damit den anderen in seinem Sein bewerten. Wenn wir uns selbst bremsen sollten, um Bestehendes zu konservieren, und unsere Bedürfnisse nach Selbsterfahrung und liebevoller Entwicklung zurückstellen, wird immer ungesunde Bindung entstehen. Dahinter wirkt die oft nicht einmal berechtigte Angst, einen Menschen zu verlieren oder allein zu sein. Dies kann bedeuten, dass wir den Wert der Beziehung oder die Bedeutung dieses Menschen in unserem Leben über den Wert von uns selbst und unsere Entfaltung stellen. Weshalb tun wir das? Aus falscher Moral, Mitleid oder Schuldgefühl? Tun wir es deshalb, weil uns oder unserem Ego die Beziehung eben doch etwas gibt, das sich lohnt stehenzubleiben oder vermeintlich durchzuhalten? Zum Beispiel auf die eine oder andere Weise Sicherheit, Schutz und Geborgenheit? Im Endeffekt entstehen falsche Kompromisse immer aus mangelnder Selbstliebe.

Bei diesen Gedanken geht es nicht um die Frage oder Schlussfolgerung: Soll ich mich trennen oder nicht. Sondern es geht darum, so zu leben, dass wir Frieden, Ruhe und die Liebe zu uns selbst spüren. Alles andere entwickelt sich daraus erfüllend und oft auch im Miteinander. Wir sollten die Antwort auf die Frage nach Trennung weniger über unseren Intellekt, sondern vielmehr über das Erleben und Fühlen erfahren. Sollte dieses Thema wirklich reif für die Umsetzung sein, dann wird es irgendwann keine Frage und kein Zweifel, sondern Gewissheit durch eine natürliche Entwicklung und durch Besinnung auf ethische, liebevolle Werte sein.

Es gibt Menschen, die scheinen aus anderem Holz geschnitzt zu sein als wir. Mit diesen Seelen Vertrautheit, Nähe und Verbundenheit aufzubauen und in Leichtigkeit das Zusammensein zu genießen, ist oft ein schweres oder gar unmögliches Unterfangen. Es liegt an uns, bei solchen Verbindungen zu erkennen, weshalb wir wirklich mit diesen Menschen zusammen sein wollen. In der Regel geben uns solche Allianzen etwas, sonst würden wir nicht an ihnen festhalten. Das kann Anerkennung, Erfüllung eines materiellen oder oberflächlichen Wunsches, Aufrechterhaltung eines heilen Scheinbildes, Ansehen, Sicherheit, Beständigkeit oder etwas anderes sein. Durch die ehrliche, liebevolle Betrachtungsweise kann eine respektvolle Korrektur in der inneren Haltung und in unserem Verhalten entstehen.

Vertrauen in einer Beziehung aufzubauen, ist grundlegend. Sie ist jedoch kein Gegengeschäft. Sie basiert auf einem gesunden Selbstwert und himmlischer Verbundenheit. Achtsamkeit und Ehrlichkeit erden Vertrauen, machen es auf gesunde Weise im Alltag umsetzbar. Echtes Vertrauen baut nicht auf Bestätigung oder Beweise im Äußeren. Bestätigende Erfahrungen können auf wunderschöne Weise bekräftigen, was verinnerlicht ist und durch und durch gelebt wird, vermögen jedoch inneren Mangel nie dauerhaft zu ersetzen oder Unsicherheiten zu besänftigen.

Vertrautheit hingegen ist eine gemeinsame Sache und natürlich auch erstrebenswert. Vertrautheit entsteht jedoch erst durch den Weg, welchen wir in Liebe, Vertrauen und Verbundenheit und durch viele nährende Erfahrungen gemeinsam gestalten.

Wahres Glück in einer Beziehung ist nicht von sinnlicher Befriedigung abhängig, sondern basiert auf Herzensverbundenheit, Weisheit, innerem Frieden und Zufriedenheit. Verbundenheit zwischen zwei Menschen ist geprägt von Verständnis, Vertrauen, Mitgefühl, Liebe, einem Gefühl von Zugehörigkeit, gesundem Selbstwertgefühl und einer hohen Differenzierungsfähigkeit. Echte Herzensverbindungen sind heilsam, schenken uns Kraft, Ruhe und Sicherheit.

Durch Selbstliebe nimmt Bindung ab, und Verbundenheit kann entstehen. Diese Verbundenheit ist nicht auf den Partner beschränkt, sondern entfaltet sich in allen Bereichen unseres Lebens – in unserer Beziehung zu unseren Kindern, Mitmenschen, zur Natur, zur Schöpfung und zu Gott.

Herzensverbundenheit zwischen zwei Menschen
wird genährt durch:
- Eine liebevolle Beziehung zu uns selbst (Selbstbewusstsein, Selbstwertgefühl, Vertrauen, Eigenverantwortung und Selbstliebe).
- Inneren Frieden und Heilung (Herzensverbundenheit ist erst möglich, wenn wir nicht mehr bedürftig und frei von Vergangenem im Herzen sind.)
- Gemeinsamkeiten in den inneren Werten und im Bewusstsein.
- Verständnis, Vertrauen, Mitgefühl, Offenheit, Liebe und ein Gefühl von Zugehörigkeit.
- Dankbarkeit, Wertschätzung und Bescheidenheit (Besinnen wir uns auf das, was wirklich wichtig ist. Bescheiden werden wir, wenn wir erkennen, dass unser Partner uns auch mit all unseren Eigenheiten, unseren Ecken und Kanten annimmt und leben lässt.)
- Respekt und Achtung vor dem anderen und seiner Individualität (und unserer eigenen).
- Geben und Nehmen als gemeinsamer Austausch ohne Erwartung einer Gegenleistung (auch nicht versteckt).
- Durch das Loslassen unserer Erwartungshaltung, denn diese zerdrückt den anderen und blockiert die Liebe und Gemeinschaft.
- Gemeinsame Erfahrungen, gemeinsames Genießen und Erleben von schönen Dingen.
  Beziehungen sollten wir genießen können, denn wie sollten wir uns sonst auf den anderen freuen und die Liebe zwischen uns wachsen lassen.
- Durch das gemeinsame Meistern von Herausforderungen und Veränderungen.
  Schöne Erfahrungen und Höhenflüge möchten uns Kraft geben, auch die Tiefgänge in einer Beziehung gemeinsam zu überwinden und an ihnen zu wachsen. Beide Aspekte gehören zu einer sich entwickelnden freilassenden Partnerschaft und stärken diese nachhaltig.

- Inneres Engagement.
Überall dort, wo wir von Herzen dabei sind, kostet es uns keine Kraft. Mühsam und energieraubend wird es nur, wenn unser Herz nicht dabei ist und wir gegen die Wahrheit in unserem inneren Kern handeln.

Durch Verbundenheit entsteht Herzensverbindlichkeit.
Herzensverbindlichkeit ist ein 100%iges Ja zur Beziehung zu einem Menschen. Sie kommt immer von innen und bedeutet, dass sich unser Partner auf uns verlassen kann. Dieses Ja kann somit nur aus der Bewusstheit und dem Erleben einer liebevollen und gleichberechtigten Beziehung erwachen. Es hat nichts mit oberflächlichen Versprechungen, Treueschwüren, Sicherheitsdenken, Festhalten-Wollen, äußeren Zwängen, gesellschaftsbedingten, jedoch nicht verinnerlichten Ritualen oder Moralvorstellungen gemein.

Die Verbindlichkeit zu einem Menschen basiert immer auf der Beziehung und Treue zu uns selbst sowie auf der Wertschätzung und Dankbarkeit für das Dasein des anderen. Alles, das in Konkurrenz zur Treue zur eigenen Seele und zum Lebensplan steht, kann nicht wirklich Liebe sein. In diesem möglichen Konflikt dürfen wir uns hinterfragen und lernen, aus der Erkenntnis heilsame Wege für ein freilassendes und nährendes Miteinander zu finden. Heilsame Wege entstehen, indem wir zuerst uns selbst heilen, die Vergangenheit klären und uns lieben lernen. Dann kann auch die Beziehung heilsame Wege einschlagen; nicht weil wir es vom anderen fordern, sondern weil wir es leben.

Wenn wir Ja sagen, aber innerlich Nein oder Vielleicht fühlen und denken, dann spürt das Unterbewusstsein des Partners diesen Widerspruch. Dies verunsichert den Menschen – bewusst oder unbewusst – und schafft einen Raum von Misstrauen, Zweifel und Unruhe. So kann jedoch kein erfüllendes Miteinander entstehen, denn Wahrhaftigkeit, Zuverlässigkeit und Vertrauen sind die Basis. Wir sollten in uns klar sein und diese Klarheit in die Beziehung bringen. Alles andere führt zu Verwirrung und kann sogar Missbrauch des Partners bedeuten; nämlich ihn warmzuhalten, bis der oder die Nächste kommt oder für andere eigennützige Zwecke an unserer Seite zu binden. Ein würdevoller Umgang mit unserem Partner bedeutet somit, ehrlich und aufrichtig zu sein und ihm mit Vertrauen und Respekt zu begegnen, verbindlich auf die Gemeinschaft zu bauen oder diesem Menschen das Beste zu wünschen, ihn zu segnen und vollumfänglich freizugeben.

Herzensverbindlichkeit entsteht durch Gegenwärtigkeit. In der Gegenwart erwacht unser Herzensbekenntnis zu einem Menschen immer wieder aufs Neue zu Lebendigkeit. Im Hier und Jetzt sind wir uns dessen bewusst und erinnern uns in Dankbarkeit daran, wie schön es ist, dass dieser Mensch sich für uns entschieden hat und zu uns hält. In der Gegenwart finden wir auch unsere gemeinsamen Wurzeln durch die gemeinsam gemeisterten und genossenen Erfahrungen, die uns Verständnis, Wertschätzung, Vertrautheit und Verbundenheit schenken können. Genauso erkennen wir im Heute den Herzensruf für eine gemeinsame Zukunft. Dieser Herzensruf ist das Gefühl und das tiefe innere Ja, dass wir gemeinsam weiterschreiten möchten, jeder seinem individuellen Lebensplan folgend und doch stets in Liebe, Mitgefühl und Hilfsbereitschaft verbunden.

Herzensverbindlichkeit kann ein Fundament für eine heilsame und entwicklungsfähige Partnerschaft sein; denn sie schenkt beidseitiges Vertrauen und Beharrlichkeit in weniger beflügelnden Zeiten. Wir können damit so manche Stürme gemeinsam überstehen und daran wachsen. Gleichzeitig mäßigt sie uns in einer übertriebenen, blinden Erwartungshaltung und Phantasievorstellung, wie unser Partner zu sein hat, um in der Beziehung vermeintlich glücklich und erfüllt zu sein.

„Ich liebe dich."

Die drei bekanntesten Worte der Welt haben wir alle wohl schon irgendwann gedacht oder auf die eine oder andere Weise ausgesprochen. Diesen Worten können verschiedene bewusste und auch unbewusste Impulse zu Grunde liegen. Manchmal sagen wir „Ich liebe dich" aus einem Hochgefühl; oder wir möchten unser Gegenüber besänftigen, Kontakt und Reaktion als Bestätigung spüren. Wir hegen vielleicht auch Erwartungen, knüpfen nichtgesagte Bedingungen daran oder möchten den Menschen damit ein Stück an uns binden. Das ist nicht Liebe. Liebe ist leise, voller Ruhe und Vertrauen, freilassend und hingebungsvoll.

Wenn wir diesen Satz in tiefer Ruhe und mit denselben liebevollen Gedanken und Gefühlen an uns selbst richten können, dann sind es wahrhaftige, bewusste Herzensworte, die wir einem Menschen schenken. Dann sind sie nicht Projektion und Ergebnis von Ängsten oder hormonellen Glücksmomenten. Diese Worte bedeuten immer, dass wir den Menschen in seinem So-Sein annehmen und respektieren, dass wir uns seines Nicht-Perfekt-Seins und gleichzeitig seiner Vollkommenheit bewusst sind. Das bedeutet, dass sie ohne Wertigkeit sind.

Die reinste Form der Liebe ist die absichtslose Liebe. Die Worte „Ich liebe dich" oder andere Formulierungen, die doch das Gleiche sagen, sind dann rein, wenn sie aus tiefstem Herzen hinausfließen, wenn sie vollständig freilassend, ohne Erwartung und ohne selbstbezogene Absichten oder Bindungswünsche geschenkt werden. Sie drücken dann aus, was wir leben, und nicht, was wir haben möchten.

Offener und heilsamer Gedankenaustausch

Jeder Mensch hat seine eigene Meinung – und das ist gut so, auch in einer Beziehung. Wir brauchen Menschen in unserem Umfeld, die uns hinterfragen, an deren Sichtweise und Andersartigkeit wir wachsen und uns entwickeln dürfen; denn unsere subjektive Wahrnehmung ist immer beschränkt. Sie ist geprägt durch unsere Erfahrungen und Erkenntnisprozesse und die Fähigkeit, unseren Standpunkt zu hinterfragen und verändern zu können. Unterschiedliche Ansichten, Wünsche und Ziele in einer Beziehung können somit sehr bereichernd für die eigene Persönlichkeitsentwicklung sein. Dies bedingt jedoch, dass wir wie Erwachsene handeln, Andersartigkeiten respektieren und gelassen, flexibel und offen auf Meinungsunterschiede zugehen können. Konflikte entstehen erst dann, wenn wir Angst vor Andersartigkeiten haben. Dadurch erstarren wir in unserer Haltung, wir passen uns zu sehr an, verurteilen den anderen oder versuchen, ihn zu verändern.

Ein offener und würdevoller Meinungsaustausch ist somit sehr wichtig für eine erfüllende und gesunde Beziehung. Das Führen von ehrlichen und sinngebenden Gesprächen zeugt von einem erwachsenen Geist, von offenem Wahrnehmungsvermögen, gegenseitigem Vertrauen, Respekt und Verständnis.

Ein offener und heilsamer Gedankenaustausch basiert immer auf unserer Achtsamkeit, Selbstwahrnehmung und Empathie. Sie bedingt ein gesundes Selbstwertgefühl und Selbstvertrauen sowie Wertschätzung und Vertrauen in das Gegenüber. Nur durch Vertrauen in den Mitmenschen und in uns selbst haben wir den Mut, die Wahrheit zu sagen und uns zu zeigen, mit unseren Gedanken, Hoffnungen, Gefühlen, Ängsten und Bedürfnissen. Nur durch echtes Vertrauen haben wir die Gewissheit verinnerlicht, dass unser Partner mit der Wahrheit umgehen kann und es lichtvoll für alle Beteiligten weitergehen wird. Ein zu hohes Harmoniebedürfnis kann dabei genauso wie das irritierte Bedürfnis nach konstanter Reibungsfläche, nach Streit und Konflikten mangelndes Selbstvertrauen widerspiegeln.

Ein gesunder Gedankenaustausch baut auf eine beidseitige Differenzierungsfähigkeit: Die Fähigkeit, das Ich vom Du zu unterscheiden. Das bedeutet, sich selbst Halt geben zu können und nicht auf die Anerkennung und Zustimmung des Gegenübers angewiesen zu sein. So können wir bei uns selbst und gleichzeitig mit Empathie beim anderen sein. Durch unser Differenzierungsvermögen entstehen keine ungesunden Abhängigkeiten, sondern Freiheiten und individuelle Entfaltungsmöglichkeiten innerhalb von Beziehungen.

Heilsame und nährende Gespräche finden durch reine, liebevolle Absichten statt. Das bedeutet über das bereits Genannte hinaus, dass wir durch das Teilen von Meinungen echte Offenheit und wirkliches Interesse an Einsicht und konstruktiven Lösungen für alle Beteiligten haben. Das bedingt, dass wir gegenseitig die Dinge beim Namen nennen können.

Nicht von Herzen und damit nicht wirklich rein wäre es, wenn wir Dinge auf eine Weise sagen, um versteckt etwas anderes zu bekommen, als ausgesprochen wurde. Das könnte zum Beispiel der Fall sein, wenn wir jemandem Intimes erzählen, mit der Absicht, unnatürliche Bindung aufzubauen; oder weil wir lediglich Bestätigung (weil Selbstzweifel da sind?) anstatt einer Zweitmeinung suchen oder gar eine Allianz gegen Dritte bilden wollen; oder wenn wir am Gespräch nur deshalb interessiert sind, weil wir dadurch Energie und Aufmerksamkeit erhaschen können. Auch das Zuhören aus reiner Neugierde oder oberflächlicher Höflichkeit zeugt von keinem echten Interesse am Menschen und seiner Geschichte.

Wir können uns auch daran orientieren, ob ein Gedankenaustausch uns und die Mitmenschen stärkt, offen und groß macht oder eben schwächt und damit klein und eng fühlen lässt. So erkennen wir, ob das Gespräch uns und anderen guttut und somit in Reinheit und Liebe fließt oder ob Missverständnisse, Macht- beziehungsweise Energiespiele einwirken.

Worauf basiert ein heilsamer und gegenseitig bereichernder Gedankenaustausch?

- **Darauf, dass wir unterschiedlicher Meinung sein dürfen.**

Kein Mensch und kein Partner wird unserer Wunsch- und Phantasievorstellung entsprechen, auch nicht in seinen Ansichten. Vielmehr wird er eine eigene Persönlichkeit sein und damit eine eigene Meinung und Vorlieben haben. Das ist gut so. Wir sind nicht gemacht, um gleich zu sein, sondern um uns durch unsere Unterschiede zu inspirieren und zu bereichern. Wenn wir das einsehen und akzeptieren, entsteht die Basis, um sich gegenseitig anzunehmen, offen zu bleiben und aufeinander zuzugehen. Dann wertschätzen wir vielleicht sogar die Andersartigkeit des Partners, anstatt sie abzulehnen oder zu verurteilen. Gerade in der heutigen Zeit, wo wir so viele Freiheiten haben, dürfen wir in Alternativen denken, anstatt in richtig oder falsch. Unterschiedlicher Meinung sein zu dürfen, zeugt somit von gegenseitiger Großzügigkeit und von Respekt gegenüber der Individualität. Wir lernen in Beziehungen zu lieben und nicht, uns zu einer Einheit zu verschmelzen.

- **Kritik und Komplimente annehmen und schenken können**

Mangels gesundem Selbstbewusstsein verbinden wir Kritik leider unnötig oft mit persönlichem Angriff, was dann nicht selten in eine Abwehrhaltung oder in Gegenangriff mündet. Kritik selbstbewusst annehmen zu können, bedeutet, dem anderen respektvoll zuzuhören, um uns in dessen Perspektive hineinzuversetzen und danach in Ruhe über das Gesagte nachzudenken. Wir erlauben uns so, unseren eigenen Standpunkt zu hinterfragen und gegebenenfalls zu korrigieren oder bewusst bei der eigenen Meinung zu bleiben.

Es lohnt sich daher auch, bei Kritik zuerst einmal durchzuatmen und offenzubleiben, anstatt emotional auszubrechen, die Worte persönlich zu nehmen oder Gegenargumente auszuteilen. In der Regel haben ja beide recht auf die eine oder andere Weise.

Gleichzeitig ist es natürlich an uns, eine andere Meinung vertreten und zeigen zu können. Gesunde Kritik ist neutral, (vor)urteilsfrei, konstruktiv und frei von Emotionen. Unsere Absicht hinter unseren Worten ist dann rein, wenn wir lösungsorientiert, verständnisvoll, aufbauend und freilassend bleiben.

Genauso dürfen wir uns über schöne Rückmeldungen freuen, sie mit Dankbarkeit und Würde annehmen oder großzügig und ehrlich verschenken.

- **Zuhören können.**

Es ist doch einfach: Wie wünschen wir uns einen Zuhörer? Dass dieser offen, mit Interesse an unserer Meinung und mit Verständnis da ist? Dass er sich mit Ratschlägen zurückhält, weil Ratschläge auch „Schläge" sein können? Möchten wir, dass er uns nicht ins Wort fällt, kaum holen wir neuen Atem, sondern uns in Ruhe aussprechen lässt? Dass er einen respektvollen Umgang mit den anvertrauten Gedanken und Geschichten pflegt, anstatt sie dem nächstbesten Zuhörer aus unterschwelligem Eigennutz weiterzugeben? Wenn Sie sich dies so oder ähnlich ebenfalls wünschen, dann leben sie es vor und tun Sie es selbst.

Es gibt nichts Wertvolleres als einen Zuhörer, der wirklich zuhören kann. Welcher mit seiner Aufmerksamkeit da sein kann und doch die Verbindung zur eigenen Mitte, zu den eigenen Gedanken und Gefühlen nicht verlässt.

Es ist dabei empfehlenswert, einen gelassenen Umgang mit der eigenen Lebenserfahrung und Weisheit zu pflegen. Es ist selten dienlich, wenn wir das Erzählte des Gegenübers als Anlass nehmen, um die eigene Geschichte oben drauf zu legen, nach dem Motto: „Ich weiß, ich habe das auch schon erlebt. Es war damals so..." Wertvoller für den Erzähler ist oft, dass wir bei seinen Gedanken bleiben und offen nachfragen. Zum Beispiel: Wie meinst du das genau? Was hast du dabei gefühlt? Wie gehst du heute damit um? Was hat dir geholfen? Was denkst du, ist jetzt für dich wichtig? Hast du dir Lösungen überlegt? Wir begünstigen damit lichtvolle Erkenntnisse beim Erzähler, ohne dass wir unsere Lebensphilosophie und unser Wissen dem Gegenüber einzupflanzen versuchen.

- **Darauf, dass wir uns zeigen und erzählen können.**

Durch das Erzählen geht es nicht darum, Aufmerksamkeit, Anerkennung, Verbindung oder Bestätigung zu erhalten. Auch wenn Menschen sich manchmal darin vergessen, so geht es vielmehr um einen offenen Gedankenaustausch, welcher beide inspiriert und bei beiden Sichtweisen erweitert. Dabei sind wir vielleicht einmal vorrangig die Zuhörer, bei einem nächsten Mal sind wir die aktiven Erzähler. Es lohnt sich daher, die Balance auch hier zu halten und uns zu zeigen mit unserer Ansicht, unseren Fragen, Wahrnehmungen und Bedürfnissen. Unserem Partner und unseren Freunden zu vertrauen, bedeutet, auszusprechen, was uns beschäftigt. Durch einen offenen und würdevollen Gedankenaustausch können so nicht nur neue Lösungen, sondern auch Nähe und Verbundenheit mit unseren Lieben wachsen.

Ein bewusstes und liebevolles Gespräch ist somit immer nährend für beide; denn beide können darin Erkenntnisse und Inspiration für ihr Leben mitnehmen, und es ist schön, dem anderen ein Geschenk auf dem Weg mitgeben zu dürfen; sei es durch das aktive Zuhören und Dasein oder durch das Teilen unserer Geschichte und Gedanken. Ein Gespräch fließt dann heilsam, wenn darin Offenheit und ein Gleichgewicht gehalten ist, wenn wir uns unserer himmlischen Verbundenheit, unserer Reinheit der Gedanken und unseres liebevollen Herzens bewusst sind.

Bei wichtigen Gesprächen, die uns im Vorfeld vielleicht auch auf dem Magen liegen, kann es wertvoll sein, die lichtvolle geistige Welt um Segen und Führung zu bitten. Ein Gebet hilft uns, Sorgen abzugeben und Kraft für ein konstruktives, friedvolles Gespräch zu finden. Wir erinnern uns mit der Bitte um Segen immer daran, dass in Liebe alles möglich, doch so manches nicht mehr wichtig ist. Wir besinnen uns damit bewusst auf die höhere, liebevolle Weisheit in uns. So können wir uns auch mit Verständnis auf unser Gegenüber zubewegen und richten uns in positiver Haltung konsequent auf einen lichtvollen Weg mit Lösungen aus.

> **Bitte um Segen und Führung für ein bevorstehendes Gespräch**
>
> Liebe lichtvolle Wesen der geistigen Welt, ich bitte um himmlischen Segen für mein Gespräch mit (Name). Ich bin bereit, in reiner Absicht und liebevollem Bewusstsein zu wirken. Möge Frieden, Heilung und Liebe über allem stehen und uns beschützen. Bitte führt mich und (Name) mit eurer Weisheit und zeigt uns Lösungen und einen lichtvollen Weg auf. Möge sich alles zum höchsten Wohl für uns und alle Beteiligten entwickeln. (Amen)

Berührung und Sexualität als Ausdruck von Nähe und Vertrauen

> Eine Berührung, die von Herzen kommt, ist heilsam.

Seele und Geist sind über das Nerven- und Hormonsystem sowie über die Chakras mit dem Körper verbunden. Über unsere Geisteskraft steuern wir unsere Gedanken. Damit beeinflussen wir unseren Hormonfluss, unsere Gefühle, Gesundheit sowie körperliche und seelische Empfindungen und Bedürfnisse. Unsere Haut ist ein immenses Netz von Nervenzellen. Jede Berührung des Körpers wird über die Nervenbahnen an unser emotionales Bewusstsein weitergeleitet. Mit einer körperlichen Berührung berühren wir somit auch die Seele eines Menschen. Jedoch nur so weit, wie dieser in seiner geistigen und emotionalen Offenheit dies zulässt. Die freie und gesunde Entscheidungskraft, Urteilshaltung, Gedankenmuster, Ängste, blockierte, verdrängte oder betäubte Gefühle können dies ganz oder teilweise verhindern. Wir können uns somit entscheiden, unsere Seele vor emotionalen Schlägen genauso zu schützen wie vor liebevollen, heilsamen Berührungen und Glücksgefühlen.

Schon alleine diese Gedanken zeigen, dass es bei Berührung und Sexualität um weit mehr geht als um körperliche Empfindungen, Bedürfnisse oder Überlebenstriebe. Unsere Dreifaltigkeit von Körper-Seele-Geist ist vollkommen. Sie ist nicht nur vollkommen, um das Überleben der Menschheit zu sichern und körperliche Gesundheit zu begünstigen, sondern auch, damit unsere Seele all die Erfahrungen in der Physis für ihre vorgenommene lichtvolle Entwicklung zur Liebe hin machen und dabei die Geisteskraft als machtvolles Werkzeug nutzen kann. Doch könnte es sein, dass wir uns in unserem Umgang mit Sexualität von der Natürlichkeit und Einfachheit weg entwickelt haben? Wieso ist das Thema in so manchen Köpfen überpräsent, mit Scham belegt oder wird als Tabu verdrängt? Wieso erleben wir in unseren Beziehungen so viele Konflikte damit, und wie können wir einen erfüllenden und heilsamen Weg finden?

Ich schlage in diesem Buch das Kapitel Sexualität auf, um Sie auf eine inspirierende Gedankenreise mitzunehmen. Dabei bin ich weder Sexualtherapeutin noch Wissenschaftlerin auf diesem Gebiet. Vielmehr möchte ich Sie zum Nachdenken einladen, damit Sie aus Ihren Erkenntnissen Weisheit und Kraft finden, um liebevolle ethische Werte zu leben – auch in den Bereichen von Sexualität, Berührung, körperliche Nähe und Verbundenheit. *Die Resonanz der Liebe* ist damit auch an dieser Stelle eine Botschaft des Herzens und wachen Geistes, der Liebe und des himmlischen Wissens.

Sexuelle Anziehungskraft

Unser Umgang mit Sexualität ist stark beeinflusst durch unsere erzieherische Prägung, das Vorleben unserer Eltern, die vorherrschende gesellschaftliche und religiöse Geisteshaltung, kulturelles Erbe und damit von heute geltenden Moralvorstellungen, von unterbewussten Ängsten, Gedanken- und Bewertungsmustern.

Unsere sexuellen Bedürfnisse und Vorlieben sind somit geprägt durch übernommenes Gedankengut, das wir von unseren Bezugspersonen und Vorbildern abgeschaut, und indem wir eigene Erfahrungen gemacht, eingeordnet und bewertet haben. Manche dieser Erfahrungen waren vielleicht heilsam, harmonisch und liebevoll; vielleicht waren sie aber auch einseitig, dominant und schmerzhaft. Unsere sexuellen Neigungen und die körperliche Anziehungskraft werden maßgebend gesteuert durch unsere Konditionierungen, durch unterbewusste Gedanken- und Lebensmuster. Das, was wir wirklich über uns und über Partnerschaft denken, was das innere Kind noch sucht durch Unerlöstes beim Vater oder der Mutter, erschafft ein Resonanzfeld und damit auch sexuelle Neigungen und Reize. Konflikte in uns selbst, mit männlichen und weiblichen Aspekten, und innere Bewertungsmuster spiegeln sich daher auch in Konflikten mit unserer Sexualität, mit Ängsten, Einseitigkeiten oder ungesunden Vorlieben oder Verhaltensweisen.

Wir gehen immer mit gleichschwingenden Menschen in Resonanz, also mit Menschen mit ähnlichen Gedanken, Gefühlen und Verhaltensmustern. „Gleiches zieht Gleiches an" bezieht sich auch auf sexuelle Reizmechanismen. Doch diese Reize, das Knistern zwischen zwei Menschen, Lust und Erregung äußern sich als eine Form von Spannung. Liebe ist jedoch nicht Spannung, sondern Harmonie. Unser Hormonsystem spielt bei der sexuellen Anziehungskraft den Kuppler zwischen unseren bewussten und unbewussten Gedanken, Wünschen und Sehnsüchten und körperlichen Empfindungen. Sind wir diesem Mechanismus haltlos ausgeliefert? Wenn wir uns Menschen beobachten, könnten wir dies manchmal bejahen. Egal wie stark sexuelle Anziehungskraft auch sein mag, wir können vielleicht nicht von heute auf morgen unsere eingebrannten unterbewussten Gedankenmuster verändern. Doch wir können auf unsere sexuelle Resonanzmuster Einfluss nehmen, indem wir verdrängte Ängste und Irritationen befreien, innere Harmonie und Ordnung schaffen und bewusst in uns werden. Schon alleine die nüchterne Erkenntnis, dass sexuelle Anziehungskraft durch Muster und Prägungen entsteht, befreit und schafft Raum für Möglichkeiten. Je bewusster wir sind, je mehr wir Frieden und Klarheit in unsere Gedanken bringen, uns selbst spüren und das Herz in Liebe öffnen, desto mehr werden wir liebevolle Werte und damit Erfüllung auch in unsere Sexualität hineinbringen können.

Heilsame Berührungen
Wir können mit einer körperlichen Berührung die Seele eines Menschen, seine Gefühle und sein emotionales Bewusstsein berühren. Geschieht dies in Reinheit und Liebe, so fließt heilende Kraft durch beide beteiligte Menschen, weil göttliches Licht und Bewusstsein alles beseelt.

Sexualität, liebevolle Berührungen und ein Austausch von Zärtlichkeiten zwischen zwei Menschen sind ein Ausdruck von Nähe, Hingabe und Vertrauen. Sie können uns Geborgenheit, Entspannung und Genuss schenken. Allein dadurch wird körperliche und emotionale Heilung unterstützt und begünstigt. Vertrauen und Nähe zwischen zwei Menschen können durch diese Form des Austausches gedeihen und liebevolle Verbundenheit begünstigen. Diese heilsamen Empfindungen und Erfahrungen, die Ruhe und das innere Gleichgewicht unterstützen uns wiederum in unserem Alltag und helfen uns, unsere Herausforderungen mit mehr Vertrauen, Hingabe und Tatkraft anzugehen. Gleichzeitig werden durch ein gesundes Liebesleben Beckenraum und Unterleibsmuskulatur belebt und gestärkt. Liebevolle

Berührungen führen zur Ausschüttung von Glückshormonen, welche nicht nur die innere Harmonie und Ruhe begünstigen, sondern auch unser Immunsystem und seine natürlichen Abwehrkräfte mobilisieren.

Wie sehr wir Sexualität heilsam leben oder einfach liebevolle Berührungen von Herzen schenken und empfangen können, hängt von verschieden Faktoren ab:

- **Liebe und Halt, welche wir uns selbst schenken können.**

Nur wenn wir Liebe und Halt in uns selbst finden, sind wir nicht bedürftig und spüren uns wirklich. Können wir uns spüren und erkennen wir unsere Gedanken, dann sind wir bei uns selbst. Dann sind wir weder verletzbar noch in der Liebe und Anerkennung auf die Außenwelt angewiesen. Dann benötigen wir auch in der Sexualität keine unnatürliche Kontrolle, weil Kontrolle immer eine Schutzfunktion ist.

Sich selbst Liebe und Halt zu schenken, baut auf der Beziehung zu uns selbst auf. Es geht um achtsame Selbstwahrnehmung, gesundes Selbstbewusstsein und Selbstwertgefühl, Selbstverantwortung, Vertrauen, Mut und gelebte innere Weisheit.

- **Bewusstheit und innere Werte**

Wie sehr können wir uns in der Gegenwart mit all unseren Sinnen für den Moment und für ein bewusstes Wahrnehmen, Erleben, Genießen und Sein öffnen?

Wie gut können wir in der Sexualität und bei Berührungen angelernte, verurteilende Gedanken, alte Programmierungen und schmerzhafte Erfahrungen im Frieden hinter uns lassen? Wie gut haben wir unsere eigene Wahrheit und Lebensphilosophie in urteils- und schamfreier Haltung gefunden und in uns verankert?

Wie gut können wir innere Werte wie Verständnis, Geduld, Nachsicht, Ehrlichkeit, Vertrauen, Mut, Hingabe, Freude und Kreativität in der Sexualität und bei liebevollen Berührungen leben?

- Wahrnehmungsvermögen und Empathie

Wie sehr können wir wirklich spüren, was uns guttut und was wir brauchen?

Wie sehr können wir auf die Bedürfnisse und die Individualität unseres Partners eingehen, ihn spüren und verstehen, ohne uns selbst zu verneinen und unsere Grenzen zu überschreiten?

- Vertrauen

Wie sehr vertrauen wir uns, unseren Gefühlen, unserem Körper sowie unserem Gegenüber?

Vertrauen bedeutet, Kontrolle loslassen zu können und sie durch Hingabe und sanfte Achtsamkeit zu ersetzen. Kontrolle loszulassen, bedeutet somit nicht Willenlosigkeit. Es bedeutet, keine Angst vor Gefühlen, vor dem eigenen Herzen und dessen Lebendigkeit zu haben. Vertrauen heißt, sich der Gegenwart und auch all den Gefühlen und der zwischenmenschlichen Nähe authentisch hingeben zu können.

- Mut

Wie sehr haben wir den Mut, unsere Bedürfnisse und Empfindungen wahrzunehmen und zu äußern? Wie klar können wir in der Sexualität unsere Grenzen setzen, Nein sagen oder Barrieren der Scham durchschreiten?

Mut bedeutet, nach innen zu schauen und daraus die Außenwelt liebevoll und verantwortungsbewusst zu gestalten, auch in unserem Sexualleben.

Mut bedeutet in dieser Hinsicht ebenfalls, auf die Bedürfnisse und die Individualität unseres Partners einzugehen, ungesund einschränkende Grenzen zu verschieben oder zu öffnen sowie Neues zu wagen, wenn es für uns stimmig ist. Damit wir herausfinden, ob etwas für uns stimmig ist oder nicht, benötigen wir die Selbstwahrnehmung. Spätestens wenn wir erleben, wie sich die neue Erfahrung anfühlt oder was sie mit uns auf Dauer macht, wissen wir, ob es wirklich (Selbst)Liebe ist.

Es erfordert immer Mut, dem Partner unsere Bedürfnisse, Empfindungen, eigene Reaktionen, Ängste und Blockaden mitzuteilen. Oft haben wir Angst, ihn durch unser Ehrlichsein zu verletzen, Reaktionen wie Rückzug oder Angriff zu provozieren oder gar den Menschen an unserer Seite zu verlieren. Doch es lohnt sich, ehrlich zu sein, auch in der Sexualität. Nur auf Wahrhaftigkeit und Vertrauen kann Verbundenheit und Liebe wachsen. Jegliches Festhalten und jegliche Unwahrheiten werden uns auf Dauer immer Kraft kosten und uns nicht wirklich weiterentwickeln lassen. Wir dürfen allen Menschen zutrauen, dass sie mit Wahrheit und liebevollen, respektvollen Worten umzugehen wissen. Nur so haben alle Beteiligten eine echte Chance, zu wachsen und Vergangenes zu heilen.

Wohin führt es, wenn wir aus Angst vor Verletzung bei Berührung und Sexualität nicht mit einem offenen Herzen dabei sein können?

Wir sind Körper, Seele und Geist. Wie in allen Bereichen des Lebens, wollen auch in der Sexualität alle drei Ebenen eingebunden werden. Aus spiritueller Sicht kann sie nur so aus der inneren Mitte, bewusst, heilsam und erfüllend gelebt werden und dient unserer seelisch-geistigen Entfaltung und Entwicklung.

Doch was geschieht, wenn wir unsere Gefühle weggeschlossen haben und die Liebe in unserem Tun nicht spüren können? Uns wird Sexualität, welche unser Herz nicht berühren kann, nie dauerhaft nähren und erfüllen können. Wir werden dann vielleicht eine einstudierte Rolle spielen, um gefallen zu wollen oder Konflikten aus dem Weg zu gehen, doch wir werden nicht wirklich genießen und Nähe zulassen können. Dadurch entsteht eine Leere, Langeweile oder gar Frust, weil wir gegen uns selbst handeln. Um diesen unangenehmen Gefühlen zu entfliehen, verschließen wir uns noch mehr vor der Wahrheit und der Selbsterkenntnis. Wir fliehen in die Phantasie, betäuben uns mit oder ohne Suchtmittel, steigern den Reiz oder wechseln womöglich das Objekt, um über sexuelle Resonanz erneut kurzfristige Erfüllung und Befriedigung zu finden. Wir haben bei einem Partnerwechsel vielleicht für einen Moment das Gefühl, das Wahre gefunden zu haben. Doch Muster wiederholen sich, bis wir den Mut haben, hinzuschauen und etwas bei uns selbst zu verändern. Sexuelle Resonanz- und Reizthemen vergegenwärtigen uns lediglich die Sehnsucht, uns selbst zu fühlen, die Starre und Härte im emotionalen Herzen zu erlösen, echte Berührung zuzulassen und liebevolle Erfahrungen zu teilen.

Aus dieser Langeweile und Leere heraus beginnen wir, unsere Unfähigkeit, offen zu sein und uns emotional berühren zu lassen, zu kompensieren. Wir ersetzen diesen fehlenden seelischen Teil nicht nur durch einen häufigen Partnerwechsel, sondern auch durch maßlose Freiheiten in körperlichen oder geistigen Exzessen. Das alles oft noch im Namen der Spiritualität, der Heilung oder im Namen Gottes.

Mit geistigen Exzessen meine ich, dass wir beginnen, Fantasien und Praktiken in der Sexualität auszuleben, die uns nicht wirklich guttun und nicht wirklich einem liebevollen Verhalten gegenüber uns selbst und gegenüber unserem Partner entsprechen. Erniedrigung hat nichts mit Hingabe gemein. Themen wie Unterwerfungen oder Machtspiele sind das Ergebnis von nicht aufgearbeiteten seelischen Irritationen und sind das Ergebnis mangelnder Selbstwahrnehmung und Selbstliebe. Wir erlösen damit nicht den Schmerz der Vergangenheit, heilen nicht unser Mann- oder Frau-Sein und werden auch nicht unser Herz wirklich öffnen können. Unser Herz wird weder ein anderer Mensch noch irgendeine Sexualpraxis oder ein Ritual öffnen. Vielmehr sind es die innere Friedensarbeit, die Selbstliebe und ein würdevoller Umgang mit unseren Gefühlen und unserem wahren Wesen, das Heilung bringt.

Was können wir tun, um Einseitigkeiten auszugleichen und Sexualität von Herzen leben zu können?

Indem wir lernen, unser Herz nach innen zu öffnen. Der Weg mag über ein liebevolles Selbstbewusstsein, über Vergebung, das Bereinigen alter Irritationen und Gedankenmuster, über das Erleben von Freude, Echtheit, Hingabe, Verbundenheit, Vertrauen und Liebe führen. Erkennen Sie, worum es geht: Mut, ehrlich zu sein? Das Loslassen eines alten Schmerzes? Das Zulassen von Nähe? Wo fehlt Ihnen nötiges Vertrauen und weshalb? Durch klare Fragen finden Sie lichtvolle Erkenntnisse. Diese zeigen immer einen Weg und damit die Lösung. Es erfordert jedoch Mut, diesen Weg auch zu beschreiten. Weitere wertvolle Gedanken finden Sie im Kapitel *Heilung – bei sich selbst ankommen* und bestimmt auch in anderen Büchern zum Thema Heilung, Bewusstsein und Liebe.

Unser Partner ist dabei niemals unser Therapeut oder Retter, sondern ein wertvoller Mensch an unserer Seite. Die Kraft für nötige Entwicklungs- und Heilungsschritte liegt in uns, und wir dürfen hierfür professionelle Unterstützung suchen. Diese Hilfe wird viel effektiver und neutraler mit uns arbeiten können als ein Mensch, welcher uns so nahesteht und vertraut ist wie unser Lebenspartner.

Sexualität ist somit ein Ausdruck von Nähe, Vertrauen und Verbundenheit, wenn wir sie liebevoll leben. Wenn wir Sexualität in Angst leben, dann zeigt sie sich in Form von Kontrolle, Bindung, Anhaftung, Machtmissbrauch oder Suche nach Anerkennung, weil wir bedürftig und damit verletzlich sind. Sexualität spiegelt uns somit, welche Beziehungs- und Verhaltensstrategien wir noch leben, um Erfüllung von außen zu finden. Darin äußern sich auch die Versuche, einen Menschen an uns zu binden, ihm über Äußerlichkeiten und mit bestimmtem Verhalten gefallen zu wollen. All dies ist ein Ausdruck unserer Verlustangst, der Angst vor emotionaler Verletzung und mangelndem Vertrauen. Wir können unnatürliche Bindung über verschiedene Verhaltensstrategien und über das Begehrt-Sein erzielen. Alle Bindungs- und Kontrollthemen spiegeln uns am Ende nur, wie wir mit uns selbst umgehen und wie geistig-seelisch erwachsen wir wirklich geworden sind. Mit „erwachsen" ist die innere Reife und damit die Frage gemeint, wie sehr wir tatsächlich lieben und vertrauen können.

Es geht auch in der Sexualität darum, den Wunsch, perfekt zu sein, fallen zu lassen. Was scheinbar perfekt ist, ist nicht mehr echt und authentisch, kann sich weder in Liebe entwickeln noch durch Kreativität und Individualität verändern. Perfektionismus jagt einem Scheinbild durch äußere Maßstäbe hinterher, um mangelnde Selbstsicherheit und fehlendes Selbstwertgefühl zu vertuschen. Wir dürfen über die liebevolle Beziehung zu uns selbst Sexualität so ausdrücken, wie es unserer Seele und unseren Bedürfnissen nach Liebe, Nähe und Verbundenheit entspricht.

Sexuelle Triebe ausleben oder Enthaltsamkeit üben?

Wenn Sexualität ein Ausdruck von Nähe und Vertrauen ist, dann ist die Frage nach richtig oder falsch sekundär. Wenn ich die Engel um Weisheit bitte, dann sagen sie mir: Alles führt zu Gott, was der Mensch in Liebe, Freude und Vertrauen tut.

Die Frage, ob für uns sexuelle Enthaltsamkeit, grenzenlose Freiheit oder die goldene Mitte stimmig ist, können wir uns nur dann ehrlich beantworten, wenn wir uns auf innere Werte, die wir leben möchten, und auf wahre Herzensbedürfnisse besinnen. Selbst dann wird sich unser Bezug zur Sexualität im Laufe des Lebens verändern, denn wir entwickeln uns durch Erfahrungen und gewonnene Erkenntnisse in unserer Bewusstheit, Liebe und in unseren Bedürfnissen.

Doch so manches Extrem zeigt uns, dass wir noch nicht wirklich gelernt haben, liebevolle Verantwortung zu übernehmen und Herzenswerte wie Vertrauen, Hingabe, Wertschätzung und Respekt zu leben.

Sexuelle Enthaltsamkeit kann sehr wohl stimmig sein, wenn wir unser Bedürfnis nach Nähe und Verbundenheit durch andere Formen im zwischenmenschlichen Erleben finden können. Doch wenn das eigens auferlegte Zölibat aus verurteilender Geisteshaltung stammt, so ist sie nicht frei und kann dauerhaft auch nicht gesund und nährend sein. Eine verurteilende Haltung kann dabei angelernt (zum Beispiel von den Eltern und/oder aus der Kultur), durch blinden Glauben übernommen (Sekte, Guru, spirituelles Dogma aus jeglichen Quellen) oder durch schmerzhafte, nicht verarbeitete Erfahrungen geprägt worden sein. Ein einseitiger Verzicht entspringt daher einer urteilenden Geisteshaltung und einer Emotion, wie zum Beispiel Wut oder Angst. Wenn wir diese Emotion nicht heilen, so wird sich unser unnatürlicher und ungesunder Umgang mit der Sexualität irgendwann durch körperliche Symptome bemerkbar machen. So können bei Frauen Unterleibs- oder Nackenbeschwerden und bei Männern Prostataleiden entstehen. Das dogmatische Festhalten an irgendwelchen unnatürlichen Einseitigkeiten zeigt sich oft darin, dass wir beginnen, in der Gesellschaft anzuecken. Konflikte im Äußeren spiegeln uns gerne unsere inneren Konflikte mit uns selbst.

Genauso verhält es sich mit sexueller Grenzenlosigkeit und Freiheit. Polygamie ist ursprünglich aus dem Überlebensbedürfnis des Menschen entstanden. Heute mag dies in manchen Kulturen noch der Fall sein. Doch in unserer Gesellschaft hängt unser Überleben nicht von polygamen Familienstrukturen ab. So können wir heute selbst bestimmen, ob wir uns in der Monogamie oder Polygamie ausleben möchten. Auch mit dieser Freiheit unserer neuen Zeit lernen wir gerade, verantwortungsbewusst, bedürfnisgerecht und würdevoll umzugehen.

Je mehr wir aufeinander angewiesen sind, desto bescheidener, demutsvoller und dankbarer werden wir, denn nicht nur wir leben mit den Ecken und Kanten unseres Partners, auch er tut es mit unserem Charakter und unseren Besonderheiten. Dieses Aufeinander-Angewiesen-Sein mag sich früher eher auf das Überleben ausgerichtet haben. Heute sind wir vielleicht deshalb auf unser liebevolles Zuhause und alle darin beheimateten Menschen angewiesen, weil wir nur so wirklich die Kraft haben, unsere Herzensziele zu erreichen und unsere Gaben in die Welt zu tragen. Weshalb? Weil das Gefühl der Verbundenheit mit gleichgesinnten Menschenseelen uns genauso viel Stärke, Weisheit und Mut schenken kann, wie wir es in der Verbindung mit den lichtvollen geistigen Welten erleben dürfen.

In Liebe ist jede Beziehungsform lebbar. Relevant ist nicht die Frage, welche Beziehungsform richtig ist, sondern die Frage: Wie lebe ich die Beziehung? Bin ich wirklich bereit, zu lieben und von Herzen zu leben?

Wir haben heute die Freiheit und auch Verantwortung, unsere Tabus und inneren Werte aus liebevollem Selbstbewusstsein und nicht auf Basis von äußeren Moralvorstellungen zu definieren. Unter Tabus verstehen sich unsere individuellen Grenzen, unsere „no go's". Diese bedeuten einen würdevollen, verantwortungsbewussten Umgang mit unseren Gefühlen und unserer unsterblichen Seele und damit gelebte und verinnerlichte Selbstliebe. Gleichzeitig sind sie ein bewusster und respektvoller Umgang mit anderen Seelen und ihren Wünschen.

Wir erkennen, welche Form von Beziehung und Sexualität gut für uns ist, indem wir Achtsamkeit in unsere Gedanken und Gefühle bringen. Dabei helfen uns folgende Fragen: Woran glaube ich? Wie will ich sein/leben? Welcher verborgene Gedanke und welches Gefühl stehen hinter meiner Haltung? Wieso tue ich etwas? Um gefallen zu wollen, aus Vertrauen oder aus Angst? Was ist das Ziel? Bin ich ehrlich, und wenn nein, wieso nicht? Spüre ich die Liebe in mir? Wie heilsam ist mein Verhalten? Was verurteile ich? Erinnern wir uns: Das, was wirklich stimmig für uns ist, erkennen wir über einen tiefen, freien Atem, über ein Herzenslächeln und durch friedvolle, ruhige Gedanken (*Drei Herzensregeln*).

Manchmal spüren und erkennen wir erst durch die Erfahrung selbst, ob uns etwas guttut oder nicht. So können wir uns zum Beispiel nach einer Erfahrung fragen: Wie hat sich die Erfahrung angefühlt? Wie fühlte ich mich vorher, wie nachher? Welche Erkenntnis hat mir das Erleben geschenkt?

Manchmal sind wir unsicher, ob etwas für uns stimmig ist oder nicht, und in der Unsicherheit sprechen wir mit anderen Menschen und vielleicht auch mit dem Partner darüber. Mögen wir dabei hinterfragen, ob die Meinung des anderen auch wirklich mit unserer übereinstimmt. Wenn wir zum Beispiel mit unserem Partner zusammen und im Austausch sind, dann haben wir manchmal das Gefühl, dass wir absolut seiner Meinung sind. Wenn jedoch in Momenten des Getrenntseins Zweifel kommen, dann gilt es, diese ernst zu nehmen; denn wir hören unser Herz mit seiner reinen Stimme oft erst in der Stille und im Rückzug.

Machen wir uns auch bewusst: Eine geistig-seelische Wahrheit ist immer nachvollziehbar, freilassend, schenkt Vertrauen und bestärkt in der Liebe. So können wir uns weiterentwickeln und uns entfalten. Sie macht uns sowie andere Menschen groß und frei, anstatt klein und eng. Demgegenüber ist etwas nicht ganz rein, wenn es dogmatisch ist, blockierend, energieraubend, nicht nachvollziehbar, andere Menschen benachteiligend oder ihr Ego stärkend, nicht in Liebe und Vertrauen oder unsere Willens- und Handlungsfreiheit einschränkend.

Solange wir argumentieren, sprechen Herz und Verstand nicht dieselbe Sprache, dann ist die Entscheidung noch nicht reif und eine Erkenntnis will noch wachsen.

Verliebtheitsgefühle und sexuelle Anziehungskräfte basieren auf Spannung, während Liebe Harmonie bedeutet. Diese Spannung wird durch den Reiz des Neuen und die Resonanz des Unterbewusstseins erzeugt. Lässt dieser Reiz nach, beruhigen sich auch unsere Gedanken. Damit schwächen sich die damit verbundenen Hormone ab, das Kribbeln und die euphorischen Verliebtheitsgefühle lassen nach. Damit verändert sich naturbedingt auch das sexuelle Lustempfinden. Ob sich zwei Menschen darin fallen lassen und damit ein tieferes gemeinsames Erleben erschaffen können, hängt von vielen Faktoren ab.

Gerade wenn zwei sich in der Kennenlernphase etwas vorgespielt haben und Masken trugen, dann kann der Übergang von der Verliebtheit in ein liebevolles Miteinander nur gelingen, wenn beide von Herzen *Ja* sagen können.

Unsere Bedürfnisse verlaufen und entwickeln sich selten parallel. Das anzustreben oder gar vom Partner zu fordern, kann unglaublichen Druck erzeugen und eine Beziehung zerstören. So haben wir auch hier beidseitig Verständnis, Geduld, Respekt und Offenheit zu wahren. Sexualität hat vielleicht einen wesentlichen Stellenwert für unser Miteinander, doch wie wichtig ist er uns wirklich? Nicht der sexuelle Akt macht uns auf Dauer glücklich, sondern die nachhaltigen Gefühle durch das gemeinsame Erleben von Nähe und Verbundenheit.

Um die Libido innerhalb einer Beziehung aufrechtzuerhalten, haben beide achtsam und heilsam mit ihren eigenen Konfliktthemen, wie Angst vor Nähe, Verletzung und Verlust, umzugehen. Gerade wenn durch das Miteinander alte, nicht verarbeitete Verletzungen getriggert werden, können sich sexuelle Reize rasch verändern. So schnell, wie das Unterbewusstsein unsere Lust entfachen kann, so schnell kann es sie mit subtilen, oft unbewussten Gedankenmustern auch wieder zum Erlöschen bringen. Wir benötigen eine hohe Achtsamkeit, um diese Reaktionen bei uns selbst erkennen und bewusst korrigieren zu können.

Erwartungen können die Sexualität zerstören, und Vertrauen kann sie zum Erblühen bringen. Wir brauchen somit gesunde Grenzen und damit auch einen gewissen Lebensraum zwischen uns und dem Partner, damit Lebendigkeit erhalten bleibt. So tragen wir viel dazu bei, dass sich keine einseitigen Verhaltensmuster einschleichen und jeder die Möglichkeit hat, sich zu spüren, zu reflektieren und auf den anderen zugehen zu können. Wo Raum ist, ist auch Platz zum Atmen und individuelles Leben. So können Freude, Kreativität und Sinnlichkeit erhalten bleiben, was beidseitiges ausgeglichenes Engagement bedingt. Alles Einseitige ist ungesund und zerstört auf Dauer nicht nur die Beziehung, sondern auch die Sexualität innerhalb einer Beziehung.

Sexuelle Lust hat viel mit Spannungsfeldern zu tun und damit, ob wir diese immer wieder in uns selbst und zwischen uns und unserem Partner entstehen lassen können. Wir dürfen dabei ruhig mit einem Augenzwinkern auf dieses Spiel der Reizmechanismen des Unterbewussten blicken. Solange es uns und allen Beteiligten guttut, wir von Herzen dabei sein können und uns darin nicht vergessen oder verlieren, ist doch alles in Ordnung. Etwas Neues mit dem Partner zu erleben oder etwas ganz bewusst und mit tiefem Gefühl zu erfahren, kann unserem Liebesleben eine gesunde Lebendigkeit schenken. Mit tiefem Gefühl ist jedoch nicht Euphorie oder ein Abheben gemeint. Vielmehr meine ich echte seelische Nähe, die durch Offenheit und Vertrauen zwischen zwei Menschen entstehen kann, gehalten in einem beidseitigen stabilen Selbstgefühl. Alles ist in Ordnung, solange es wirklich Liebe ist.

Zwischenmenschliche Berührung und Sexualität möchte eine Facette des Lebens sein, welche uns Schönheit, Nähe, Verbundenheit und Liebe ausdrücken lässt. Je mehr wir uns selbst spüren können, nicht nur unseren Körper, sondern vielmehr auch unsere Seele, desto erfüllender kann diese Form der Liebe erfahren werden. Sexualität ist nicht nur Ausdruck von verzehrender Resonanz und Sehnsucht, sondern auch von schöpferischem Sein, von Freude und liebevoller Gemeinsamkeit. Es ist an uns, Heilung auch in diesen Bereich unseres Lebens zu bringen, durch das Befreien unserer Gedanken und Moralvorstellungen, durch einen weisen und friedvollen Umgang mit unserer Vergangenheit und all den prägenden Erfahrungen und übernommenen Denkmustern. Scham und Urteilshaltung sind oft anerzogen, sie basieren nicht auf ethischen Wertvorstellungen. Je mehr wir unsere lichtvolle Individualität erkennen und spüren, desto mehr werden wir einen verantwortungsbewussten, vertrauensvollen und offenen Umgang mit Sexualität, körperlicher Nähe, Zärtlichkeit und Berührung finden.

Heilung und Erfüllung entstehen durch Bewusstsein und Liebe. Die sieben Entwicklungsschritte (Erkenntnis, Verständnis, Vergebung/Verantwortung, Vertrauen, Mut, Loslassen, Lieben) schenken uns auf diesem Weg Orientierung. Gleichgewicht entsteht, wenn wir lichtvolle Erkenntnisse liebevoll umsetzen.

Lassen Sie sich wirklich berühren, so dass die Berührung unter die Haut geht und die Seele erreicht? Durch die Fähigkeit, etwas Schönes genießen zu können, kann Nähe und Verbundenheit entstehen. Genuss entsteht durch Vertrauen und schenkt Geborgenheit, und dies wiederum führt in die Hingabe, Offenheit und Verbindung hinein. Genuss und Freude, das Erkennen und Erleben von Schönheit, Dankbarkeit sowie Hingabe an den Augenblick sind nicht nur in der Sexualität die Schlüssel zur Erfüllung. Diese inneren Werte öffnen uns auch die Türen zur Verbundenheit mit den Engeln, Naturwesen und all den Lichtkräften um uns.

Verbundenheit in der Sexualität bedingt, dass wir das Ich vom Du und Wir unterscheiden können. Jeder erlebt Sexualität auf seine Weise, selbst wenn wir es gemeinsam tun, denn jeder hat einen eigenen Körper, eigene Gedanken und Empfindungen. Unsere Gefühle sind nicht die des anderen. Es entsteht zwar eine seelisch-körperliche Verbindung, jedoch keine Verschmelzung, weil wir individuelle Seelen sind. Differenzierungsfähigkeit bedeutet, dass wir bei körperlicher Nähe unser Selbstgefühl bewahren und uns inneren Halt geben können.

Es gilt auch in der Sexualität, andersdenkende Menschen und Kulturen nicht zu verurteilen, sondern ihnen in der Geisteshaltung neutral und durch höheres Bewusstsein achtsam zu begegnen. Mögen wir uns dabei auf uns besinnen und spüren, was für uns stimmig ist. Innere Werte und wahre Herzensbedürfnisse sind in der Sexualität und damit innerhalb einer Partnerschaft nicht verhandelbar, sondern zeigen, dass wir uns unserer Liebe und Würde bewusst sind und es uns wert ist, das Lichtvolle und Heilsame auch in dieser Form zu leben. Unser Partner und alles, was wir mit ihm in Liebe und Verbundenheit teilen dürfen, ist ein Geschenk. Stellen wir daher keine Forderungen und manipulieren wir nicht über Bindungsspiele auf Basis von Mustern und Ängsten. Jegliche Formen von Anhaftung und Abhängigkeit sind keine Beziehung in Liebe. Liebe lässt frei, vertraut, ist wahrhaftig, friedvoll, wertschätzend und sich selbst genügend und nährend.

Himmlische Hilfe und Führung in unseren Beziehungen annehmen

Wie unterstützen uns die Engel in heilsamen und erfüllenden Beziehungen?

Die Engel unterstützen uns auf allen Wegen, wo wir Bewusstwerdung, Heilung und Liebe suchen, selbstverständlich auch in unseren zwischenmenschlichen Beziehungen und Partnerschaften. Sie helfen uns durch innere und äußere Impulse, durch ihre Weisheit, ihre Kraft und durch geistige Fügungen.

Die Engel schenken uns bei unseren Beziehungsfragen immer eine Antwort, oft jedoch nicht die, welche wir vielleicht hören möchten. Sie zeigen uns immer das WIE (die innere Haltung), weniger das WAS (welche Entscheidung). Sie behüten uns vor vielen Fehltritten, schmerzhaften Erfahrungen oder Umwegen: Manchmal, weil sie uns darauf hinweisen, achtsam zu sein in der Liebe und in unseren Entscheidungen; manchmal, weil sie uns zeigen, wie wir Situationen lichtvoll und heilsam meistern können. Dabei ist nie die Frage, ob die Botschaften der Engel abgesandt wurden. Vielmehr steht die Frage im Raum, ob wir mit unserem Ego, mit unserem Glauben, Erwarten und Wollen wirklich offen waren für höhere Impulse. Gleichzeitig behüten uns die Engel nicht vor jeder Erfahrung. Gewisse Erfahrungen und Krisen können auch dazu dienen, um zu wachsen in unserer Kraft, Weisheit und Liebe. Manchmal entwickeln wir uns nur so über unsere selbstauferlegten oder nie ausgeloteten Grenzen hinaus.

Wir können selbstverständlich auch für unsere Partnerschaft um himmlische Hilfe und Führung bitten. Der Mensch an unserer Seite ist uns naturgemäß sehr nahe. Deshalb ist es umso wichtiger, auf eine freilassende, reine und liebevoller Absicht zu achten.
Unser Ego, unsere Erwartungen und Wertungen haben in einem Gebet für einen anderen Menschen nichts verloren. Der lichtvolle Grundgedanke möchte immer sein: „Nichts muss, doch alles darf

sich in Liebe entwickeln." Dieser öffnet uns für eine reine, liebe- und vertrauensvolle Haltung und aktiviert himmlische Kräfte. Wir können auch jedes Gebet oder jede Segnung bewusst mit folgendem Satz als geistigen Schutz ergänzen: „Möge sich alles licht- und sinnvoll für alle Beteiligten entwickeln." Die Engel unterstützen uns vor allem da, wo wir uns aktiv für das höchste Wohl von uns *und anderen Menschen* und somit für mehr Licht, Liebe und Frieden auf Erden einsetzen. Gebete entwickeln dann große Kraft, wenn wir mit der Bitte konsequent unsere Sorgen abgeben und uns für eine höhere Sichtweise und das Vertrauen bewusst öffnen. Die Kraft des Gebetes fließt dann in uns hinein, aktiviert lichtvolle Gedanken, Intuition und heilsames Verhalten.

Bei einer Trennung das Gebet zu sprechen: „Liebe Engel, bitte macht, dass er/sie wieder zu mir zurückkommt", wäre ein entsprechendes Negativbeispiel. Diese Aussage ist egoistisch. Sie ist der Versuch, einen Menschen und seinen freien Willen zu manipulieren. Wir bewerten darin das Leben und die Entscheidung des anderen. Unser Gebet ist somit in keiner Weise freilassend, respekt- und liebevoll. Die Engel würden uns darin nie unterstützen.

Unabhängig davon, ob wir bewusst um himmlische Hilfe, Führung und Schutz bitten, wir sollten uns immer darauf besinnen, was wir selber aktiv in der Beziehung tun können. Die Engel übernehmen nicht unsere Aufgabe, unsere Gedanken und Gefühle zu korrigieren. Wir müssen uns entscheiden, ein klärendes Gespräch zu führen, uns auf die Liebe zu besinnen und daraus konsequentes Handeln in unserer Partnerschaft zu entwickeln. Die Engel zeigen uns vielleicht, dass wir uns gegenseitig die Hände reichen mögen, doch tun dürfen wir es selbst, und es liegt im freien Willen beider Beteiligten, was aus der Versöhnung entstehen darf. Die Engel helfen uns, dass wir uns in unserer Kraft, Weisheit und Liebe aufrichten und damit die Welt und unsere Beziehungen zu einem friedvollen, heilsamen und erfüllenden Miteinander gestalten können. Die Übernahme einer verantwortungsbewussten und liebevollen Haltung sowie das Loslassen problembehafteter Gedanken sind dabei unabdingbar. Wir sollten uns dafür entscheiden, weder Opfer noch Täter zu sein, sondern an das Gute und an Lösungen zu glauben. Diese Haltung bringt uns weiter, sie macht frei und führt dazu, dass die Hilfe der Engel uns erreichen kann.

Wiederholungszyklen in der Partnerwahl

Durch das Resonanz-Prinzip ziehen wir immer Menschen an, welche ähnliche Gedanken und Lebensthemen in sich tragen wie wir. Daher können wir in unseren Beziehungen viel über uns selbst lernen und uns weiterentwickeln. Oft verlieben sich zwei Menschen deshalb ineinander, weil ihr Muster und ihre seelischen Verletzungen sie gegenseitig angezogen haben. Solche Begegnungen führen meistens früher oder später zu gegenseitigen Reibungsflächen und Konfliktsituationen. Was im gegenseitigen Spannungsfeld offensichtlich wird, schenkt uns immer die Möglichkeit, unser Selbstbild zu hinterfragen, um alte Blockaden zu erkennen und aufzulösen. In solchen Beziehungen verbirgt sich immer für beide eine große Chance für eine heilsame seelisch-geistige Entwicklung. Findet dieser Wachstumsschritt jedoch während oder nach dem Beenden einer Partnerschaft nicht statt, dann geraten wir immer wieder an ähnlich schwingende Menschen. Beziehungsmuster sowie Konfliktthemen wiederholen sich.

Wiederholungen zeigen uns immer, dass wir ein Muster und einen negativen Glaubenssatz noch nicht vollständig aufgelöst haben, etwas noch tiefer verstehen und über das Bewusstwerden heilen und integrieren können. Wiederholungen weisen uns darauf hin, dass es unser Thema ist und die Lösung wir selbst sind, nicht der Partner. Der Schlüssel ist dabei immer die Selbstliebe. Die sieben Entwicklungsschritte können ein Weg dahin sein.

Manchmal beenden wir eine schwierige Partnerschaft und glauben, alles verstanden zu haben, damit uns die gleichen „Fehler" nie wieder passieren. Dennoch finden wir uns einige Zeit später wieder in genau denselben Beziehungsthemen oder -dramen. Das zeigt uns, dass wir etwas noch umfassender verinnerlichen können, auch wenn wir glauben, unser Muster verstanden und gelöst zu haben. Gewisse Prägungen, Missverständnisse oder Schocks sind tief in unser Unterbewusstsein eingewoben. Insbesondere Erfahrungen in der frühen Kindheit und das Vorleben und Übermitteln von Werten unserer Eltern und Autoritätspersonen haben ihren formenden Eindruck hinterlassen. Wir sollten daher unangenehme Wiederholungen in den Beziehungen nie als unser Versagen betrachten, sondern als Chance, um in der Bewusstheit und Liebe zu wachsen.

Gewisse Wiederholungen prüfen uns, wie sehr wir den letzten Erkenntnisschritt tatsächlich verinnerlicht haben. Somit darf die erneute Erfahrung und Begegnung unser Selbstwertgefühl, unsere Persönlichkeit und letztlich unseren Charakter noch mehr festigen. Dafür sind gewisse Wiederholungen im Leben richtig und wichtig. Manchmal geht es im Leben zwei Schritte nach vorne und anschließend einen kleinen Schritt zurück. Dieser kleine Schritt zurück lehrt uns, Achtsamkeit und innere Werte noch mehr zu leben. Er wird uns am Ende in unserer Entwicklung viel weiter tragen, als wir es in Momenten des Selbstzweifelns oder Selbstanklagens für möglich halten.

Manchmal liegt der Sinn der Wiederholung einzig darin, zu erkennen, dass wir jetzt Nein sagen können. Wir dürfen so die wertvolle Erfahrung machen, dass uns ein Thema nun nicht mehr berührt, weder mit Widerstand noch mit Verurteilung oder Sehnsucht. Diese Erfahrung kann uns noch mehr Vertrauen, Leichtigkeit und tiefen Frieden mit Vergangenem schenken.

Gewisse Themen werden uns vielleicht ein Leben lang begleiten und doch immer mehr an Dominanz und Gewicht verlieren. Da wir emotionale Erinnerungen nicht ausradieren können, halten uns diese kleinen Nadelstiche wach und stets auf dem Weg zur Selbsterkenntnis. Ein Thema ist dann gelöst, wenn es in unseren Gedanken verblasst ist, wenn es keine Fragen mehr aufwirft, kein Bedürfnis besteht, darüber zu sprechen, und emotionale Resonanz aufgelöst ist. Dann wird es uns vielleicht begegnen, jedoch nicht mehr berühren können. Dann haben wir die Botschaft der Erfahrung verstanden und verinnerlicht. Die Erinnerung daran wird bleiben. Sie dient dann der Achtsamkeit. Sie ist unsere Weisheit für künftige Erfahrungen, stärkt die Selbstliebe und das Mitgefühl für andere Menschen.

Konfliktlösung in der Partnerschaft

Veränderungen sind das Beständigste im Leben. Dies gilt auch für unsere Beziehungen. Bedingt durch die Unbeständigkeit des Alltags, plötzliche, unvorhersehbare Ereignisse, innere Wandlungen und Entwicklungen – sei es von beiden Parteien oder nur von einem Individuum – werden wir oft an neue Situationen herangeführt. Konflikte in einer Beziehung haben dabei oft mit unseren Egos, mit Widerständen und Ängsten zu tun. Bei manchen Paaren führen schon unterschiedliche Meinungen und Erwartungen in Konflikte hinein. Wobei Erwartungen immer mit unserem Ego zu tun haben, nämlich damit, etwas vom anderen zu wollen, und somit ungesunde Grenzüberschreitungen beinhalten. Widerstände des Partners sind dabei nur natürlich. Dasselbe gilt bei einem übersteigerten Wunsch, immer einer Meinung mit dem Partner sein zu wollen. Dafür sind Beziehungen nicht gedacht, sondern vielmehr, um uns gegenseitig zu inspirieren, uns auszutauschen und dadurch bestehendes Denken aufzulockern und zu erweitern. Ebenso ist ein Bedürfnis nach Veränderung, nach Bewusstwerdung und Persönlichkeitsentfaltung normal. Doch mit diesen Entwicklungsschritten will auch der Partner mithalten können. So kann es zu einer Chance für die Beziehung werden, nämlich dann, wenn wir durch unsere inneren Schritte noch mehr Gelassenheit, Verständnis und Mitgefühl in die Gemeinschaft hineinbringen. Es kann auch zu einer Bewährungsprobe werden, dann nämlich, wenn wir uns durch unseren scheinbaren Entwicklungsprozess über den Partner stellen, ihn in seinem Sein verurteilen und besserwissend ihn zu ändern versuchen. Wenn dieser dann mit Widerstand und Unsicherheit reagiert, ist dies nur allzu verständlich.

Beziehungen sind nicht dazu da, ausschließlich in Harmonie zu leben. Ein zu großes Bedürfnis nach Harmonie und Nähe kann den Partner erdrücken und lässt keinen Freiraum für individuelles Erleben. Darin sind Konflikte vorprogrammiert, weil wir Grenzen überschreiten. Auch wenn Harmonie erstrebenswert und Normalzustand sein darf, so dürfen wir auch lernen, mit Veränderungen, Ängsten und Widerständen heilsam und lösungsorientiert umzugehen. Dafür bedarf es jedoch keiner Konflikte oder Streitigkeiten. Streit findet nur zwischen nicht erwachsen gewordenen Mustern statt. Erwachsene Menschen streiten nicht, sie verstehen in Liebe.

Um mit herausfordernden Situationen jeglicher Art in einer Beziehung umzugehen, bedarf es der persönlichen Reife, der Selbstreflexion, der Flexibilität und einer positiven Grundhaltung. Wir sollten klar und lösungsorientiert denken, anstatt problembehaftet. Nur wer an echten Lösungen interessiert ist, wird sich diesen auch zuwenden wollen und können. Wir dürfen uns in jeder belastenden Situation fragen: Worin liegt die Chance für mich und für die Beziehung? Vielleicht darin, etwas erkennen, noch mehr vertrauen, loslassen und lieben zu können? Das Gute liegt oft so nah, nur sehen wir es erst dann, wenn wir positiv und flexibel denken lernen.

Je stürmischer es außen wird, umso ruhiger und zentrierter hat es in uns zu werden. Dann ist es umso wichtiger, dass wir unsere Achtsamkeit und unser Aktivsein von außen weg und nach innen lenken. Inseln der Besinnung, Meditation und Gebete helfen uns, unsere Gedanken bewusst dem Lichtvollen zuzuwenden und uns im Überbewusstsein aufzurichten. Je bewegter, konfliktbeladener oder gar krisenhafter eine Beziehung ist, umso mehr dürfen wir uns darauf besinnen, was wirklich wichtig ist, und die Liebe, das Vertrauen sowie die geistige Verbundenheit in uns spüren. Dann zählen verinnerlichte gemeinsame Werte und echte Herzensverbindlichkeit ganz besonders.

Auch ein uns unterstützendes Umfeld, Freunde, die da sind und uns helfen, können wahre Ressourcen für Lösungen sein, denn echte Freunde halten uns den Spiegel vor. Sie helfen uns, uns selbst zu erkennen, den Partner nochmals besser verstehen und neutral die Situation überblicken zu können.

Wir lernen in Beziehungen zu lieben – auch uns selbst. Daher dürfen Menschen, die eher zu Konflikten in Beziehungen neigen, oft viel Heilsames daraus lernen. Sie haben die Chance, zu erkennen, welche Resonanzmuster in ihnen aktiv sind, woran sie wirklich glauben und wie sehr sie Liebe zu sich spüren und leben können. Ein schwerer Rucksack und ungelöste Themen werden uns immer am Vorwärtsschreiten hindern. Innere Ordnung, Frieden mit der Vergangenheit und Selbstliebe sind unabdingbar für erfüllende Beziehungen.

Liebe tut niemals weh. Was weh tut, sind die Verletzungen in uns, nicht geheilte Wunden und die Enttäuschung, dass die Eltern uns nicht jene Liebe geben konnten, die wir von ihnen erwartet oder benötigt hätten. Wenn die Nähe oder Distanz in einer Beziehung wehtut, dann haben wir vergessen, dass dieser Mensch nicht dazu da ist, unsere Sehnsucht und den Schmerz zu erlösen. Er lebt um seiner selbst willen, genauso wie wir.

Durch mangelndes Selbstwertgefühl kann Eifersucht entstehen. Dieses verzehrende Gefühl spiegelt den Gedanken, jemand anderes könnte schöner oder besser sein als wir. Eifersucht entspringt nie der Liebe, sondern der Unsicherheit und Angst. Selbst wenn sich unser Partner entsprechend verhält, zum Bespiel mit Unverbindlichkeit oder Flirts mit anderen Frauen/Männern: Es ist an uns, uns dies gefallen zu lassen oder konsequent zu sein.

Viele Konflikte in Beziehungen entstehen deshalb, weil Menschen das Gefühl haben, einen Menschen zu brauchen. Doch darin lauert die Tendenz, einen Menschen zu *verbrauchen*. Dahinter steckt ein innerer Mangel, der zu ungesunden Grenzüberschreitungen führt und nur Abhängigkeiten schafft. Wir brauchen einen Menschen nicht, um Liebe zu fühlen und zu wissen, dass wir liebenswert sind. Wir dürfen die Zuneigung des Partners genießen und dankbar sein für die Geborgenheit und Liebe, welche er uns schenkt. Doch darauf angewiesen zu sein, wird uns früher oder später unglücklich machen und die Beziehung erdrücken. Dies zu erkennen und die eigene Selbstliebe zu pflegen, ist die elementare Basis, damit partnerschaftliche Liebe erfüllend gedeihen kann.

Unsere Geisteshaltung, die innere Reife und unser Umgang mit Veränderungen jeglicher Art bestimmen maßgebend, was letztlich aus einer neuen Situation entstehen darf. Sind wir wirklich an Lösungen interessiert, werden wir nicht unreflektiert auf unserem Standpunkt, auf Enttäuschung und dem Schmerz der Vergangenheit beharren wollen, sondern offen für eine neue oder andere Sichtweise und bereit für neue Lebenserfahrungen sein. Konflikte rufen uns immer zur notwendigen Korrektur der eigenen Haltung auf. Das bedingt, dass wir bei uns selbst hinschauen und uns auf Veränderungen einlassen können. So beinhalten Krisen und Spannungen in einer Beziehung immer auch die Chance, gemeinsam eine heilsame Richtung einzuschlagen.

In einer Ausbildungswoche vom *Care Team* des Kantons Bern[*] hat uns ein Ausbilder genau dies mit einem eindrücklichen Beispiel vor Augen geführt:

Er hatte zwei Gläser in der Hand. In der linken hatte er ein Glas mit trockner Erde; in der anderen ein Glas mit klarem Trinkwasser.

---

[*] Anmerkung: Das Care Team des Kantons Bern leistet psychologische Nothilfe und Notfallseelsorge in der Bevölkerung bei extrem belastenden Ereignissen wie Unglücksfällen oder Katastrophen.

Dann schüttete er das Wasser ins Glas mit der Erde. Er sagte: Schaut, es gibt Ereignisse im Leben, da entsteht zuerst eine Katastrophe. Was vorher saubere Erde und herrliches Trinkwasser war, ist jetzt nur noch eine schlammige, unangenehme Masse – und damit vielleicht eine Krise oder ein Ausnahmezustand. Doch wer weiß, welcher Same darin keimen wird, um irgendwann etwas Schönes daraus wachsen zu lassen.

Was können wir tun, wenn der gemeinsam eingeschlagene Weg nicht leicht ist, wenn die Beziehung schwirig ist oder etwas nicht funktioniert in der Partnerschaft?

Was für Geschehnisse auch vorliegen, Streit kann nur entstehen, wenn wir aus unseren Mustern und Prägungen heraus reagieren und handeln. Erwachsene Menschen streiten nicht, sondern es sind immer die verletzten inneren Kinder in uns.

Wenn etwas nicht leicht geht, dann sollten wir uns zurücknehmen und uns zuerst auf uns selbst und unsere innere Haltung besinnen. Das bedeutet, wir sollten uns Zeit für uns selbst einräumen, über uns nachdenken und uns spüren, damit die Liebe in uns und zu uns selbst erwachen kann. Es macht keinen Sinn, an Dingen festzuhalten, die nicht fließen, die schwer sind; denn selten steht dann unser Denken und Wollen im Einklang mit höheren, segensreichen Schicksalskräften. Genauso wenig ist es von Nutzen, wenn wir in Emotionen festgefahren sind und in entsprechender Gesinnung Gespräche mit unserem Partner führen oder Entscheidungen fällen; denn dann ist nicht die Liebe vorherrschend und die Antriebskraft, sondern Angst und eingeschränkte, festgefahrene Gedanken. Mögen wir auf blockierten Wegen stets zuerst unsere innere Haltung überprüfen und korrigieren, bevor wir Entscheidungen fällen. Eine Entscheidung bezieht sich nie nur darauf, was wir tun, sondern vielmehr, woran wir glauben und wie wir unserem Partner begegnen möchten.

Erinnern wir uns daran: Das Gute ist immer da! Es geht darum, es durch unsere Geisteshaltung zu erkennen, anstatt es zu bewerten oder abzulehnen. Wir dürfen unsere Achtsamkeit auf die Gegenwart und Zukunft lenken, anstatt mit dem Blick in die Vergangenheit zu verharren. Vergangenes können wir nicht mehr verändern, die Zukunft jedoch schon. Es liegt an uns, den Veränderungen, dem Guten im Leben, unserer eigenen Kraft und Liebe sowie der himmlischen Führung unser uneingeschränktes Vertrauen zu schenken.

Körperliche Untreue führt oft zu Konflikten in einer Beziehung. Doch der Grund ist selten die Untreue selbst, denn das ist ja erst die Spitze des Eisberges. Um heilsam mit solchen Situationen umzugehen, sollten wir uns fragen, wie es überhaupt so weit kommen konnte. Dabei tragen beide ihren Teil der Verantwortung, und es lohnt sich, uns selbst zu betrachten, anstatt mit dem Zeigefinger auf den Partner zu weisen. Wenn wir die verborgenen Gründe klären und gemeinsam aufeinander zugehen können, kann aus solchen Erfahrungen etwas sehr Schönes und Starkes entstehen – für jeden Einzelnen und auch für die Beziehung. Es geht weder um Schuldfrage noch darum, wer Opfer oder Täter war. Ob gemeinsam oder allein – diese Haltung führt nie in eine erfüllende Zukunft. Vielmehr sollten wir nüchtern mit Verletzungen umgehen, die verborgenen Zusammenhänge betrachten und einen heilsamen Umgang damit finden. Alles hat sein Gutes, kann uns stark und noch liebesfähiger machen, wenn wir bereit sind, diese Haltung bewusst einzunehmen. Auch wenn der Schmerz tief gewesen sein mag; es macht keinen Sinn, auf einer Enttäuschung sitzen zu bleiben, weil sie weder uns noch der Beziehung dient und niemanden weiterbringt. Stattdessen sollten wir uns auf unsere Würde und Wertschätzung besinnen, anstatt unserem verletzten Ego die Macht zu geben. Gerade solche Erlebnisse zeigen uns, wie sehr wir wirklich unseren Partner verstehen möchten, was uns Herzenstreue im Gegensatz zu körperlicher Treue bedeutet und ob wir wirklich bereit sind, die innere Freiheit zu nutzen, anstatt uns dem Schmerz aus einer einzelnen Erfahrung auszuliefern. Ich habe im Kapitel *Heilung – bei sich selbst ankommen* geschildert, wie ich mit diesem Thema umgehe und die sieben Entwicklungsschritte dabei als Leitfaden benutze. Meine Weisheit im Leben ist die, dass nichts und niemand es wert ist, mich von der Liebe, dem Vertrauen und dem Glauben an das Gute abbringen zu lassen.

Darin unterstützen uns ganz insbesonders die **drei Lebensgrundsätze**:

- Die Reinheit der Absicht
- Der Glaube an das Gute und Lichtvolle
- Die Urteilsfreiheit

Klare Fragen können zu klaren Erkenntnissen führen und damit den Blickwinkel öffnen. Daraus entsteht dann eine heilsamere innere Einstellung und neuer Handlungsspielraum. Daher können uns die **fünf Lebensfragen** auch in schwierigen Beziehungsphasen weiterbringen:

- *Woran glaube ich wirklich?*
  Was sind meine unterbewussten Glaubensmuster und Gedankenprogramme, die auf einer ungesunden Angst und auf Bewertung basieren?
  Mögen wir stets Vertrauen in unserem Denken spüren. Der Glaube an das Gute und Lichtvolle und an die Liebe lässt uns Lösungen erkennen. Nur wenn wir an eine liebevolle und erfüllende Beziehung glauben, können wir damit in Resonanz gehen und tatkräftig unseren Beitrag dazu leisten.

- *Wie will ich sein? Wie will ich leben?*
  Durch das Gewahrsein unserer wahren Herzensbedürfnisse verlieren wir uns nicht in den Ansprüchen des Egos, im Wünschen und Wollen, sondern finden Orientierung im Erkennen dessen, was wir wirklich benötigen, um glücklich und erfüllt zu sein. Mögen wir uns deshalb darauf besinnen, welches die echten Bedürfnisse unserer Seele sind *und was wir dafür tun können*. Ein

ungesundes, egoverhaftetes „Ich will" bindet unsere Erwartungen und Wünsche an die Gefühle und an das Verhalten eines Menschen. Widerstände und Konflikte zeigen uns, dass wir dieses Missverständnis klären dürfen.

- *Wie sehr kann ich die Liebe auf meinem Weg fühlen?*
Spüre ich die Liebe bei meinem Denken, bei meinem Verhalten und meinen Entscheidungen? Sagt mein Herz wirklich Ja? Ist es tatsächlich Liebe oder eine irritierte Vorstellung davon?
Das Heiligste, das wir in unsere Beziehung einbringen können, ist unsere Liebe und Aufrichtigkeit. So können wir Missverständnisse klären und uns auf das Wahre und Reine besinnen. Darin finden immer Lösungen statt, die der höheren Ordnung, dem Frieden und der Heilung dienen.

- *Wie heilsam ist mein Verhalten?*
Nütze oder schade ich mit meinem Denken und Handeln mir und meiner Beziehung? Mache ich mich oder den anderen klein, oder erlaube ich mir und dem anderen Größe und Freiheit? Verhalte ich mich verantwortungsbewusst, lösungsorientiert, friedvoll und aus höherem Bewusstsein? Oder erkenne ich mich in einem Verhaltensmuster der Angst: Bin ich auf der Flucht, in der Verteidigung oder im Angriff?

- *Was lehne ich in mir ab?*
Was lehne ich ab? An mir, meinem Partner, an der Beziehung und der möglichen Entwicklung? Will ich mich selbst oder meinen Partner verändern und verbiegen? Weshalb? Kann das überhaupt sinnvoll und erfüllend sein?

Mögen wir in Energie raubenden Diskussionen oder eingeschlagenen Wegen auch erkennen, wenn wir in unnötiges Argumentieren fallen. Argumente entstehen immer im Kopf. Unser Herz braucht keine Argumente, es weiß und versteht in Liebe. Argumente können ein unbewusster Versuch sein, uns selbst oder den anderen etwas vorzumachen und sie überzeugen zu wollen. Doch wir können niemanden überzeugen. Darin können sich die Fronten nur noch mehr verhärten. Wir dürfen uns immer fragen: Wollen wir oder der Partner die Wahrheit wirklich sehen und annehmen? Wenn wir uns in Argumenten verlieren, dann sollten wir uns und dem Partner Zeit und Raum zum Nachdenken geben, damit die Weisheit in uns reifen kann.

Auch die Fragen „Wer ist stärker?" „Wer kann sich durchsetzen?" haben wenig mit liebevollen Werten und innerer Reife gemein; denn wer in einer Beziehung dominiert, ist nicht unbedingt weniger bedürftig oder ängstlich. Dominanz und Aggression sind reine Verhaltensstrategien. Sie werden in der Angst gehalten, genauso wie Rückzug, Überanpassung und Unterwerfung. Wenn wir wirklich aufgerichtet sind in Gottes Kraft, Weisheit und Liebe, dann orientieren wir uns an Lösungen, an Vergebung, Freundschaft, Frieden und freilassender Entfaltungsmöglichkeit für alle Beteiligten. Das ist die Haltung einer erwachsenen Persönlichkeit – und das ist wahre Stärke.

Vorgeburtliche Absprachen zwischen zwei Seelen, mit dem Ziel, gemeinsam Resonanzmuster zu lösen, sind durchaus möglich. Doch es geht dabei weder um Karma, Schuld und Sünde noch darum, dass wir irgendjemanden oder irgendetwas auszuhalten haben. Karma meint nicht freigesetzte Emotionen vergangener Leben. Wie und über welchen Weg wir diese heilen, darin sind wir frei. So sind wir auch frei, diese loszulassen, denn der Seelenplan ist die Liebe, nicht das Ertragen. Ob eine Begegnung eine vorgeburtliche Absprache war oder nicht, ist grundsätzlich nicht wichtig. Emotional intensive Liebesbeziehungen finden immer innerhalb aktuell vorherrschender Resonanz-Muster statt. Lösen wir diese auf, können sich Beziehungen heilsam verändern oder sogar vorgenommene Begegnungen erübrigen. Ein Festhalten aus einer Verpflichtung heraus kann Selbstsabotage sein, aus einem Dogma, aus angelernter Moralvorstellung oder aus einem Schuldmuster und einer Opferhaltung heraus. Diese

Selbstsabotage ist letzten Endes eine Angst vor Veränderung, Alleinsein, unterdrückten Gefühlen, Selbstverantwortung oder dem Frei- und Glücklichsein.

Die Engel interessieren sich nicht, *mit wem* wir eine Beziehung führen, sondern *wie* – ob von Herzen, liebevoll, heilsam und freudvoll oder von Ängsten und Gedankenmustern dominiert. Es geht nie darum, jemanden zu ertragen, sondern sich selbst zu entfalten und dann zu schauen, wohin unser Weg, unser Herz, das Leben und die geistige Führung uns lenken. Wir müssen nichts und niemanden aushalten, wir dürfen genießen. Die lichtvolle geistige Welt freut sich, wenn wir uns freuen und glücklich sind.

Wenn sich in der Beziehung auch keine Lösung oder offene Türe zeigt, dann sollten wir uns darauf besinnen, was wirklich als Nächstes ansteht. Dieser nächste Schritt findet meistens zuerst in uns selbst statt. Dieser Schritt hat oft damit zu tun, Vergangenes aufzuarbeiten (alte Gedanken, Glaubenssätze, Verurteilungen, Traumata, Schocks, ungelöste Emotionen). Der Schritt kann auch bedeuten, eine höhere Sichtweise einzunehmen, unsere innere Haltung zu klären, gesunde Abgrenzung zu wahren, Vergebung, Vertrauen und Hingabe zu üben oder eine andere Tugend wahrhaftiger Liebe zu verinnerlichen. Erst wenn wir unsere „Hausaufgaben" gemacht haben, können Lösungen in Beziehungen entstehen.

Wir sollten uns keine Gedanken über die Dinge machen, die wir nicht ändern können, die nicht in unseren Händen und unserer Macht liegen. Wir dürfen uns vielmehr darauf konzentrieren, was wir aktiv ergreifen und verantwortungsbewusst als Nächstes meistern können. Was dies ist, sagt uns immer unser Herz, wenn wir uns trauen, ehrlich zu sein und hinzuhören.

Egal was unsere Beziehung und Gefühle blockieren sollte, wir sollten uns immer auf die Selbstliebe besinnen; denn darin finden alle nötigen Antworten und Lösungen statt, ohne dass wir uns in komplizierten Gedankenwindungen verlieren. In der Selbstliebe sind wir bei uns, nicht bedürftig und damit auch nicht verletzbar. In der Selbstliebe und aus höherer, überbewusster Haltung erkennen wir mögliche Schuldgefühle, Opfer-Täter-Muster und lösen Abhängigkeiten in uns auf. Dadurch können wir aus innerer Reife, Weisheit und Selbstbestimmung denken und handeln, was wiederum Lösungen innerhalb der Beziehung begünstigt. Auch können wir in dieser Haltung den anderen so lassen, wie er ist. Das löst Druck und öffnet für gegenseitiges Verständnis, für Vergebung und Heilung und für ein neues, authentisches Miteinander. Solange wir gleiche Werte haben, gemeinsame übergeordnete Ziele und uns etwas zu sagen haben, so lange können wir uns gemeinsam weiterentwickeln. Wir können uns in einer Partnerschaft nur entwickeln, wenn wir lernen, loszulassen und wir selbst zu sein. Liebe ist verbindlich, doch sie hält nicht fest. Nur so kann sie fließen und wachsen.

Nachstehend einige ergänzende Gedanken, welche uns in eingefahrenen Beziehungen unterstützen können:

- Halten wir nie an Dingen fest, die schwer sind oder immer auf Hindernisse stoßen.
- Wenn uns etwas nicht leichtfällt, dann war die Entscheidung nicht ganz rein und nicht wirklich Liebe (Ziel und/oder innere Haltung hinterfragen).
- Tun wir weniger, lassen wir es fließen ohne festzuhalten. Nehmen wir uns zurück, und nehmen wir uns bewusst wahr.
- Finden wir die Balance zwischen Leistung (Aktivsein, Tatkraft) und Hingabe (Zulassen und Geschehenlassen).
- Klären wir die Frage: Haben wir gesunde Grenzen überschritten? Haben wir uns zu sehr angepasst oder haben wir einseitige Erwartungen an unser Gegenüber gestellt? Weshalb? Was war unsere (unbewusste) Absicht dahinter?
- Manchmal haben wir uns im Alten neu zu erfinden.
- Werden wir uns bewusst: Woran glauben wir? Was ist unser Ziel? Ist es unser Weg? Fühlen wir die Liebe?

- Vertrauen wir unserem Herzen. Handeln wir nie gegen unser Gefühl. Wenn unser Herz „Nein" oder „Stopp" sagt, akzeptieren wir es. Nehmen wir unsere Gefühle ernst und lassen wir die Dinge im Inneren und Äußeren reifen.
- Die Befreiung beginnt oft dann, wenn wir unsere Gedanken erkennen, bewusst lenken oder verändern können.
- Nehmen wir bewusst die Beobachterrolle ein. Betrachten wir ohne Bewertung, seien wir offen und ehrlich in unserer Wahrnehmung.
- Wenn wir immer wieder Wiederholungen in den Beziehungen feststellen, dann ist es unser Thema, nicht „sein oder ihr Problem". Wir sind dann der Grund für die Umstände, unabhängig davon, welchen Anteil unser Partner daran hatte. Übernehmen wir die volle Verantwortung für uns selbst und unser Leben. Die Lösung liegt immer in der Selbstliebe.
- Schaffen wir Ordnung in uns, in unseren Gedanken und Gefühlen und orientieren wir uns am Wesentlichen in unserem Leben. Wesentlich sind immer all das Lichtvolle in uns und das, was uns mit Ruhe, Vertrauen, Frieden, Freude, Glück, Gesundheit und Liebe erfüllt.

Nachfolgend ein Gebet, welches Sie bei möglichen Konflikten in Ihrer Beziehung unterstützen kann.

Gebet für Lösung und Heilung innerhalb der Beziehung

Liebe lichtvolle Wesen der geistigen Welt, ich bitte um himmlischen Segen für mich, für (Name) und unsere Beziehung.
Bitte helft mir, die Situation und mein Thema darin zu lösen.
Ich bin in reiner Absicht und im Frieden mit allem, was ist. Ich kämpfe nicht.
Ich reiche (Name) die Hand und verstehe in Weisheit und Liebe.
Liebe Engel, bitte führt mich, (Namen) und alle Beteiligten.
Möge sich alles so entwickeln, wie es licht- und sinnvoll für uns alle ist.
Ich selbst bin von ganzem Herzen bereit, all das Gute und Lichtvolle anzunehmen und loszulassen, was nicht Liebe ist.
(Amen)

Ich möchte Ihnen nachstehend eine Meditation mit dem Lichtkreuz vorstellen, welche Ihnen helfen kann, sich in Konfliktsituationen mit Ihrem Partner an die Herzensweisheit, Liebe und Kraft zu besinnen. Die Meditation kann Sie unterstützen, sich für Lösung, Heilung und Frieden bewusst zu öffnen. Das Lichtkreuz, das sich in der Regel in Form eines Christuskreuzes oder hin und wieder auch als ein gleichschenkliges Kreuz zeigt, ist genauso wie der Kreis oder die Lemniskate (liegende Acht) ein altes Heilsymbol. Das Symbol löst nicht unsere Probleme und übernimmt nicht unsere Aufgabe, unsere innere Haltung zu verändern. Doch es hilft uns, uns in Gottes Kraft und Liebe aufzurichten sowie Frieden und Weisheit in unsere Gedanken, Gefühle und Taten hineinfließen zu lassen. Sollte in Ihrer Meditation ein gleichschenkliges Lichtkreuz anstatt eines Christuskreuzes entstehen, dann bedeutet dies über aktuelle Konfliktlösungen hinaus, dass ein altes karmisches Thema in Ihnen heilen will.

Meditation mit dem Lichtkreuz (Christuskreuz) für die Lösung von Konflikten[*]

Setzen Sie sich bequem hin und entspannen Sie ihre Körper. Atmen Sie dabei tief in Ihren Bauch hinein.
Beobachten Sie den Atem. Dieser wird immer tiefer, ruhiger und stabiler. Unterstützen Sie jeden Atemzug mit einem Herzenslächeln, so dass Sie Wärme und Liebe in der Brust spüren.
Lächeln Sie Ihre Gedanken an und atmen Sie sie aus. Machen Sie Ihren Kopf bewusst frei.

Spüren Sie in Ihrem Herzen den Satz: „Ich verbinde mich mit der lichtvollen geistigen Welt." Werden Sie zu einer wunderbaren Lichtsäule.

Spüren Sie Ihr Lächeln in Ihrer Brust, und fühlen Sie die Frage: „Welcher Konflikt beschäftigt mein Inneres?"
Vielleicht erscheint Ihnen das Bild Ihres Partners, eine Situation oder ein Thema. Seien Sie möglichst emotionslos und neutral. Seien Sie einfach nur Beobachter.

Atmen und lächeln Sie. Werden sie sich bewusst, welchen Konflikt das innere Bild Ihnen aufzeigt. Vielleicht das Thema Vergebung, Verständnis, Loslassen oder etwas anderes. Es hat in jedem Fall immer mit dem Thema Liebe zu tun.

Nun visualisieren Sie zwischen Ihnen und dem vorhandenen Thema ein lichtvolles Christuskreuz. Tun Sie dies mit einem Herzenslächeln, im Licht aufgerichtet und mit Vertrauen. Das

---

[*] Quelle: Jana Haas, Heilen mit der Göttlichen Kraft, Seite 135-139, in gekürzter und leicht geänderter Form übernommen.

Lichtkreuz möge wie die Sonne heilsam auf Sie beide scheinen und eine lichtvolle Wand der Vergebung zwischen Ihnen entwickeln. Lassen Sie sich Zeit und fühlen Sie, dass in Ihnen immer mehr Frieden und Sicherheit geboren wird, zusammen mit dem Gefühl: „Alles wird gut. Alles wird sich klären und lösen."

Spüren Sie immer mehr diese heilende Liebe in Ihnen, die den Konflikt immer mehr abschwächt und ihn in Ihnen lösen darf. Dieses Lichtkreuz durchleuchtet und erfüllt dabei licht- und liebevoll Ihr Thema und alles, das bewusst oder unbewusst damit verbunden ist.

Mit der Eigenschaft, die Ihrem Konflikt entspricht, z. B. Verständnis, Vergebung und Loslassen, umarmen sie dieses Thema.
Falls Ihnen das nicht gelingt, lassen Sie sich Zeit, oder versuchen Sie es in einer späteren Meditation erneut.

Alles ist in Ordnung, so, wie es ist. Entwickeln Sie Demut, die Erkenntnis, dass alles machbar ist, dass alles im Fluss ist und verbunden mit dem höheren Sinn. Mit Demut gewinnen Sie an Kraft, das Thema weiter zu lösen, oder Sie gelangen zur Erkenntnis, dass Sie Hilfe von außen unterstützend in Anspruch nehmen möchten.

Das Thema selbst wird immer unwichtiger. Wichtig ist vielmehr, dass Sie in der Liebe sind und vollkommen im Licht stehen. Spüren Sie das Lichtkreuz, das auch aus Ihrem Herzen strahlt, Sie aufrichtet und mit allem verbindet.

Spüren Sie Ihre Stärke, Weisheit und Liebe.
Sagen Sie sich innerlich „Ich liebe mich" und fühlen Sie es in Ihrem Brustraum.

In dieser Haltung und Souveränität kommen Sie langsam zurück, strecken sich und freuen sich auf Ihr Leben.

Anstatt eines Themas können Sie auch Ihren Partner in das vor Ihnen liegende Lichtkreuz stellen. Tun Sie dies jedoch stets in der Haltung, dass es Ihr eigener Konflikt ist und damit Sie selbst die Lösung sind. Dieser Mensch spiegelt Ihnen lediglich Ihre Themen, die Sie in Liebe lösen können. Es geht niemals darum, jemanden zu verändern oder zu beeinflussen, sondern das eigene Thema zu heilen und sich in Liebe, Gottes Kraft und Weisheit aufzurichten.

Ko-Abhängigkeiten

Ko-Abhängigkeit ist die unnatürliche Bindung zweier Menschen aneinander. Ich beobachte Abhängigkeitsbeziehungen vor allem in Eltern-Kind-Konstellationen, nämlich dann, wenn die Eltern die Kinder nicht loslassen und umgekehrt. Dieses Beziehungsmuster, wenn es durch den heranwachsenden Menschen nicht aufgelöst wird, wird oft in die spätere Partnerschaft oder in die Beziehung zu den eigenen Kindern übernommen.

Ko-Abhängigkeiten basieren immer auf unnatürlicher Bindung. Diese entsteht durch Angst, Bedürftigkeit und Unbewusstheit. Sie wird gehalten im Gefühl: „Ich kann nicht ohne den anderen leben."

In einer Ko-Abhängigkeit zu einem Menschen findet nur noch bedingt Entwicklung und Selbstentfaltung statt. Stagnation und der Versuch, einen Menschen festhalten zu wollen, ist auf Dauer immer ungesund für beide. Mindestens einer der Beteiligten verliert dabei seinen Seelenplan, seine Herzensangelegenheiten und seine wahre Individualität aus den Augen und nutzt somit das Potenzial seines Erdenlebens nur bedingt. In solchen Beziehungen bedient sich meistens einer der beiden von der Lebensenergie des anderen. Seelische Signale wie Unzufriedenheit, Freudlosigkeit, innere Schwere und Härte, Suchttendenzen sowie körperliche Anzeichen oder schicksalhafte Fügungen können uns auf die nötige Korrektur hinweisen.

Durch mangelnde Selbstwahrnehmung und Selbstliebe, durch Prägungen oder durch blinden Glauben übernommene Lebensmuster von Vorbilds- und Autoritätspersonen können unnatürliche Bindungen zwischen Menschen entstehen. Wo hingegen ein liebevolles Selbstbewusstsein, Eigenverantwortung, Vertrauen und Individualität gepflegt werden, können sich keine freiheitsberaubenden Abhängigkeiten entwickeln. Das Loslassen ist unumgänglich im Leben. Spätestens am Sterbebett haben wir den Menschen an unserer Seite in der Physis freizugeben. Wenn dies durch innere Starre nicht geschieht, dann werden wir es im Jenseits lernen dürfen; denn mit all unseren vorherrschenden Emotionen, mit welchen wir unseren letzten Atemzug machen, gehen wir in die Feinstofflichkeit über. Unsere Seele nimmt alle ihre nicht gelösten Emotionen und Anhaftungen mit. Sie wird auf ihrem Weg in die himmlische Heimat ihre Gefühle und Ängste unausweichlich reflektieren und in Liebe wandeln dürfen.

Ko-Abhängigkeit ist immer beidseitig bedingt, unabhängig davon, wer als Erstes festgehalten hat oder intensiver klammert. Sie kann nie einseitig aufrechterhalten bleiben, wenn wir unsere Resonanz zu diesem Menschen verlieren. Schlechtes Gewissen, Schuldgefühle, Wut, Aggression, Erschütterung, Enttäuschung, Unverständnis, emotionale Ablehnung, verurteilende Gedanken und jegliche Form des Unfriedens zeigen uns, dass die Ablösung noch nicht vollständig abgeschlossen ist. Eine ungesunde, weil mangelnde oder zu starre und dominante Abgrenzung entsteht immer aus der Haltung der Angst. Eine gesunde Abgrenzung ist ein Nein in Liebe, im Selbstbewusstsein, im Vertrauen und im Frieden mit allem, was war und ist.
Wenn wir uns aus einer Ko-Abhängigkeit heraus entwickelt haben

und in unseren Gedanken, Gefühlen und Handlungen befreit haben, dann verlieren wir jegliche Resonanz. Dann können wir ruhig und respektvoll Nein sagen. Dadurch sind wir auch befreit von Beeinflussung und unnatürlichen Bindungsstrategien. Der andere wird dann vielleicht noch klammern, doch die ausgesendete Energie in Form von Worten, Gedanken und Emotionen kann uns nicht berühren und fließt zurück zum Absender. Die größte heilende und erlösende Kraft schenkt uns unser höheres Bewusstsein und die allumfassende Liebe.

Wie können wir bereits heute unnatürlichen Bindungen entgegenwirken, und wie können wir bestehende Ko-Abhängigkeiten auflösen?
Indem wir die Beziehung zu uns selbst stärken und pflegen. Das beinhaltet Zeitfenster für uns selbst, um uns zu spüren und uns auf uns selbst zu besinnen. Abhängigkeiten können sich lösen, indem wir uns um uns kümmern, jenen Dingen nachgehen, die unseren eigenen Interessen, Bedürfnissen und unserer Individualität entsprechen. Wir sollten auch in engen Beziehungen unser Selbstbewusstsein und Selbstwertgefühl nähren und konsequent Verantwortung für unser Leben und unsere Entscheidungen übernehmen.

Erinnern Sie sich daran, dass die Liebe in ihrer Reinheit zwischen zwei Menschen nur durch unsere Selbstliebe und Individualität ins Fließen und heilsam zum Ausdruck kommen kann.

Damit wir in unserer Beziehung nicht in eine emotionale Abhängigkeit hineinrutschen, haben wir achtsam mit Schuldgefühlen, Opfergedanken, falschen Verpflichtungen und Moralvorstellungen zu sein. Wir können unsere innere Haltung mit den fünf Lebensfragen prüfen und klären. Wenn wir uns täglich bewusst wahrnehmen, können wir erkennen, ob das, was wir tun, wirklich Liebe ist.

Sollten wir uns aus einengenden Bindungen lösen wollen, so hilft uns der unerschütterliche Glaube an das Gute und an die Liebe. Wir sollten nichts und niemanden verurteilen, sondern jenen Menschen segnen, ihm das Beste wünschen und loslassen. Es ist wichtig, auch aus solchen Erfahrungen Weisheit und Selbsterkenntnis zu schöpfen, damit wir daraus lernen und uns weiterentwickeln in unserer Kraft und Liebe. Wir lösen uns von Menschen, wenn wir unsere Gedanken und Gefühle von dieser Person weg und zu uns selbst hinwenden. Beten und Segnen helfen uns dabei, weil wir uns an das Gute und Lichtvolle erinnern, uns mit himmlischem Wissen und Liebe verbinden und den inneren Frieden pflegen. Unsere geistige Führung schenkt uns alle nötige Kraft und Unterstützung, damit wir unsere Individualität in Liebe entfalten und unser Leben aus innerer Freiheit, mit Hingabe, Begeisterung und Freude mitgestalten. Gebete erinnern uns, daran zu glauben, Vertrauen zu finden und entsprechend zu handeln.

Sie können unterstützend zum Auflösen einer ungesunden Bindung an einen Menschen die Meditation mit dem Lichtkreuz durchführen. Dabei stellen Sie das Christuskreuz innerlich zwischen sich und jene Person und fühlen es gleichzeitig in sich selbst. Das Lichtkreuz hilft, gesunde Distanz aufzubauen und sich in der eigenen Kraft und Liebe aufzurichten.

Heilsames Beenden einer Beziehung

Wir stehen oft an einem Punkt in einer Beziehung, wo uns unklar ist, wie es weitergehen soll. Innere und äußere Anzeichen für eine Trennung sind vielleicht da oder werden immer deutlicher; doch gleichzeitig begleiten uns Zweifel, Fragen, schöne Erinnerungen und die Hoffnung auf eine gemeinsame Zukunft.

Solange wir unsicher sind und unser Kopf nicht im Gleichklang mit unserem Herzen schwingt, so lange können wir in der Entscheidung noch reifen durch das Wahrnehmen, Erkennen und Erleben von inneren und äußeren Vorgängen. Grundsätzlich können wir uns immer dann noch gemeinsam weiterentwickeln, wenn wir uns etwas zu sagen haben, wenn wir Ja zum Partner sagen können und Werte,

Grundbedürfnisse und Vision dieselben sind. Wenn wir die Liebe auch in der Beziehung leben und entfalten können, dann entwickeln wir uns innerhalb unseres lichtvollen Seelenplans und gehen den Weg der Heilung und Erfüllung. Ob wir die Liebe in der Beziehung jedoch wirklich leben können, hängt dabei oft weniger von unserem Partner als von uns selbst ab: Von unserer Einstellung, unseren Lebensmustern und unserer Fähigkeit, uns selbst anzunehmen, uns zu lieben und geliebt zu werden.

Was kann Ihnen helfen, Klarheit über die Entscheidung einer möglichen Trennung zu finden:
Lösen Sie unnötigen Druck, indem Sie sich zurücknehmen, weniger tun und keine Entscheidung zu erzwingen versuchen. Nehmen Sie bewusst die Beobachterrolle gegenüber sich selbst (Gedanken, Gefühle, Verhalten) ein und beurteilen Sie nichts. Erkennen Sie dabei Gedankenmuster, Schuldgefühle, Opfer-Täter-Gedanken, alte Prägungen und Ängste. So werden Sie sich ihrer Programmierungen im Unterbewusstsein bewusst. Das befreit und öffnet Ihren Handlungsspielraum. Haben Sie dabei den Mut, schonungslos offen und ehrlich mit sich selbst zu sein.

Bevor Sie sich von einem Menschen trennen, trennen Sie sich lieber von einseitigen Erwartungen, von Mangeldenken und irritierten Glaubensmustern; denn wenn Sie sich verändern, kann sich auch Ihre Beziehung wandeln und erhält eine echte Chance für ein erfüllendes Miteinander.

Besinnen Sie sich bei Ihrer inneren Klärung auf die Selbstliebe, auf das, was Ihre Seele braucht, um zufrieden und erfüllt zu sein. Erinnern Sie sich stets daran: Sie sind geboren, um zu lieben. Die Lösung wird immer die Liebe sein, und die Basis ist die Selbstliebe! Verlieren Sie sich somit nicht in Abhängigkeitsgedanken, Schuldgefühlen oder Ängsten. Gehen Sie selbstbewusst und mit Vertrauen ins Leben den Weg der Liebe. Alles andere wird sich Ihnen offenbaren, sich fügen und entwickeln. Hören Sie dabei auf Ihr Herz. Es sagt Ihnen ganz deutlich, welcher Weg die Liebe ist. Die Stimme Ihres Herzens hören

Sie nicht, wenn sie im Kopf verweilen, und auch nicht, wenn Sie im Gespräch mit anderen Menschen sind, sondern nur, wenn es ruhig um Sie herum und still in Ihnen wird. Seien Sie deshalb auch achtsam bei Argumenten. Argumente sind immer Kopfsache. Das Herz und die Liebe argumentieren nicht.

Seien Sie aufmerksam gegenüber (angstgeprägten) Kopfprognosen wie: „Wenn ich die Wahrheit sage, dann führt das zur Trennung." Besinnen Sie sich auf die Liebe, vertrauen Sie und handeln Sie so, wie es ihr Herz Ihnen weist. Beobachten und spüren Sie dann, was daraus entstehen und sich entwickeln will. Loslassen kann in solchen Situationen bedeuten, die Veränderungen zuzulassen und Entwicklungen geschehen zu lassen.

Innere Fragen helfen Ihnen auf dem Weg der Klärung. Diese können lauten: Was will ich (Ego, oft einseitige Wünsche und Sehnsüchte) und was brauche ich wirklich (Herzensbedürfnisse)? Woran glaube ich? Erkennen Sie sich darin, und orientieren Sie sich an Ihren wahren Herzensbedürfnissen, aber auch an ihrer Selbstliebe und inneren Haltung. Kein Mensch wird gut genug sein, wenn sie glauben, er sei die Lösung für Ihr Leben.

Halten Sie auch in der Beziehung nie an Dingen fest, die schwer oder kompliziert sind. Bedenken Sie: Wenn es reine Liebe ist, dann müssen Sie es nicht festhalten. Doch etwas nicht festzuhalten, heißt nicht, es wegzuwerfen und durch das Nächstbeste zu ersetzen. Die höchste Form, jemanden zu lieben, ist, ihn zu wertschätzen und leben zu lassen.

Liebe ist Wahrheit. Sich liebevoll zu verhalten, bedeutet auch, klar und taktvoll zu sein. Trauen Sie dem anderen zu, dass er mit Ihrer Ehrlichkeit umgehen kann und nur durch Ihre Offenheit auch die Chance hat, sich zu orientieren. Machen Sie sich dabei auch bewusst: Wenn es für den einen nicht mehr stimmig ist, dann ist es auch für den anderen nicht mehr stimmig. Ob er es erkennen kann oder nicht. Wenn Sie nicht von Herzen mit diesem Menschen durch das Leben gehen möchten, dann kann es nur klug für ihn sein, Ihnen das Beste zu wünschen und sich neu zu orientieren.

Eine Entscheidung ist dann rein und reif, wenn wir dabei tief durchatmen können und Geist und Herz uns dasselbe klare Ja schenken. Wenn wir spüren, dass bei einer Entscheidung zugunsten einer Trennung uns eine Last vom Herzen und von den Schultern fällt und wir wieder tief durchatmen und frei denken können, dann ist dies ein deutliches Signal für die Stimmigkeit unserer Entscheidung.

Wenn eine Trennung unausweichlich geworden ist
Unabhängig davon, wer den Trennungsschritt vollzieht, Beziehungen möchten in Ruhe und aus liebevoller Selbstwahrnehmung nicht nur begonnen, sondern auch beendet werden. Was wir in Ruhe und in innerer Achtsamkeit tun, kann erfüllender, heilsamer und erfolgreicher seinen Platz in unserem Leben einnehmen.

Seien Sie während der Trennung und auch danach ehrlich und taktvoll. Trauen Sie dem anderen zu, dass er diese neue Lebensphase aus eigener Kraft, Liebe und Weisheit meistern und sein Weg lichtvoll sein wird. Urteilen Sie dabei nicht über seine Entscheidung, sondern seien Sie sich bewusst: Wenn sich eine Türe schließt im Leben, dann öffnet sich uns eine noch lichtvollere!

Seien Sie in der Trennungsphase achtsam mit Schuldgefühlen, mit beidseitigen Schuld- und Opfergedanken, die unnötig binden können oder Bindung herbeiführen möchten. Seien Sie keinesfalls nachtragend, denn auch das bindet auf unnatürliche Weise. Grenzen Sie sich liebevoll von solchen Empfindungen ab, denn diese schwächen Sie. Lenken Sie vielmehr Ihre Gedanken konsequent ins Lichtvolle. Seien Sie großzügig mit dem Menschen, den Sie verabschieden, und wünschen Sie ihm nur das Beste. Das macht auch Sie frei und stark.

Die drei Lebensgrundsätze helfen Ihnen dabei:

- Seien Sie rein in Ihrer Absicht. Drücken Sie Wahrhaftigkeit, Vertrauen und Liebe konsequent in Ihrem Denken, Fühlen, Sprechen und Handeln aus.
- Glauben Sie an die Liebe, an das Gute und Lichtvolle von allem und in allen Menschen.
- Urteilen Sie nicht, besinnen Sie sich auf den Frieden und betrachten Sie alles aus einem höheren Bewusstsein.

Eine gemeinsame Aussprache und Aussöhnung kann sehr heilsam sein. Machen Sie sich in Ihrem Seelenheil jedoch nicht davon abhängig. Nicht immer ist eine Aussprache möglich und nötig, denn das bedingt die Einsicht beider Menschen. Sie können niemanden verändern, sondern nur segnen, in Würde loslassen und Ihren Weg in Frieden gehen.

Folgendes Gebet kann Sie bei einer Trennung unterstützen:

Ich danke dir für deine Geschenke der Liebe und für alle Erfahrungen, die ich mit dir teilen durfte.
Ich nehme all das Gute und all die Weisheit daraus von ganzem Herzen an.

Ich vergebe dir, für alles, was du getan hast, bewusst und unbewusst, und bitte dich, mir zu vergeben, was ich getan habe, bewusst und unbewusst.
Ich bin im Frieden mit allem, was war. In Liebe sind wir beide frei.

Ich habe mein Glück in mir gefunden. Ich wünsche dir, dass du deines in dir findest, denn bei mir ist es nicht.

Ich wünsche dir licht- und sinnvolle Erfüllung in deinem Leben.
Ich wünsche dir himmlischen Segen, Führung und Schutz.
Möge die Liebe stets deine Kraft und Weisheit sein.

Liebe lichtvolle geistige Welt, ich bitte um Segen, Heilung, Führung und Schutz für mich.
Bitte sei bei mir auf all meinen Wegen.
Ich bin von ganzem Herzen bereit, meine Weisheit und Liebe zu leben.
Ich nehme all das Gute und Lichtvolle auf meinem Weg an und freue mich darauf.
(Amen)

Nach einer Trennung ist es sinnvoll, sich genügend Zeit für die Verarbeitung der Beziehung zu nehmen. Dadurch können viele Erkenntnisse gesammelt werden, die wir in uns als Weisheit verankern dürfen. Nur so werden wir uns nicht in unnötigen Wiederholungen von mustergeprägten Beziehungen und Dramen wiederfinden, sondern kommen einen echten Schritt weiter in unserer seelisch-geistigen Entwicklung und Reife.

Nehmen wir uns auch genügend Raum und Zeit, um Frieden und Sinnhaftigkeit aus dem Vergangenen zu finden. Nur so können wir wirklich loslassen und sind frei für neue Begegnungen und Verbindungen. So können wir uns dann auch wirklich freuen, wenn unser ehemaliger Weggefährte vor uns eine neue Partnerschaft eingehen sollte.

Tun wir dies nicht, so kann es geschehen, dass bei einer erneuten Beziehung schmerzhafte Erinnerungen in uns hochkommen und uns vielleicht sogar hindern, vertrauen zu können und Liebe und Verbundenheit zuzulassen. Je geordneter unsere Vergangenheit ist, je friedvoller unsere Haltung mit allem bisherigen, desto gegenwärtiger erleben wir uns in unserer Weisheit, Kraft und Liebe. In dieser Haltung sind wir frei für erfüllende neue Erfahrungen, weil wir sie dann annehmen können.

Beim Tod des Partners

Mit dem letzten Atemzug wird die Verbindung zwischen vergänglichem Körper und unsterblicher Seele aufgelöst. Die Seele nimmt dabei alle ihre vorherrschenden Gefühle und ihr emotionales Bewusstsein mit. Eine emotionale Verbindung zu einem geliebten Menschen bleibt somit bestehen. Die Seele ist nicht einfach weg, sondern wird ihren Weg ins Jenseits entsprechend ihrer Fähigkeit, sich auf die lichtvollen Welten mit Vertrauen einzulassen, finden und das menschliche Leben, unverarbeitete Erfahrungen und Emotionen sowie die Hinterbliebenen loslassen. Das Loslassen ist nicht nur in der Sterbensphase im Diesseits, sondern auch auf dem Weg nach Hause im Jenseits ein heilsamer und natürlicher Entwicklungsprozess, welcher uns nochmals mehr die Liebe bewusst machen und erfahren lassen möchte. Wie oben so unten – besagt ein kosmisches Gesetz. Das Loslassen ist unumgänglich im Leben, in allen Dimensionen unseres Daseins. Was nicht vergeben und in lichtvoller Erkenntnis, in der Liebe und im Frieden aufgearbeitet und erlöst worden ist, wird uns irgendwann wiederbegegnen. Jeglicher Frieden, welchen wir im Jenseits nachträglich schließen dürfen, ist letztlich die Aussöhnung mit uns selbst und mit Gott. Frieden mit Gott bedeutet Frieden mit allem Leben.

Wir dürfen daher bereits zu Lebzeiten lernen, dem Menschen an unserer Seite mit Dankbarkeit für die geschenkte gemeinsame Zeit zu begegnen. Die gemeinsamen irdischen Erfahrungen, unser Körper und die Materie werden unweigerlich und fortwährend Vergangenheit. Was bleibt, sind die Gefühle, die Liebe und die Verbundenheit im Herzen. Liebevolle seelische Erinnerung kann dieses Erdenleben überdauern. Alles andere dürfen wir mit Vertrauen den Kräften und den Geheimnissen des Lebens übergeben.

Beim Tod des Partners bleibt seine Seele oftmals eine gewisse Zeit beim Hinterbliebenen, findet sich in der Feinstofflichkeit zurecht und nimmt Abschied. Emotionale Verbindungen oder Ko-Abhängigkeiten bleiben vorerst genauso bestehen, auch wenn die körperliche Ebene, der physische, sinnliche und verbale Austausch fehlen. Es gilt, dass auch wir die Ablösung zulassen, diesen Menschen liebevoll verabschieden, uns bedanken, Vergebung fließen lassen und dieser Seele Mut und Kraft für ihren Weg schenken. Jegliches Festhalten unsererseits oder von der Seele im Jenseits sowie Ko-Abhängigkeiten können die lichtvolle Entwicklung beider Seelen ungesund blockieren. Als Hinterbliebener das Leben abzusitzen oder dem Verstorbenen aus unnatürlicher Bindung heraus zu folgen, kann eine Ablehnung des eigenen lichtvollen Weges und all der wertvollen Möglichkeiten für liebevolle Erfahrungen, Erkenntnisse und seelisch-geistige Entwicklungen in dieser Inkarnation bedeuten. Eine lebensbejahende Haltung und das Wissen, dass es im Leben stets sinn- und lichtvoll weitergeht, sind dabei von zentraler Bedeutung und Hilfe, um ungesunde Bänder zu lösen. Gebete und Segnungen können uns dabei besonders viel Heilkraft, Hoffnung und Frieden schenken.

Sterbebegleitung ist ein Dienst der Nächstenliebe. Wenn wir einem Menschen in tiefer Hingabe in seinem Übergang vom Dies- ins Jenseits beistehen, kann sich viel Hoffnung, Vergebung, Vertrauen und Verständnis beidseitig entfalten. In den Momenten, wo uns keine Ablenkungen und Unwichtigkeiten von den wahren Bedürfnissen und Fragen unserer Seele trennen, wo nur noch ein Hinschauen und ein Echt- und Wahrhaftig-Sein möglich sind, kann unendlich viel Heilung durch das Lösen von blockierten Emotionen fließen. Wir sollten diese intensive Zeit des Loslassens bewusst nutzen, denn sie öffnet uns nochmals für bedeutende Erkenntnisse und zutiefst heilsame und liebevolle gemeinsame Momente. Es wäre schade, wenn wir als Hinterbliebener uns hinter unserem Alltag und damit vor berührenden Begegnungen und eigenen Schamgefühlen schützen würden.

Wir können einen sterbenden Menschen vor allem durch unsere

Herzensverbundenheit, durch unsere liebevollen Gefühle, Gedanken und Gesten erreichen. Durch eine innere Haltung, die Vertrauen, Frieden, Hingabe und ein lichtvolles Bewusstsein ausstrahlt, können wir dem Menschen Kraft und Hoffnung auf seinem Weg schenken. Darüber hinaus können uns Gebete, Segnungen und Kerzenrituale in diesen Phasen heilsam unterstützen. Diese Hilfsmittel können insbesondere beim plötzlichen Tod eines Menschen, wo die vom Körper losgelöste Seele oft in einem Schockzustand verharrt und länger benötigt, um in der neuen Situation und in der Feinstofflichkeit anzukommen, besonders hilfreich sein. Gerade in solchen Momenten werden alle, die davon betroffen sind, auf das zurückgreifen können, was sie im Leben bereits gelernt und verinnerlicht haben: Sich auf die Liebe und höhere Verbundenheit zu besinnen, sich von ihrem Herzen und den Engeln führen zu lassen und sich mit Vertrauen, mit dem Glauben an das Gute und Lichtvolle des Lebens dem Neuen zuzuwenden.

Folgende Gebete können wir für verstorbene Menschen auf ihrem Weg ins Licht sprechen:

Liebe/r (Name), du bist verstorben.
Nimm die Hand deines Schutzengels und folge ihm ins Licht.

oder

Liebe/r (Name), du bist verstorben.
Ich bitte die lichtvolle geistige Welt um Segen, Führung und Heilkraft für dich.
Dein Weg führt dich in die himmlische Heimat, während mein Weg hier auf Erden weitergeht.
Bitte nimm die Hand deines Schutzengels und folge ihm ins Licht.

Ich wünsche dir, dass du Frieden findest, Vertrauen in die Engel und all das Lichtvolle vor dir.
Ich vergebe dir, für alles, was du getan hast, bewusst und unbewusst.
Ich bitte dich, mir und allen Menschen zu vergeben, für alles, was wir getan haben, bewusst und unbewusst.
Die Liebe und himmlische Verbundenheit werden immer deine Kraft und dein Zuhause sein.
Vertraue dir, vertraue dem Licht und Gott.
Meine Liebe wird dich stets begleiten, auch wenn unsere Wege sich nun trennen.

Ich bin voller Güte, Dankbarkeit und Frieden.
Ich bin bereit, meinen Weg in Liebe und Weisheit zu gehen.
Ich nehme all das Gute, all die Möglichkeiten für lichtvolle Erkenntnisse und Erfahrungen von ganzem Herzen an, so wie ich es vermag.
Liebe Engel, bitte führt mich und segnet mich und meinen Weg.
Ich weiß, ich bin Liebe und ein großes Licht auf dieser Erde.
Gottes Kraft fließt durch mich.
(Amen)

Um eine Ko-Abhängigkeit aufzulösen, kann Sie ein Unabhängigkeitsgebet beim Tod Ihres Partners unterstützen:[*]

Liebe/r (Name), ich habe mein Glück in mir gefunden.
Ich wünsche dir, dass du deines in dir findest, denn bei mir ist es nicht. Nimmt die Hand deines Engels und folge ihm in das Licht!

---

[*] Quelle: Jana Haas, Engel und die Neue Zeit

Ein Trauern um den verlorenen Menschen an unserer Seite ist normal und gehört zum Loslassen dazu. Trauer ist ein Zulassen der Gedanken und Gefühle des Verlustes und trägt seinen Teil dazu bei, dass der Schmerz heilen darf. Trauerphasen kommen und gehen, sie können uns wie Wellen für eine gewisse Zeit und auch über Jahre begleiten. Da wir die Erinnerung an den Menschen mit uns tragen, werden diese uns auch immer wieder an den Verlust von all dem Schönen und Guten erinnern. Doch ein übermäßiges Trauern und sehnsüchtige Gedanken können ein Festhalten am Verstorbenen und eigene Melancholie bedeuten. Gesund ist ein individuelles Mittelmaß, gehalten in einem liebevollen höheren Bewusstsein. Wir dürfen erkennen, dass es im Leben immer vorwärts gehen darf und irdische Erfahrungen und zwischenmenschliche Begegnungen, Inkarnation um Inkarnation, immer wieder in Dankbarkeit und mit Vertrauen ins unendliche Leben loszulassen sind.

Die sieben Entwicklungsschritte können uns auch hier helfen:

1 Erkennen

Erkennen, dass der geliebte Partner verstorben ist. Es gilt, die neue Lebenssituation wahrhaben und annehmen zu können.

2 Verstehen

Verstehen, dass unser Weg auf Erden weitergeht, während die Seele des Partners ihren Weg ins Licht finden darf.

Wir dürfen über eine höhere Sichtweise das Verständnis gewinnen, dass das Sterben ein Teil des Lebens hier auf Erden ist. Unsere menschliche Form und alle zwischenmenschlichen Erfahrungen und Begegnungen unterliegen dem Werden und Vergehen. Loslassen ist unumgänglich auf dieser Ebene des Daseins. Dies ist die höchste Form des Vertrauens und Liebens.

Wir dürfen verstehen, dass unsere Seele unsterblich ist, jede Inkarnation dient der Entwicklung und Entfaltung unseres Bewusstseins und der Liebe. Im Leben geht es immer im Glauben an das Gute und

Lichtvolle und im Frieden mit Vergangenem nach vorne. Die Engel sind auf all unseren Wegen mit uns.

Oft möchten wir das Schicksal, das „Warum", verstehen. Antworten darauf können uns Frieden schenken. Doch manchmal finden wir lichtvolle Erkenntnisse erst Jahre später. Auch dies gilt es dann mit Verständnis und Geduld anzunehmen.

3 Vergeben

Dem geliebten Menschen vergeben für alles, was er/sie getan hat, bewusst und unbewusst.

Die Seele des Verstorbenen bitten, uns und allen Menschen zu vergeben für alles, was wir getan haben, bewusst und unbewusst.

4 Vertrauen

Vertrauen zu entwickeln, dass die Wege von uns und der Seele im Jenseits lichtvoll weitergehen. Wir dürfen vertrauen ins Leben, in die neue Situation, ins Alleinsein, in die Zukunft und in unsere himmlische Führung. Vertrauen ist die Gewissheit, dass es stets sinn- und lichtvoll weitergehen darf und die Liebe und himmlische Verbundenheit uns immer Fülle und Frieden im Herzen schenken werden. Im Vertrauen können wir die Vergangenheit ruhen lassen und uns auf die Gegenwart, auf den nächsten Schritt und auf die Zukunft besinnen.

5 Mut

Mut, sich mit Vertrauen auf die neue Lebenssituation einzulassen und vorwärts zu schreiten.

Mut ist ein Schritt ins Neue – innen wie außen.

6 Loslassen

Vergangenes mit Verständnis, Dankbarkeit und Vertrauen loszulassen.

Loszulassen meint nicht auszuradieren, sondern Frieden zu finden und anhaftende Gedanken, Sehnsüchte und belastende Emotionen durch lichtvolles Bewusstsein, liebevolle Gefühle und Zuversicht zu ersetzen und sich dem Leben mit Freude wieder zu öffnen.

7   Lieben

Sich in Liebe zu begegnen, bedeutet loszulassen. In der Liebe sind alle nährenden Gefühle wie Dankbarkeit, Freude, Hingabe, Vertrauen und Lebendigkeit enthalten.

In der Liebe verblassen Emotionen und eingeschränkte Gedanken, uns wird das Gute und Schöne der gemeinsamen Erfahrungen bewusst. Es ist eine Ernte der Liebe, die uns befreit uns öffnet, um das Lichtvolle unseres Lebens anzunehmen. Das Leben findet in der Gegenwart, mit nach vorne gerichtetem Blick, auf kraftvollen Wurzeln der Vergangenheit statt. Die Selbstliebe und die Verbundenheit mit dem Höchsten ist dabei immer unser innerer Anker.

Seelenpartner und Seelenfamilien

Unsere Seelen sind alle aus dem gleichen Licht Gottes geboren und somit in der Essenz dasselbe – vollkommenes Licht und liebevolles Bewusstsein. Wir sind darin weder weiblich noch männlich, sondern ein Neutrum. Keine Seele ist in ihrem Ursprung einer anderen Seele näher oder weiter entfernt. Was uns unterscheidet, sind unsere vielfältigen irdischen Erfahrungen, was wir daraus durch unseren freien Willen gemacht haben, unsere gegenwärtige Resonanz und Bewusstheit und damit die Fähigkeit zu lieben.

Dualität und Resonanz

Für Erkenntnis, Wachstum und differenziertes Bewusstsein benötigen wir die Dualität. Diese finden wir auch in der gesamten Schöpfung und somit auch in den jenseitigen Welten wieder: Aufbauende und abbauende Kräfte, männliche und weibliche Prinzipien, Yin und Yang. Nichts kann ohne Gegenpol existieren, darin liegt seine Ganzheit.

Doch unsere Seele ist in ihrer Liebe vollkommen. Wir sind ein Ganzes, kein Halbes. Dualität, Polarität und Resonanz, wie wir sie im Menschsein erfahren, gibt es im Jenseits nicht. Wir mögen auf der Erde in einem männlichen oder weiblichen Körper weilen und durch unterschiedlich gewichtete hormonelle Abläufe auch unterschiedliche Empfindungen und Wahrnehmungen haben. Dies dient nicht nur der Fortpflanzung, sondern auch der individuellen Entwicklung durch liebevolle Erfahrungen und Integration von weiblichen oder männlichen Aspekten in uns. Doch im Jenseits haben wir keinen Körper, keine hormon- und gedankengesteuerten Empfindungen und Sehnsüchte. Romantik, Verliebtheit, zwischenmenschliche Sehnsucht und körperliche Anziehungskräfte finden wir nur in unserer menschlichen Trinität von Körper, Seele und Geist; denn durch ein irritiertes Selbstbild, innere Bedürftigkeit, Selbstablehnung und ungelöste Vater- oder Mutter-Thematiken kann sich Sehnsucht nach der Liebe eines anderen Menschen bilden. Wir haben darin das unterschwellige Gefühl, erst durch die Liebe dieses Menschen vollkommen zu sein. In diesem Irrtum ist so manche Suche nach dem Partner, der uns das Gefühl von bedingungslosem Geliebtsein und Vollkommenheit schenken soll, die Suche nach der einst unerfüllten Liebe der Mutter oder des Vaters und der heute mangelnden Selbstliebe.

Seelenpartner

Es gibt viele Wege zu Gott. Daher gibt es auch viele Partner, die wundervoll an unsere Seite passen, entsprechend unserer Resonanz, unserem gegenwärtigen seelisch-geistigen Bewusstsein. Es gibt auch Absprachen zwischen Seelen, sich als Mann und Frau in diesem Leben zu begegnen und zu begleiten. Die Gründe hierfür können vielfältig sein, doch im Ursprung öffnen sie uns immer ein großes Entwicklungspotenzial und zeigen uns einen Weg zur Liebe hin. So können viele Seelen in diesem oder weiteren irdischen Leben unsere sogenannten Seelenpartner sein, doch es gibt nicht *den Einen*, welchen es zu finden und sich mit ihm zu vereinen gilt.

So beobachte ich hinter der Bezeichnung „Seelenpartner" einen gewissen Besitzanspruch und überhöhte Erwartungen nach Nähe und Verbundenheit der Menschen. Sie vergessen die Individualität und Vollkommenheit einer Seele und verwechseln Liebe mit Bindung und Anhaftung. So kommt es, dass dieses Wort mit einseitigem Gedankengut und sehnsüchtiger Melancholie behaftet ist und kaum neutral und losgelöst davon erwähnt werden kann.

Was uns das Gefühl schenkt, ein Mensch sei unser Seelenpartner, ist das Gefühl von Verbundenheit. Wir schwingen sozusagen von Herz zu Herz, doch jeder in seiner Individualität und vollkommenen Liebe. Darin spiegeln sich Respekt und Würde, und wir freuen uns, dass jeder er/sie selbst sein und sein Leben nach seinen/ihren Bedürfnissen gestalten darf.

Echte, liebevolle Verbundenheit mit anderen Seelen schenkt uns immer große Kraft, Geborgenheit und Vertrauen. Durch unser gemeinsames Dasein können wir uns sehr in unserer Entwicklung unterstützen und stärken. Daher inkarnieren und treffen wir Seelen, welche sich sehr vertraut, eben wie eine „Seelenfamilie", anfühlen können. Es ist tiefe, befreite Liebe, die uns zueinander finden lässt. Aus dieser Betrachtungsweise können wir für diese Form der seelischen Verbundenheit auch das Wort „Herzensfamilie" verwenden. Es sind jene Seelen, mit welchen wir unseren Weg durch dieses geschenkte Leben beschreiten möchten, völlig freilassend in der Entwicklung und Form, aus liebevoller Wahrnehmung und aus beidseitigem freien Willen, unabhängig von der Beziehungsform, dem Geschlecht, dem Alter, der Kultur oder der Religion. Diese Beziehungen erleben wir sehr im Reinen. Diese Menschen können durchaus „rote Knöpfe" bei uns drücken. Doch trotz gewisser gegenseitiger Projektionsflächen sind diese Beziehungen vornehmlich geprägt von Verständnis, Respekt, Vertrauen, Offenheit, Freude und erfüllenden Momenten.

Wir dürfen in unserem erwachenden Bewusstsein und auf unserem Weg zur All-Liebe hin begreifen, dass unsere Fragen nach dem Seelenpartner aus unserer Suche nach Verbundenheit und Liebe entstanden sind. Wenn wir unsere Beziehung und die Frage nach dem passenden Partner mit Melancholie und Bedürftigkeit vermischen, besteht die Tendenz, dass es komplizierter wird als nötig. Nur aus einer höheren Betrachtungsweise und mit einem liebevollen Herzen können wir dieses Thema verstehen und lernen, damit sinnerfüllt und selbstbestimmt umzugehen. Nur was sich im alltäglichen Leben liebevoll umsetzen lässt, ist eine geistige Wahrheit, die uns Stärke und Weisheit schenkt. Wichtiger als die Frage, ob es den Seelenpartner gibt oder nicht und wer und wo er womöglich sein könnte, ist die Frage, wie wir mit diesem Gedankengut und unserem Wissen einen lichtvollen Umgang finden. Lichtvoll ist immer, was uns guttut, was uns auf der Erde, in uns selbst und in der Gemeinschaft heilsam verankert und das Leben frei, freudvoll und erfüllend meistern lässt. Es gibt zahlreiche Seelenpartner, und es gibt viele mögliche Absprachen für unsere vielfältigen Lebens- und Erfahrungsschritte. Aber Liebe, Erfüllung und Vollständigkeit finden wir nur in uns selbst.

Ein Exkurs in Traumdeutung

Zum Thema Träume und Partnerschaft möchte ich gerne einige Gedanken und mögliche Deutungsweisen mit Ihnen teilen. Diese Überlegungen sollten nicht als starre Regeln betrachtet werden. Vielmehr möchte ich Sie zu einem sinnerfüllten Umgang mit Ihren Träumen inspirieren.

Ein Traum hat grundsätzlich immer mit uns selbst zu tun, auch wenn wir von einer anderen Person träumen. Es ist somit grundsätzlich ein Hinweis für uns selbst, nicht für jemand anderen. Trotzdem verspüren wir vielleicht hin und wieder das Bedürfnis, einen Traum, in welchem eine andere Person eine Schlüsselfigur ist, dieser Person zu erzählen. Wenn dieses Bedürfnis von reinem Herzen kommt, ist es sinnvoll, dies zu tun. So kann sich auch diese Person von unserem Traum inspirieren lassen und Weisheit daraus schöpfen. Besinnen wir uns dabei auf eine wertfreie, absichtslose und erwartungsfreie Haltung.

Träume können unserem Unterbewusstsein, Überbewusstsein oder anderen geistigen Quellen, wie zum Bespiel unserem Führungsengel oder Schutzengel, entspringen oder eine Mischform dieser Urheber sein. Träume, welche vom *Unterbewusstsein* geprägt sind, sind eher erlebnisverarbeitender Natur, vergangenheitsbezogen, oft chaotisch, wirr, lösen Angst aus (zum Beispiel durch Verfolgungen) oder fühlen sich unwichtig an. Viele davon entstehen deshalb, weil wir keinen erholsamen Schlaf finden, zum Beispiel wegen eines schweren Abendessens, Alkohol- oder Kaffeekonsum, Störfeldern, Fernsehen und aufregenden Gesprächen oder Büchern.

Träume oder Traumsymbole, welche sich wiederholen, enthalten hingegen oft wertvolle Hinweise. Diese können zum einen vom Unterbewusstsein kommen, weil es vielleicht gilt, etwas noch bewusst zu verarbeiten, oder sie entspringen dem Überbewusstsein mit einem wertvollen, oft schicksalsprägenden Impuls für unsere Zukunft.

Träume, welche vom Überbewusstsein und unserer geistigen Führung geprägt sind, fühlen sich wichtig und stimmig an, enthalten oft klare Bilder oder Symbole, sind gegenwarts- und zukunftsbezogen, entstehen oft mitten in der Nacht, ungefähr zwischen Mitternacht und 2.00 Uhr. Diese Träume werden begünstigt durch einen erholsamen Schlaf. Die Erinnerung daran geschieht durch ein achtsames Einschlafen, zum Bespiel mit einem Gebet, und aufmerksames Erwachen (auch wenn wir mitten in der Nacht erwachen sollten). Oft erinnern wir uns in den ersten Minuten während des Erwachens noch an einen Traum und seine Symbole, anschließend verblasst die Erinnerung.

Bei Träumen geht es somit nicht darum, all den Wirrwarr aufnehmen und verarbeiten zu können. Sinnvoller ist es, **den lichtvollen Impuls daraus zu erkennen und die Symbolik darin zu deuten**. So kann jeder chaotische Traum uns einen sinnvollen Hinweis schenken. Welches Symbol wirklich wichtig ist, fühlen wir, wenn wir achtsam, ruhig und vertrauensvoll in uns hineinhorchen. Auf das Gefühl, das in uns hochkommt, können wir uns meistens verlassen. Durch einen einfachen und sinngebenden Umgang nutzen wir so die Sprache und Botschaften der Träume mit einer Leichtigkeit, die ins Leben integrierbar ist.

Träume sind eine Symbolsprache der Seele. Somit sollten wir uns vermehrt auf die Symbole und weniger auf die Geschichte im Traum konzentrieren.

Nachfolgend finden Sie einige Hinweise zur Symbolik von Träumen in Bezug zu unseren Liebesbeziehungen. Bitte betrachten Sie diese als Inspiration, und finden Sie immer einen individuellen Umgang mit ihren eigenen Träumen. Deuten Sie dabei Ihre Träume nicht angstvoll und sich selbst blockierend, sondern im Glauben an das Gute und Lichtvolle. Sie interpretieren Ihre Träume dann stimmig, wenn Ihre Erkenntnis Ihnen Klarheit, Vertrauen und einen sinnvollen Umgang mit Ihrem Leben schenkt. Sollte Ihnen Ihre Deutung stattdessen noch mehr Fragen, Unsicherheit und Unordnung aufwerfen, dann besinnen Sie sich bitte noch stärker auf die Liebe und Weisheit Ihres Herzens und Ihres höheren Selbst.

Träume sind Botschaften an uns für die Gegenwart. Sie beziehen sich darauf, wie wir leben, wie wir die Beziehung zu uns selbst oder zu einer Person pflegen. Träume können auch vorbereitend für die Zukunft und auf seelisch-geistiger Ebene begleitend für unsere innere Entwicklung sein.

Träume von Küssen, Zärtlichkeit, Nacktheit und Sexualität haben in fast allen Fällen einen symbolischen Bezug zu uns selbst. Wenn die Träume sich mit derselben uns bekannten Person wiederholen, können sie sehr wohl auch einen symbolischen Hinweis für unsere Beziehung zu diesem Menschen sein.

Mögliche Deutung:

Küssen	Kommunikation
Zärtlichkeit	liebevoller Umgang
Sexualität	Spannungen lösen
Sexualität, mit schweren Gefühlen	heile innere Blockaden
Sexualität, mit wohltuenden Gefühlen	Entkrampfung
Sexualität, sich nackt sehen	Achte auf die Gesundheit oder Zeige dich diesem Menschen (sei ehrlich)*

Wenn wir von einer uns bekannten lebenden Person träumen (Sexualität, Küssen oder anderes), so ist dies meist ein rein symbolischer Bezug zu dieser Person. Die Botschaft ist an uns gerichtet, denn wir haben diesen Traum, nicht die andere Person. Oft ist dieser Mensch ein Stellvertreter für Eigenschaften von uns, manchmal steht diese Person auch symbolisch an Stelle für jemand anderen.

Wenn wir jedoch von einem uns bekannten verstorbenen Menschen träumen, so ist darin eine Botschaft dieser Seele enthalten. Dies kann ein Hilferuf dieser Seele aus dem Jenseits sein. In diesem Fall benötigt sie etwas von uns, sei es Vertrauen, Wegweisung, Vergebung oder etwas anderes, das ihr hilft, loszulassen. Der Traum kann aber auch ein liebevoller Abschiedsgruß der Seele sein oder eine Botschaft, die uns Kraft und Vertrauen auf unserem Weg schenken will.

---

* Quelle: Jana Haas, Heilung mit der Kraft der Engel

Facetten der Liebe

Was sind die Facetten der Liebe, die wie die Blüten einer Blume uns ihre geheimnisvolle Schönheit offenbaren?

Liebe zu beschreiben, bedeutet, Liebe zu bewerten. Doch Liebe kann nicht bewertet werden, weil Sie außerhalb intellektueller Betrachtung zu finden ist. Liebe können wir jedoch über die Erfahrungen des Lebens kennen und spüren lernen. Wir können sie durch Erfahrungen über Gefühle berühren und über die Herzensweisheit verstehen. Daraus können unsere eigenen Erkenntnisse und liebevolle Taten stets neuen Ausdruck finden. Liebe können wir somit nur durch authentisches Sein und individuelles Erleben umarmen und begreifen. Wir können Liebe auch dadurch erkennen, dass wir verstehen, was nicht liebevolles Denken, Fühlen und Verhalten ist. Dank der Erfahrungen in der Polarität und Dualität dürfen wir Erkenntnisse sammeln und im Bewusstsein reifen und wachsen. Doch wir können nicht wirklich wissen, was Liebe ist, wenn wir nicht den Weg durch uns selbst gegangen sind: Durch eigene Absichten, gelenkte Gedanken, Gefühle, Emotionen, Selbsterkenntnisse und erwachendes Bewusstsein. Niemand kann uns Liebe erklären und damit offenbaren. Nur wir selbst können durch unsere Erfahrungen im irdischen Sein, durch einen freien, friedvollen Geist unseren Zugang zu unserem Herzen und zur Liebe finden. Wenn wir das tun, dann beginnen wir, Gottes Mysterium und Gnade zu entdecken.

Liebe hat keinen Gegenpol. Liebe ist. Dennoch finden wir in unserer polaren Erfahrungsplattform des Menschseins Gegenkräfte der Liebe. Würde es diese nicht geben, würden wir uns nicht zur Liebe hinbewegen; dann wären wir im Sein eingebunden, und keine Bewusstseinserweiterung und keine Entwicklungen würden stattfinden.

Die zwei Pole, die uns dies ermöglichen, sind: Bewusstsein und Liebe auf der einen und Unbewusstheit/Nichtwissen und Angst auf der anderen Seite. Aus dem Nichtwissen und der damit gekoppelten Angst entstehen Emotionen, urteilende und selbstablehnende Gedanken, enge Verhaltensmuster, Blockaden und Starre. Doch das Nichtwissen will immer ins Wissen fließen. Angst will immer Sicherheit und Vertrauen und damit Liebe finden. Liebe war und ist immer da. Doch wir sind uns dessen oft nicht bewusst, weil wir aus so manchen Gründen unseren Geist und unser Herz verschlossen haben.

Unser Geist will erwachen und unser Herz sich in Liebe öffnen. Das ist der innere Ruf, die treibende Kraft von jeder Seele, die ihren Weg zur Erde gefunden hat und wieder zurück in ihre himmlische Heimat gehen wird. Die Wege und Betrachtungsweisen mögen verschieden sein, doch die Sehnsucht nach Gott in dieser ursprünglichen Form ist bei uns allen dieselbe. Solange der Mensch Bewusstheit, Liebe und Gott sucht, so lange werden ihn Fragen, Bedürfnisse, tiefe Herzenswünsche und Ängste zum Aufstehen und Weitergehen lenken. Diese Suche ist die tiefste Grundprogrammierung unserer Seele, unseres Geistes, unserer DNS und Zellen. Darin spiegelt sich grenzenlose und göttliche Heilkraft in jedem von uns. Nichts und niemand wird diese Codierung je löschen oder ändern können. Es liegt an uns, uns daran zu erinnern und uns zur Liebe hinzuwenden.

Um die Liebe zu erleben, benötigen wir eine Brücke aus inneren Werten sowie liebevolle Erkenntnisse und Erfahrungen. Wir benötigen auch den Gegenpol: Angst, Emotionen und entsprechende Erfahrungen. Sie helfen uns zu verstehen, was Liebe nicht sein kann, um Liebe am Ende zu verstehen und zu finden. Aus der Liebe fließen liebevolle Gefühle und Werte. Diese zu beschreiben, macht durchaus Sinn, denn so öffnet sich uns eine Sicht, die den Weg zur Liebe weist.

Wenn Sie sich selbst, das Leben, ihre Herzensfamilie, die Mitmenschen, die Schöpfung und alle lichtvollen geistigen Kräfte lieben möchten, dann stärken Sie Ihre inneren Werte und liebevollen Gefühle und Gedanken. Erhellen Sie ihr Leben mit Erfahrungen, insbesondere auch mit zwischenmenschlichen, die Ihnen diese Gefühle, lichtvolle geistige Erkenntnisse und tiefe Herzensweisheit schenken. Dies ist die Brücke, die Sie zur Liebe hinträgt. Dann werden Sie die Liebe nicht mehr suchen wollen: Sie wird in Ihnen erwachen, und die Liebe wird Sie finden.

Ich habe in und zwischen den Zeilen dieses Buches versucht, Sie an Ihre eigene Herzensweisheit heranzuführen. Mit dem abschließenden Kapitel möchte ich diesen Kreis schließen. Es ist ein Blumenstrauß inspirierender Gedanken und eine Essenz der vorgängigen Seiten. Bestimmt erkennen Sie, inwiefern Sie diese Eigenschaften und Werte in Ihre zwischenmenschlichen Beziehungen einbringen möchten, um Ihr Miteinander mit Liebe und Lebendigkeit zu erfüllen.

Werte und Eigenschaften der Liebe
Die Reihenfolge ist nicht relevant.

Liebe spiegelt sich in der **Trinität von Bewusstsein, Gefühl und Handlung.**
Jeglicher Konflikt zwischen Gedanken, Gefühlen und Taten reflektiert einen Zustand des Zweifelns und somit der Angst. In der Liebe und im bewussten Sein sind diese Kräfte ausgeglichen und auf das gleiche höhere Ziel gerichtet. Darin kommt das Leben zum Fließen.

Unsere Gedanken sind Impulsträger und damit auch maßgebend für unsere Liebesfähigkeit. Was wir denken, das können wir auch fühlen, und es darf so zu einer individuellen Realität werden. Liebe wächst durch Bewusstsein und das Gefühl der Verbundenheit, welche durch Taten ihren Ausdruck findet. Sie wird stets an unseren Handlungen erkannt und gemessen. „Wie habe ich gelebt?", ist die zentrale Frage, die wir uns am Ende dieses Lebens stellen werden. Sie bedeutet: „Wie habe ich geliebt? Wie habe ich zugelassen, dass man mich lieben durfte?"

Liebe ist **Leben von ganzem Herzen**. Darin sagen wir mutig, ehrlich, offen und authentisch „Ja" zum Leben und zu uns selbst. Darin begegnen uns keine Halbwahrheiten und keine „Ja aber"-Einstellungen. Courage (= Mut) kommt vom Wort *Cour* und bedeutet *Herz*. Wenn wir authentisch sein wollen, dann haben wir das Berührtsein zuzulassen und zu lernen, mit Ängsten und angelernten Schamgefühlen umzugehen.

Wir können nur von ganzem Herzen leben, wenn wir uns nicht betäuben, wenn wir Gefühle annehmen, anstatt sie zu unterdrücken. Das bedingt einen liebevollen und verantwortungsbewussten Umgang mit unseren Gefühlen in unserem Alltag. Unsere Gefühle zeigen uns immer, wie es unserer Seele und damit uns selbst wirklich geht, bei all den Dingen die wir tun oder unterlassen. Wenn wir uns betäuben, um Emotionen und Schmerzen auszuschalten, betäuben wir auch Gefühle, Sensibilität und Intuition. Doch so spüren wir uns und damit auch unsere Grenzen und die Liebe nicht.

Ein liebevolles Herz macht keine faulen Kompromisse mit sich selbst. Es versteht und handelt sehr wohl mit Nachsicht, Verständnis, Mitgefühl und Offenheit. Doch die Liebe argumentiert nicht, sie sagt nicht „Ja aber". Sie sagt „Ja" oder „Nein", weil sie wahrhaftig und echt ist.

Liebe ist **wahrhaftig**, und das bedeutet ehrliches, authentisches Sein. Liebe schaut hin, weil sie sich getraut und weil sie Bewusstheit, lichtvolle Erkenntnis und damit das Gute in allen Dingen sucht und findet.

Wahrheit bringt immer Licht ins Dunkel. Licht schenkt uns immer eine höhere Erkenntnis, Vertrauen, Heilung und zeigt uns einen sinnerfüllten Weg. Dabei geht es nicht um richtig oder falsch. Wahr ist, was uns mit Ruhe, Frieden und Vertrauen erfüllt.

Der Satz „Ich bin Licht und Wahrheit" bedeutet: „Ich bin liebevolles, höheres Bewusstsein, und ich lebe danach."

Liebe betrachtet und erkennt **Schönheit und lebt Kreativität**.
Nichts ist perfekt, alles hat seine schönen, individuellen und vollkommenen Facetten. Wenn wir perfekt wären, würden wir uns nicht mehr entwickeln. Perfektion ist absolut und bedeutet Bewertung und Stillstand. Das Leben und die Liebe sind jedoch stets in höchster Kreativität und Individualität, in Bewegung und Entfaltung. Schön ist, was wir sind. Es geht darum, dies zu erkennen und uns so anzunehmen, wie wir sind. Das bedeutet, Bewertung und Vergleiche aus Angst und mangels Vertrauen loszulassen und den Wert unseres Seins nicht in der Anerkennung und Resonanz im Äußeren festzulegen, sondern aus der liebevollen, bewussten und wertschätzenden Selbstbetrachtung zu finden.

Schön ist immer, was wir in Liebe, also mit unserem Herzen, betrachten. Kreativ ist, was wir aus unserer Individualität heraus, flexibel und in lichtvoller Beziehung mit dem Leben und mit der himmlischen Führung entfalten.

Der Weg der Liebe orientiert sich an der **Freude**, am **Genuss** und an der **Begeisterung**.

Tun Sie Dinge und verbringen Sie Zeit mit Menschen, die Ihnen Freude bereiten. Freude können Sie über Ihre Einstellung zum Leben kultivieren, nicht aber vortäuschen. Freude und Humor können uns viel Energie schenken und uns durch schwierige Zeiten und Stürme tragen. Sie führen uns in die Leichtigkeit und bauen so eine lichtvolle Brücke zu anderen Menschen und zu den lichtvollen geistigen Welten.

Die Freude ist ein zentraler Schlüssel zu unserem Herz, zu liebevollen Gefühlen und Selbstannahme. Freude wird gestärkt durch die innere Haltung, durch Dankbarkeit, Bescheidenheit, Wertschätzung und über das Betrachten und Erkennen der schönen Dinge in unserem Leben.

Bescheidenheit ist, sich auf das zu konzentrieren, was wir wirklich *brauchen*, nicht auf das, was wir *wollen*. Was wir brauchen, ist immer auch das, was unsere Seele benötigt an erfüllenden Erfahrungen des Friedens, der Liebe und Verbundenheit. Es ist dabei wichtig, zu erkennen, was wir uns selbst zu schenken haben, um wahre Liebe, Glück und Erfüllung überhaupt erst annehmen und zulassen zu können.

Begeisterung ist das innere Feuer für eine Sache oder neue Aufgabe. Wir können uns nur für etwas begeistern, wovon unser Herz sich wirklich berühren lässt. Dies ist oft verbunden mit einem Herzensruf, welcher auch mit einem Abenteuer- und Entdeckungsgeist, mit Selbstverwirklichung und dem Bedürfnis nach neuen Erkenntnissen und Erfahrungen verbunden sein kann. Begeisterung schenkt Antriebskraft und Lebendigkeit, damit wir unsere Ziele erreichen können. Es ist an uns, dieses Feuer immer wieder neu zu entfachen und nicht erlöschen zu lassen.

Liebe ist **Ruhe und Vertrauen**, nicht Euphorie. Euphorie entspringt der Angst. Wir verlieren darin auf Dauer immer Energie und Erdung. Liebe ist genauso erhebend, doch sie wird gehalten in der Ruhe, im Bewusstsein und in der Kraft der inneren Mitte und im Vertrauen.

In der Ruhe und im Vertrauen sind wir in einer tiefen Bauchatmung. So sind unsere Gedanken klar und die Kräfte, Wahrnehmungen und Gefühle in der Gegenwart liebevoll und zentriert. Darin halten wir an Dingen und Menschen nicht unnötig fest. In der Ruhe erleben wir uns aufgerichtet und selbstbestimmt. Gleichzeitig können wir das Leben sich frei entfalten lassen, anstatt unnötig durch Ungeduld und aus dem Bedürfnis nach Kontrolle übermäßig einzugreifen und Einfluss zu nehmen. Vertrauen ist Hingabe und ein gelassener, wenn auch achtsamer Umgang mit dem Leben und allem Neuen, das wir nicht planen, kontrollieren oder vorhersehen können. Vertrauen und Achtsamkeit halten sich dabei immer die Balance. Blindes

Vertrauen kann genauso einseitig sein wie übermäßige Vorsicht und Umsicht.

Liebe urteilt nicht und erlebt sich im **Frieden** mit allen Geschehnissen des Lebens, mit der Vergangenheit, der Gegenwart, mit den Schicksalskräften, die unser Leben lenken, mit Entscheidungen anderer Menschen und ihrem Verhalten, mit uns selbst, den höheren lichtvollen Kräften und mit Gott. Frieden ist Hingabe anstatt Widerstand und Kampf. Friedliche Gedanken und Gefühle entwickeln wir durch Verständnis, Einsicht, Vergebung, über eine höhere Betrachtungsweise, Offenheit und Beweglichkeit im Geiste, Bewusstheit, den Glauben an das Gute, Vertrauen, innere Ruhe, Urteilslosigkeit und die Fähigkeit, Gedanken, Vorurteile und Emotionen loslassen zu können. Jeglicher äußerer Konflikt spiegelt uns einen inneren und weist auf die Korrektur der eigenen Haltung hin. Je gelassener und friedvoller wir mit unserer Umwelt, den Mitmenschen und dem Leben umgehen, desto mehr wissen wir, dass wir in uns aufgeräumt und ausgeglichen sind. Darin kann das Leben ins Fließen kommen, und stimmige Türen dürfen sich öffnen, ohne Druck und ohne Kampf.

Liebe durch **Leichtigkeit** finden wir, wenn wir uns im Fluss des Lebens bewegen und **Hingabe** an die göttliche Ordnung und Kraft erfahren. Hingabe ist, den inneren Krampf, welcher in der Angst und mangels Vertrauen gehalten wird, loszulassen und damit wieder im Gleichklang mit dem Leben zu sein. Immer wenn uns Dinge Kraft rauben, wenn wir uns im Widerstand mit blockierten Wegen erkennen, dann will die innere Haltung überprüft und korrigiert werden. Oft sind es eigene Glaubensmuster, die uns von der Leichtigkeit abhalten; oft sind es mangelndes Vertrauen und Geduld ins Leben und in die sich entfaltenden Schicksalskräfte. Leichtigkeit zeigt uns, dass wir durch unsere Hingabe von einer lichtvollen Welle des Lebens getragen werden. Darin erkennen wir, dass Richtung und innere Haltung in Übereinstimmung mit der Liebe und Herzensweisheit und mit höheren Schicksalskräften und unserem Seelenplan stehen.

Liebe ist **Sein in der Gegenwart**. Sie ist ein Bewusstseinszustand, worin unser Geist mit einem tiefen Gefühl der Lebendigkeit, der Ruhe, des Friedens und Vertrauens schwingt. Dieser Zustand der Gegenwärtigkeit und Liebe kann sich in unserem Körper als ein warmes energetisches Kribbeln anfühlen oder auch wie warmes Öl, das durch unser Herz in den ganzen Körper fließt.

In dieser Lebendigkeit erleben wir uns offen, wach und präsent. Gedanken und Gefühle sind im Hier und Jetzt und somit weder in der Vergangenheit noch in der Zukunft blockiert. Es ist ein Zustand des Seins von höchster Bewusstheit und Herzensoffenheit.

Liebe ist **Verbundenheit** und ein Gefühl der **Zugehörigkeit**. Dabei sind wir uns jedoch unserer Individualität bewusst und handeln aus liebevoller Selbst- und Fremdwahrnehmung. Verbundenheit baut auf unser Selbstwertgefühl und Selbstbewusstsein, auf eine höhere Sichtweise des Lebens, auf Vertrauen, Verständnis, Liebe und gemeinsame oder gleichartige erfüllende und heilsame Erfahrungen. Verbundenheit ist eine Herzensangelegenheit in Liebe. Bindung hingegen entsteht aus Angst, aus dem Glauben an Mangel und Verlust sowie aus fehlender Achtsamkeit und Selbstliebe.

Liebe ist vertrauensvolles **Los- und Geschehenlassen**. Angst als Gegenpol ist immer verbunden mit dem Festhalten vergangener Irritationen und damit gekoppelten Gedanken und Emotionen. Liebe hält nichts fest, weder Dinge noch Menschen, die sich aus unserem Leben auf natürliche Weise verabschieden möchten. Ein Festhalten ist immer ein Kampf mit den natürlichen Kräften des Lebens, raubt uns Energie und blockiert die eigenen Entwicklungsmöglichkeiten. Liebe vertraut und weiß sich im Fluss des Lebens und von lichtvollen Schicksalskräften getragen und geborgen. Aus Angst, aus unverarbeiteten schmerzhaften Erfahrungen, aus Unbewusstheit und dem Glauben an Mangel können ein ungesundes Ego, Macht- und Besitzansprüche und ein Festhalten in allen möglichen Formen entstehen. Die höchste Form der Liebe hält an nichts und niemandem fest. Sie wertschätzt und lässt in Dankbarkeit, im Glauben an das Lichtvolle und im Frieden alle Menschen leben.

Liebe ist **Freiheit** und **setzt doch Grenzen.** Diese Grenzen bauen jedoch nicht auf Angst auf, sondern auf Respekt, Verantwortungsbewusstsein, Selbstwertschätzung, Vertrauen und Differenzierungsfähigkeit. Indem wir gut und verantwortungsbewusst für uns sorgen, sagen wir Nein, wo andere Menschen unsere und ihre Grenzen überschreiten. Gleichzeitig bleiben wir bei uns selbst und wollen nichts und niemanden verändern. Gesunde Grenzen begrenzen uns nicht in der Liebe, sondern im ungesunden Übermaß, in der Ichbezogenheit und Selbstvergessenheit. Sie schenken damit Orientierung und Halt für ein liebevolles Leben.

Freiheit ist, seine Meinung und den Glauben selbstbestimmt zu gestalten, Gedanken und Gefühle so zu lenken, wie wir es möchten. Nichts und niemand kann uns je von unserem Seelenheil abbringen, wenn wir es nicht erlauben. Freiheit ist, diese Möglichkeiten zu nutzen.

Liebe ist **Heilung**, denn sie hält an keiner Einseitigkeit fest, sondern findet stets von neuem eine gesunde Balance. Sind Gedanken, Gefühle, innere Werte, Verhalten und Energien ausgeglichen, können heilsame, stärkende und durchlichtende Kräfte durch uns fließen. Gesundheit darf ein Normalzustand sein, denn Liebe, Licht und heilende Kräfte sind für alle Menschen im Überfluss vorhanden. Heil sind wir, wenn wir diese natürlichen und göttlichen Kräfte annehmen können. Dies bedingt, uns selbst zu erkennen und anzunehmen. Was uns davon abhalten kann, sind einseitige, urteilende Gedanken, Enttäuschungen, Ängste, Emotionen und ungesunde Verhaltensformen. Heilung findet immer im Gleichklang und in der Balance mit dem Leben, in der Bewusstwerdung und Liebe statt.

Liebe spiegelt **Gnade und Demut**, weil sie nichts und niemanden verändern will – außer sich selbst aus hingebungsvoller Selbstachtung.

Gottes Gnade ist, dass wir stets Liebe in uns fühlen und von ihr gehalten sein werden. Liebe wird immer im Überfluss für alle da sein, weil sie keinen Anfang und kein Ende kennt. Somit schließt ein liebevolles Bewusstsein stets **Großzügigkeit** mit ein; denn in der eigenen Fülle und Selbstwertschätzung werden wir allen Menschen nur das Beste und Gottes Segen wünschen. Diese Haltung macht uns frei und stark zugleich. Demut ist eine würdevolle Haltung, die allem Leben auf Augenhöhe, mit Respekt und Beachtung begegnet. Somit ist die Liebe immer auch **Wertschätzung und Dankbarkeit**, die von Herzen kommt. Sie würdigt alles Leben, ohne Wertung und eigennützige Erwartungshaltung.

Liebe wertet und bewertet nicht.
In einer liebevollen Haltung denken wir in Alternativen anstatt in Kategorien von richtig oder falsch. Wir haben dabei nicht mehr das Bedürfnis, Menschen von unserer Meinung überzeugen oder sie verurteilen zu wollen, sondern wir verstehen in Weisheit und Güte. Das ist authentisch gelebter Friede. Darin sagen wir Nein, grenzen uns ab, ohne uns über den anderen erheben und Recht haben zu wollen. Ein gesundes Selbstbild verbindet sich nicht mit negativen, zerstörerischen Gedanken und Emotionen, sondern bleibt in der Mitte liebevoll zentriert.

Liebe ist **Lebendigkeit, Bewegung** und **ausgleichende Kraft** in jeder Daseinsform.
Jegliches Leben ist aus Göttlichem Licht geboren. Jede Bewegung, die aus der Hingabe durch Frieden, Vertrauen und Freude entsteht, ist Liebe. Alles ist im Werden und Vergehen, darin findet schöpferische Entfaltung und Entwicklung statt. Die Natur lebt es uns vor, und wir können so viel von ihr lernen und verinnerlichen. Jeglicher Stillstand, jedes Binden-Wollen und alle Einseitigkeiten werden in der Angst gehalten und blockieren die natürlichen Lebensenergien. Nur durch Hin- und Wegbewegungen, durch die Dualität, gegenseitigen Austausch und Resonanz erkennen wir in unseren Beziehungen das

Ich, Du und Wir, finden immer wieder neue Balance und können im Bewusstsein und in der Verbundenheit wachsen. Wir lernen in Beziehungen zu lieben. Doch in der Liebe sind wir bereits vollkommen.

Liebe ist **Hilfsbereitschaft durch Mitgefühl.** Diese wächst in uns heran durch das Überwinden des eigenen Leides, durch die Liebe, das Vertrauen und die Freiheit. Nur wenn wir uns nicht mehr mit unseren Themen blockieren, haben wir Kraft und Raum für andere. Sich selbst zu bemitleiden und in der eigenen Misere sitzenzubleiben, kann aus dieser Sicht sogar ein egoistisches Denken und Verhalten sein. Wenn wir mit unseren Ängsten und Emotionen beschäftigt sind, dann haben wir nicht den Blick und die Kraft für Höheres. Doch mit dem inneren Ruf, unsere Gaben zu leben, und dem Bedürfnis, der Gemeinschaft einen natürlichen, heiligen Dienst zu schenken, sind wir geboren.

Wahres Mitgefühl und liebevolle Hilfsbereitschaft wachsen durch unser Bewusstsein, im Gefühl der Verbundenheit und in der Herzensoffenheit. Wir setzen darin bei der Hilfe zur Selbsthilfe, Selbsterkenntnis und Tatkraft an, anstatt Abhängigkeiten, Unwissen und Unvermögen zu fördern. Die Engel leben es uns vor: Wahres Mitgefühl glaubt in jedem Augenblick an den Menschen, an seine Kraft, an das Wunder durch ihn und an seine immerwährende Gottverbundenheit.

Liebe ist Reinheit.
Rein sind Gedanken und Taten, die nicht unterschwellig fordern, bewerten oder verurteilen. Mit reinen Absichten geben wir erwartungslos unsere Liebe, Zeit und Energie. Erwartungslos bedeutet nicht immer ohne Gegenleistung, doch diese ist offen und ehrlich geklärt. Rein ist, was echt ist, von Herzen kommt und aus innerer Fülle und Freiheit geschenkt und geteilt wird. Reine Absichten suchen keine Anerkennung und Bestätigung im Äußeren. Sie sind frei von versteckter Erwartungshaltung, dass uns etwas zurückgegeben werden soll. **Rein ist, was der Liebe und dem Licht in uns und in der**

Welt dient. So kann großer Segen fließen, und viel Gutes darf den Weg zu uns zurückfinden.

Die Liebe offenbart sich uns über diese und viele weitere Eigenschaften und innere Tugenden.

Wir finden die Liebe immer auf dem Weg zu uns selbst, in der Einfachheit, in der goldenen Mitte und in dem, was von Herzen kommt und uns zu berühren vermag. Je mehr wir Dankbarkeit, Freude und Sinnhaftigkeit im Alltag verankern, umso freier kann sich das göttliche Licht in unserem Herzen entfalten. Es mag Arbeit und Willenskraft bedeuten, Ängste und vergangene Irritationen aufzuarbeiten und innere Blockaden aufzulösen; doch es ist die Gnade, die uns die Liebe spüren und erfahren lässt.

6

Schlusswort

In unserem Leben wird es immer um das Geheimnis und die Erfahrungen der Liebe gehen. Wir benötigen die Gesetze von Polarität, Dualität, Resonanz und Vergänglichkeit, um Liebe zu erkennen und entfalten zu dürfen. Mögen wir diese Kräfte annehmen, die uns darin unterstützen, ins irdische Leben einzutauchen.

Liebe und Angst werden immer die Antriebskräfte im Menschsein bilden. Liebe in unserer Daseinsform ist nicht resonanzlos oder völlig angstfrei, sondern baut auf geheilte Wurzeln unserer Vergangenheit und hält ein gesundes Gleichgewicht und Lebendigkeit in allen Dingen. Liebe zu leben, bedeutet, liebevolle Werte ins Denken, Fühlen und Handeln fließen zu lassen. Dafür brauchen wir einen freien, beweglichen Geist und ein offenes, mutiges Herz.

So wie Gott weder Anfang noch Ende kennt, so kennt auch die Liebe keine Endgültigkeit und Absolutheit. Liebe ist in stetiger Entfaltung – sie endet nie. So dürfen wir dem Ziel und dem inneren Ruf der All-Liebe stets folgen. Mit jeder Inkarnation begreifen wir die Liebe tiefer, wachsen und erheben uns darin.

Alle Fragen entspringen der Angst und Unwissenheit. Alle Antworten finden wir in einem höheren Bewusstsein, im Gefühl und in der Erfahrung der Liebe. Wenn wir erkennen, was die Facetten der Liebe sind, dann führt uns die Erkenntnis zu Lösungen, Frieden und Heilung. Gleichzeitig sind Freude, Gelassenheit, Großzügigkeit, Dankbarkeit und die Fähigkeit, Schönheit in allen Dingen zu erkennen, große Türöffner zur Liebe und Erfüllung hin. Mögen wir uns dies in all unseren Herausforderungen stets vergegenwärtigen und in unser Leben einfließen lassen.

Wir sollten Beziehungen nicht belasten durch Mangeldenken und einseitige Erwartungen. Es sind immer einfache Fragen, die zu einer klaren Erkenntnis führen. Die wertvollste Erkenntnis dabei ist immer die Selbsterkenntnis. Eine erfüllende Beziehung will und kann nur von Herzen gelebt werden. Das bedingt, dass wir eine liebevolle Beziehung zu uns selbst aufbauen und den Menschen an unserer Seite mit dem Herzen zu betrachten beginnen, dann hören wir auch auf zu bewerten oder ihn verändern zu wollen. So, wie wir eine zwischenmenschliche Beziehung leben, spiegelt uns, was wir über uns selbst denken und wie sehr wir uns selbst wirklich annehmen und lieben können. Wir können einen Menschen an unserer Seite nicht verändern. Dies wird auch nie unsere Aufgabe sein. Doch wir können uns selbst verändern, und darin liegt die Lösung für so manchen heilsamen Schritt in unseren zwischenmenschlichen Begegnungen.

Wir können sowohl unser als auch das Herz eines anderen Menschen nur mit reiner Liebe erreichen. Dabei spielen Respekt, Wertschätzung, Natürlichkeit, Wahrhaftigkeit, Verständnis, Großzügigkeit, Vertrauen und Bedingungslosigkeit eine tragende Rolle. Herzenstreue entsteht aus Liebe und Verbundenheit. Darauf kann eine erfüllende Partnerschaft wachsen, die freilässt und gleichzeitig dauerhaft lichtvolle, segensreiche Spuren in beiden Seelen hinterlassen kann.

Wenn ich Ihnen mit diesem Buch auch nur eine Erkenntnis mitgeben darf, dann diese: Es lohnt sich nicht, etwas in uns selbst oder im Äußeren festzuhalten, was im Fluss des Lebens heilen, wandeln und sich verabschieden will. *Denn Liebe findet sich. Weil wir Liebe sind.*

Quellenangaben und Literaturempfehlungen

Jana Haas, Engel und die neue Zeit
Jana Haas, Jenseitige Welten
Jana Haas, Heilen mit der Göttlichen Kraft
Brené Brown, Verletzlichkeit macht stark

Hinweise zur Autorin

Bisher erschienene Werke von Simone Balmer:
Gehe den Weg deines Herzens, Aquamarin Verlag 2015

Simone Balmer lebt in der Schweiz und bietet Seminare und Vorträge zu spirituellen Lebensthemen, Herzensreisen und Engel-Botschaften in Gruppen sowie Einzelberatungen an.

Kontakt
Simone Balmer
www.simone-balmer.ch
E-Mail sb@simone-balmer.ch
Telefon +41 (0)33 822 09 00

Was hat sie, was ich nicht habe
Zehn Wege aus der Eifersuchtsfalle
Katarina Michel
(ISBN 978-3-89427-656-0)
160 Seiten

Seit Urzeiten hat die Eifersucht Menschen zerstört und Liebe in Feindschaft verwandelt. Sie ist eines der größten Übel überhaupt, obwohl sie gesellschaftlich noch nicht einmal in so schlechtem Licht dasteht. Es gibt seltsamerweise immer noch viele Paare, die Eifersucht als eine Art „Liebesbezeugung" verstehen. Dieses Buch versucht ein völlig neues Denken und eine kreative Herangehensweise an ein uraltes Problem zu präsentieren. Nur eine tiefgreifende Veränderung im BEWUSSTSEIN liefert den Schlüssel, um endlich aus der Eifersuchtsfalle zu entkommen. Es geht um Angst, um Festhalten, um Vergleichen und um versteckten oder offenen Egoismus. Sie alle führen zur „Krankheit Eifersucht" und verhindern eine glückliche, auf tiefem Verstehen und wahrer Liebe gegründete Beziehung. Es erfordert Mut und innere Aufrichtigkeit, um sich ehrlich einzugestehen, wo man selber in der Eifersuchtsfalle steckt; aber ohne diese innere Verwandlung gibt es keinen Weg zu einer erfüllten Beziehung. Ein revolutionärer Weg zu einem neuen Beziehungsmodell, das wirkliche Freiheit und echte Liebe auf einer höheren Ebene vereinigt!

Gehe den Weg deines Herzens

Simone Balmer
(ISBN 978-3-89427-696-6)
240 Seiten

mit einem Vorwort
von Jana Haas

Ein inspirierendes und ermutigendes Buch, um dem eigenen Weg zu folgen und auf die Stimme seines Herzens zu hören! Simone Balmer ist selbst einen schwierigen Pfad zur eigenen Befreiung gegangen. Sie lässt in ihrem überaus einfühlsam geschriebenen Buch ihre Leser an diesem Prozess teilhaben und mit ihr den Weg des Herzens beschreiten. Auf dem Herzensweg gilt es, achtsam zu sein und auf bestimmte geistige Grundgesetze zu achten, deren Befolgung unverzichtbar ist, um seine eigene Bestimmung zu finden und seine Ideale zu verwirklichen. Diese Grundgesetze werden genau geschildert und mit Übungen umrahmt, um sie einfacher anwenden zu können. Ein Wegweiser des Herzens, der liebevoll, selbstkritisch und mit vielen Hilfestellungen für den Alltag geschrieben ist!

Spontanheilung
Warum das Unmögliche doch geschieht
K. u. P. Michel
(ISBN 978-3-89427-673-7)
192 Seiten

Katarina und Peter Michel zeigen in ihrem Mut machenden und Hoffnung schenkenden Buch auf, dass der „Heilungskosmos" offensichtlich weitaus größer und mannigfaltiger ist, als das gegenwärtige orthodoxe medizinische Weltbild annimmt. Es geschehen die ungewöhnlichsten Heilungen auf meist völlig unerwartete Weise. In diesem Buch werden zahlreiche Fallbeispiele dokumentiert. Es scheint auch hinter den kaum fassbaren „Wunderheilungen" eine verborgene Ordnung zu liegen. Ein ermutigendes Werk, das wieder einmal die alte Wahrheit belegt: „Wer nicht an Wunder glaubt, ist kein Realist!"

Das universelle Heilungsfeld
Heilen aus einem neuen Bewusstsein
(**ISBN** 978-3-89427-756-7), 192 Seiten

Wer sich ernsthaft mit Krankheit und Heilung auseinandersetzt, der wird zu der Überzeugung gelangen: Heilung geschieht im Bewusstsein! Aufgrund dieser Einsicht muss auch alles Bemühen um nachhaltige Heilung auf der Ebene des Bewusstseins ansetzen. Nur wer das eigene Denken, Fühlen und Wollen verändert, wird auch die Faktoren beeinflussen können, die Krankheiten auslösen. Heilung bedeutet also in erster Linie innere Veränderung. Die Verknüpfung mystischer Erkenntnisse und wissenschaftlicher Forschungen in einem neuen Menschenbild, das Heilung und geistiges Erwachen vereint!

In der Sexualität eine höhere Wirklichkeit erfahren

Transcendent Sex
Jenny Wade
(ISBN 978-3-89427-676-8)
344 Seiten

Was bisher als eines der großen Geheimnisse verborgener Zirkel östlicher Meister galt, wird mit diesem Buch als Wirklichkeit ganz normaler Menschen des abendländischen Kulturkreises enthüllt – Sexualität und Spiritualität sind untrennbar miteinander verbunden! Dr. Wade legt mit diesem Buch die erste Studie vor, die belegt, welche außergewöhnlichen Erfahrungen Männer und Frauen durch die körperliche Liebe machen können, ohne auch nur irgendeine spirituelle Übungspraxis auszuführen. Dabei reicht die Bandbreite der Erlebnisse vom Verlassen des physischen Körpers über geistige Verschmelzung bis hin zu einer himmlischen Seligkeit, wie sie bisher nur von den großen Mystikern bekannt war! Aufgrund der Außergewöhnlichkeit des Geschehens – ähnlich wie einst bei Nahtod-Erfahrungen – wagten es viele Betroffene lange nicht, über ihr Erleben zu sprechen. Mit diesem Buch fällt nun endlich diese Grenze. Es wird ein Zugang zur Transzendenz offenbart, der auf einzigartige Weise verdeutlicht, dass Sexualität und Spiritualität sich in gar keiner Weise ausschließen! Ein Enthüllungsbuch, das eine neue Epoche der Offenheit begründen wird!